《教育史研究与评论》编委会

执行主编：杜成宪　王保星　刘立德

执行编辑：屈　博　朱治军　董　洪
宋　爽　刘秀春

责任编辑：刘　捷　冯卫斌

教育史研究与评论

History of Education: Research and Review

Volume 2

【第二辑】

中国教育学会教育史分会 编

人民教育出版社
·北京·

图书在版编目（CIP）数据

教育史研究与评论. 第2辑/中国教育学会教育史分会编. —北京：人民教育出版社，2015.9
ISBN 978-7-107-30708-9

Ⅰ.①教… Ⅱ.①中… Ⅲ.①教育史—研究—中国
Ⅳ.①G529

中国版本图书馆CIP数据核字（2015）第207602号

人民教育出版社出版发行
网址：http://www.pep.com.cn
人民教育出版社印刷厂印装　全国新华书店经销
2015年9月第1版　2015年9月第1次印刷
开本：787毫米×1 092毫米　1/16　印张：20.25
字数：317千字　印数：0 001～1 000册
定价：37.50元

出版说明

《教育史研究与评论》是中国教育学会教育史分会与人民教育出版社合作编辑出版的按年度向国内外发布我国教育史研究（包括中国教育史和外国教育史）进展情况的专业性、资料性、工具性、连续性学术年刊。它是各级各类学校和教育科研院所在教育史研究和教学领域的工作总结，是中国教育史学事业发展进程的缩影和写照。

编辑出版本年刊的宗旨是：忠实记录我国教育史学发展演变的历程，重点梳理我国教育史学科建设取得的成就，向海内外系统展示我国教育史研究的前沿动态和主要成果，为教育改革发展提供借鉴，为教育管理决策提供服务，为教育科学研究提供参考，为宣传交流教育史学科建设经验提供窗口，为热心关注和研究教育历史的相关部门及读者提供资讯。

《教育史研究与评论》的基本内容有教育史研究特稿、教育史论文精选、教育史书评书讯、教育史学科纪事（学术研讨会议和活动的报道）、教育史博士学位论文目录及摘要、教育史硕士学位论文目录、教育史研究年度述评等。按照惯例，当年的《教育史研究与评论》反映的是上一年度教育史学科研究与教学的基本情况。某些需要多年才能完成的工作，当年的《教育史研究与评论》主要记述的是上一年此项工作的进展情况。本年刊发布的博士、硕士学位论文信息及年度述评等，目前未包括香港特别行政区、澳门特别行政区和台湾省。第二辑主要收录2014年度的有关论文和资料。

限于水平，本年刊编辑出版工作或有不当，敬请读者批评指正，以使之日臻完善。

人民教育出版社

2015年9月10日

目　录

学位论文

年度述评

Contents

Field Events

Dissertations

Annual Review

特稿

中国历代教育的主要特征

孙培青

（华东师范大学 教育学部，上海 200062）

【摘要】从中国历代教育文献中，可以看到在儒家思想影响之下，中国教育呈现出治国以教为先、教以德育为重、提倡因材施教、保持尊师传统、政策因时调控、官学形成系统、私学自由设置等特征，反映了中华民族的教育传统。

【关键词】中国；历代教育；教育特征；教育传统

【作者简介】孙培青，1933年生，福建惠安人，华东师范大学教育学部教育学系教授、博士生导师，中国教育学会教育史分会顾问、原理事长，主要从事中国教育史研究。

教育是人类特有的社会现象。一有人类出现，形成了人类社会，为适应人类群体社会公共生活的需要，为了个体健康成长和智力发展成为合格社会成员的需要，便有了教育活动。教育伴随人类发展，与人类共始终，人类延续多长，教育也就延续多长。从这种意义来说，教育具有永恒性。既然教育是人类社会生活所必需，教育就受到中国历代政治家、思想家、教育家的重视。

教育又是在一定历史条件、一定社会环境下发展的，社会的经济、政治、文化制约着教育，它们的发展变化也带动教育的发展变化。社会存在决定教育的形态，不同的时代有不同的教育。所以，教育又具有历史性。因此，中国历代的政治家、思想家、教育家都以历史的眼光看待教育，为使教育适应时代发展的需要而进行教育改革和创新。

中国是世界文明古国之一，中华民族的教育源远流长。自公元前21世纪夏朝建立之始，我国进入奴隶制社会，建立了国家政权机构，就把教育作为施政的重要手段之一，利用学校教育来培养管理人才，利用社会教育来教化民众。从此，教育发生分化，社会与教育都经过许多的发展变化。我国教育走过四千多年曲折起伏的历程：有顺应历史潮流走在时代发展前列的时候，也有停滞不前落后于时代的时候；既有成功的经验，也有挫折的教训；既形成一定优良教育传统，也附带有过时的陈腐废物。这些都沉淀于数千年积累的历史文献之中，需要我们进行清理。

在清理历代教育遗产时，需要认识历代的教育实践与教育思想的密切联系。历代教师在教育实践中观察各种教育现象与教育问题，有了深入的认识，逐步形成教育思想观点，再总结提高形成教育理论。教育思想理论来源于教育实践，教育实践是教育思想理论继续发展的源泉。教育思想理论达到相当的认识高度，就会反作用于教育实践，甚至会直接指导教育实践。春秋战国时期，儒、墨、道、法、名、阴阳、纵横、农、杂等家，都有各自的教育实践和教育理论，开展激烈的思想斗争，其中最重要的是儒与法的斗争。斗争促进了不同教育思想的交流，也促进了教育思想进一步的发展。儒家的创始者孔子，他好古敏以求之，学习华夏传统文化，“祖述尧舜，宪章文武”，继承德治的政治思想路线，主张“为政以德”，爱人以德，重视对民众进行伦理道德教育。孔子的教育思想学说为中国古代教育奠定了理论基础，也适合维护封建社会政治制度的需要。他的弟子及后学，多数以文教工作为职业，继续奉行德治的思想路线，坚持私学的宣教园地，遵行“达则兼济天下，穷则独善其身”的处世原则。儒家的主张，在战国时代不被采纳，在秦朝受到禁令打压，但未被消灭。汉武帝采取“独尊儒术”的文教政策，这才发生大的转折，此后两千多年，儒学成为历代文教的指导思想，儒家经典被规定为教学和考试的内容，儒家有广泛的社会影响，成为中国教育历史发展的主流。直到清代鸦片战争之后，才发生了大的变革。

从中国历代教育文献数据中，可以看到在儒家思想影响之下，中国历代教育如下的一些重要特征。

一、治国以教为先

中国古籍记载教育活动的，最早见于《尚书·舜典》，虞舜作为部落联盟的首领，任命契为司徒，对百姓施行“五教”，任命夔典乐并教胄子，进行品德教育。这表明在原始社会后期，教育已受到重视，在公共事务管理中已占有重要位置。进入阶级社会之后，历代的教育人物，绝大多数都是从社会本位的观点出发，考察教育与社会各方面的关系。孔子主张实行以德治国的政治路线，他说“为政以德”。为实现这一目标，需要教育发挥作用，“道之以德，齐之以礼，有耻且格”。德礼之教，使民众日益迁善。孔子在论立国、治国三要素时，提出“庶、富、教”：当民众物质生活有问题时，就先解决民众物质生活；解决了富的问题，接着就解决教的问题；教要解决的是民众的思想道德问题，这也是不能迟疑的事。在孔子思想影响下，儒家后学重视教育与政治的关系，认为教育要发挥育人和化民的作用，以适应国家管理社会的需要。《礼记·学记》把这种思想做了直接表白：“古之王者，建国君民，教学为先”；“君子如欲化民成俗，其必由学乎!”这种思想的逻辑发展，就是在施政中把教育置于优先的地位。这种重视教育作用的思想为历代儒家学者所继承和弘扬。董仲舒是一位重要代表，他认为古之王者以德治天下，“莫不以教化为大务”。推行教化要依靠贤士，贤士需由太学培养，所以他说：“太学者，贤士之所关，教化之本源也。”范仲淹也主张学校教育为先，他说：“夫善国者，莫先育材。育材之方，莫先劝学。”胡瑗也是有代表性的一位，他说：“致天下之治者在人才，成天下之才者在教化，教化之所本者在学校。”他们都明白政治—人才—教化—学校的内在联系，强调学校培育人才的重要意义。儒家重视教育的思想亦为历代统治者所接受，唐高祖李渊说：“自古为政，莫不以学为先。”明太祖朱元璋说：“治国以教化为先，教化以学校为本。”统治者如此重视教育，必然会运用权力推动学校教育的发展。

二、教以德育为重

中国历来重视道德教育，渊源于虞舜完善和施行人伦五常之教与西周周公以“敬德保民”为治国的指导思想。周公对历史的影响更大。他以夏商两朝兴亡的历史为鉴，认为夏商末代“不敬其德”，所以天命改易，后继的周朝，必须“敬德保民”，才能永保天命，国祚延长；为此，统治者要修养品德，以德治国，以德处事，以德教子民，由德治而行德教。这种思想就体现在《周礼·地官司徒》中，师氏以三德、三行教国子，保氏以六艺、六仪教国子，大司徒以六德、六行、六艺教万民而宾兴之。德与行居于前，艺与仪处于后，本末重轻，甚为显然。重德行的教育，成为西周的教育传统，并为春秋时代的孔子所继承。孔子是德治主义的提倡者，把他的主张贯彻到教育领域，自然以道德教育为首要。他所说的道德，以“仁”为中心思想内容，“仁”的外部表露就体现在礼的行为规范，“仁”的根本在于孝悌，能以孝悌为根本，自然会有仁道的思想行为产生。孔子私学教育有其一定程序：“志于道，据于德，依于仁，游于艺。”道德仁义居于游艺之先，已明确显示其本末先后。孔子列举四科，德行居首。他强调统治者要加强道德修养，才能成为下属以及民众的表率。孔子把道德教育放在首要地位，为古代道德教育奠定了理论基础。孟子继承孔子道德教育思想，并加以发挥，他主张实行仁政，并把教育作为推行仁政的重要途径，不论学校教育或社会教育，目标是一致的，就是要“明人伦”：父子有亲，君臣有义，夫妇有别，长幼有序，朋友有信。教以人伦就是善教，善教受到群众爱戴，善教得民心，能实现人伦的规范，社会的问题也就便于解决。之后的儒家代表人物，也都重视道德教育，把德育放在首要地位。西汉董仲舒在继承儒家道德教育思想时也有所发展，他提出以“三纲”为道德的基本准则，“五常”为普遍的道德观念，作为道德教育的根本内容，以规范人们的思想行为，他特别强调遵守典章制度和礼教。宋代朱熹作为理学代表，认为道德教育的基本任务是“存天理，去人欲”，天理“其张之为三纲，其纪之为五常”，五常的道德观念，即为人伦的五教之目。他特别强调，自古以来，教者教此，学者学此而已。明代王守仁是心学的代表人物，认为古代之学校，其要皆所以明人伦，其节目五者而已，教育的目标，“惟以成其德行为务”。明清之际，反对理学思想的进步教育家，如黄宗羲、王夫之、颜元等，都把道德教育放在首要地位，灌输伦理知识，进行道德训练，基本目的也是明人伦。中国古代教育，最重要的是德育，这是又一重要特征。

三、提倡因材施教

古代教师在教育实践中都在探索和运用一定的教育方法，但成就各有不同。而培养人才较多、历史影响最大者，当数孔子。他创办私学，以诗、书、礼、乐教授，据记载他教授弟子三千，成就著名贤士七十二。他所以能成功，因为他热爱教育事业，认真总结实践经验，探索多种教育方法，尤其重要的是他运用因材施教的教育方法。孔子曾说过："故天之生物，必因其才而笃焉，故栽者培之，倾者覆之。"可见他已有因材造就的思想。在《论语》中所载他的教育实践活动，许多事例表明他在充分运用因材施教，但当时并没有确定什么名称。北宋程颐在对弟子谈话时说："孔子教人，各因其材，有以政事入者，有以言语入者，有以德行入者。"南宋朱熹在《论语集注》中引用程颐的话，提醒读者加以重视。由于《四书》的流行，流传过程中又被概括为"因材施教"四个字。促使孔子采用因材施教方法，是当时私学的客观条件：学生绝大多数是平民子弟，出身背景比较复杂，入学有先后，年龄有大小，文化水平有高低，道德品行有优劣，存在较大个别差异。孔子的教育目标是培养贤士、君子，这是统一的要求。在这种条件下，采用划一的教育方法不可行，只有因材施教、个别指导比较适合。因材施教必备的条件是对学生要有全面、充分的了解，准确把握学生的个性特点。孔子通过日常与学生谈话和细心的观察做到了这一点，因此能根据学生实际问题和个性特点来进行答问。《论语》中有问仁、问孝、问政、问士、问君子等的答问，都是因材施教的事例。孟子继承孔子因材施教的思想，在教学实践中，根据对象品德修养的程度，才能的长处，有什么偏短需要补救，选择适当的方法施教。他曾说："君子之所以教者五，有如时雨化之者，有成德者，有达材者，有答问者，有私淑艾者。此五者，君子之所以教也。"朱熹《孟子集注》："圣贤施教，各因其材，小以成小，大以成大，无弃人也。"这说明孟子也实行因材施教。儒家后学继承、发展了因材施教的思想，《礼记·学记》有一段专从个性心理的角度论述因材施教，要求教师在了解各个学生心理特点与掌握个性差异的基础上，拟订针对的方案，实行因材施教，此所谓"知其心，然后能救其失也。教也者，长善而救其失者也"。发扬学生优点的一面，矫正学生缺点的一面，能这样"长善救失"，就做到了因材施教。因材施教的思想，产生于教育实践的需要，开始是作为方法来使用，以后认识到具有普遍适用性，就作为教育的原则看待，再进一步推广应用，只要是正确地运用，不论何时、何地、何人，都会产生好的效果，证实因材施教具有客观规律性。因材施教的思想在中国历代相传，人才也源源不断而出，因材施教成为优良的教育传统。

四、保持尊师传统

这是中华教育又一特征。古代文化不发达，对品德高尚、知识经验丰富的教师特别尊重，给教师很高的地位。《尚书·泰誓》有“天佑下民，作之君，作之师”的说法，把君与师并提而论，认为都是奉天命而立的超凡人物。中华民族自古以来就提倡尊师，把尊师作为公共道德之一，不尊师即等同于违反公共道德。《白虎通》说：“人有三尊：君、父、师。”人们有三项必须要尊敬，教师是其中的一项。对于为何要尊师，古籍也有所说明，《国语·晋语》说：“民生于三，事之如一，父生之，君食之，师教之。非父不生，非食不长，非教不知，生之族，故一事之。”这是从发展成人的三项基本条件来论必须尊师。《荀子·礼论》说：“礼有三本：天地者，生之本；先祖者，类之本；君师者，治之本也。……故礼上事天，下事地，尊先祖而隆君师，是礼之三本。”这是从礼制产生确立的三个本源而论人要敬本，所以必须尊师。古籍还提出多方面的理由，论述教师应当受到尊敬。

（一）教师因传道于人而受尊

人立足于天地之间，生存于人世之中，要知天道、地道、人道。“人不学，不知道”，而要学道，必须要有教师。教师是先生、先学、先知道，所以教师有条件传道于学生，学生要学道于教师。《吕氏春秋·劝学》说：“故古之圣人未有不尊师者也。尊师则不论其贵贱贫富矣。……故师之教也，不争轻重、尊卑、贫富，而争于道。”教师因传道而受尊。《学记》强调：“师严然后道尊”，指出要尊敬教师，人们才会尊重教师所传授的道，这有重要的政治意义。

（二）教师因行义利人而受尊

从道德的角度或从功利的角度都可以评价教师的工作，《吕氏春秋·尊师》说：“故教也者，义之大者也。……义之大者，莫大于利人，利人莫大于教。”传道教人的工作，是行义事情之中最重大的。行义最重大的事就是有利于人民，有利于人民的事没有比教育工作更伟大的。

（三）教师因好学敬业而受尊

做教师要具备一定条件，先要自己认真学习，具有丰富的知识，才能担负传道授业解惑的重任。为了把教学工作持续下去，需要不断学习，充实知识，更新知识。教师的“教学相长”，是教师进行自我提高的规律。孔子为人好学，又热爱教育工作，他“学而不厌，诲人不倦”，把学与教两件事都做得非常出色。这种行为表现，体现出好学又敬业的高尚精神，被教师们共同树为学习的典范，长久流传。他的信条，成为公认的教师职业道德信条，长期以此作为评价教师工作的主要标准。具有这种师德风范的教师，受到学生与社会的尊敬。

（四）教师为人模范而受尊

教师的工作，不局限于识字读经，更重要的是思想品德行为的培养，教学生学会做人，成为一位适应时代要求的合格的社会成员。在教育方式上，不仅有言教，更重要的还要有身教。教师要求学生做的，首先要自己做到，能以身作则，为学生树立好榜样，会产生更好的效果。汉代扬雄《法言·学行》说：“师者，人之模范也。”教师能严格自律，爱人以德，推己及人，行为合乎社会道德规范，成为学生学习效法的模范，这样的教师自然受到尊敬。

（五）教师善教而受尊

历史上善教的教师不计其数，孔子是杰出的一位。他诲人不倦，循循善诱，爱护学生，对学生无所保留，师生关系融洽。《学记》对于善教有些论述，善教的教师都熟练地运用启发诱导，“道而弗牵则和，强而弗抑则易，开而弗达则思。和易以思，可谓善喻矣”。“善教者，使人继其志。其言也，约而达，微而臧，罕譬而喻，可谓继志矣。”善教的教师，使学生朝着计划的目标发展。《吕氏春秋·诬徒》认为善教者“视徒如己，反己以教，则得教之情。所加于人，必可行于己，若此则师徒同体”。善教要体现在学生身上，“达师之教也，使弟子安焉、乐焉、休焉、游焉、肃焉、严焉”。学生能安于所学，乐于所学，学习的自觉性、积极性得到发挥，乐中有得，这是在正道上发展。善教而受尊，合乎常理。尊师是中华民族历代相传的教育传统。

五、政策因时调控

国家施政，都制定有政策，通常是经过统治集团上层讨论过，提出建议或方案，由当政的帝王最后裁定，以命令的形式而立法。文教方面也有由国家政府为发展文教事业而制定和实施的方针和政策，它制约着教育的性质、任务、体制与内容。不同历史时期，因改朝换代政权转移，不同的当政者思想倾向不同，由此带来文教方针政策的调整变化，直接影响了学校教育的发展。夏、商、周三代奴隶制国家由奴隶主贵族当政，实行的是奴隶主贵族垄断文化教育的政策，体现为学术官守，学在官府，政教合一，官师不分。夏崇尚武力，重视军事训练；商敬事鬼神，重视祀戎之事；周敬德保民，重视礼乐教化。三代先后有差别，但都只有官学没有私学。春秋时代，诸侯国各自制定政策，齐国令四民不杂处，父兄教其子弟。郑国子产不毁乡校，作为听取民意的管道。此时贵族官学衰废，民间私学兴起。战国时期，私学大兴，百家争鸣，诸家各有私学。招贤养士成风，公室养士与私家养士并存而竞争。齐国采取公家养士、学术自由、兼收并蓄的文教政策，设立稷下学宫，招收各家著名学者，亦容纳追随学者而来的弟子所组成的私学，这是以私学为基础的官学，又是各家争鸣与交流的学术中心。秦国以武力消灭六国，建立统一的中央集权的帝国，采用法家主张的“以法为教，以吏为师”的文教政策，不办官学而禁私学，颁挟书令，其极端措施是“焚书坑儒”，专制的暴力制造了一场浩劫。汉朝建立，改变秦的文教政策，采用道家黄老学派的主张，实行“无为而治”，利于民众休养生息的政策，容许私学恢复和发展。汉武帝时文教政策发生大转折，采用儒家的主张，实行“罢黜百家、独尊儒术”的政策，基本措施有三项：①尊儒而专立五经博士；②兴太学以养贤士；③以经术为标准选举贤士。从此，官学、私学都以儒家经学为教学内容。汉代的文教政策影响中国封建社会达两千年之久。魏晋南北朝时期，已由统一的国家变成割据的局面，各个割据政权根据自己的需要制定文教政策，儒学受冲击被削弱，但社会影响还存在，官学衰落，而私学、家学继续发展作为补充，此时期还出现了一些多样性的教育创新。隋唐再建统一的中央集权国家，选择儒学作为统治的指导思想，而对佛教、道教也加以尊重利用，确立以崇儒兴学为文教政策。在实行过程中如何对待文教政策，出现了多种情况：凡是能坚定贯彻崇儒兴学文教政策的，如唐太宗的贞观年代，官学得到大发展，唐玄宗的开元年代官学稳定发展；凡是贯彻文教政策出现摇摆的，如隋文帝开皇年代积极发展学校教育，仁寿年代以未实现期望随即加以精简收缩，人为造成大起大伏；凡是改变政策并推行相反政策的，如武则天当政的年代，她推行崇佛抑儒的文教政策，使国子监处于荒废状态几十年。唐代崇儒兴学的文教政策为宋元明清各朝所继承，实际措施则因时代不同而有变化。以明朝为例，用程朱理学为统治的指导思想，加强专制统治，控制民众思想，对知识分子更是严加管束，提出治国以教化为先，教化以学校为本，建立由各级学校构成的全国学校网，颁禁例为各级学校学规，违规则严惩。严审教材，《孟子》书中有抵触皇权的文字，被删除八十五条，改成《孟子节文》。有人攻击书院议论朝政，学术思想不端，朝廷为此曾先后四次禁毁书院。明代的文教政策虽使学校有较大发展，而文化专制主义的严酷也是登峰造极。上述的事例表明不同历史时期有不同的文教政策，有的能对学校教育发展有促进，有的则对学校教育造成破坏，文教政策的作用是非常重要的。

六、官学形成系统

官学产生并形成系统有一过程。公元前 2070 年，夏朝建立奴隶制国家政权，对贵族子弟要求进行四个方面的教育：①军事训练以成为能战的武士；②宗教教育使知敬天尊祖；③政治与人伦的教育；④学习文字与掌握基本文化知识。为组织这些活动，成立教育机构，派官员兼职管理，中央有国学，地方有乡校。商代文字趋于成熟，供学习的文献增多，教育机构也有发展，设右学为大学，左学为小学，大学在西郊，小学在王宫之东，地方有乡学。西周是奴隶制社会全盛时期，实行德治，更重视学校，官学制度也进一步发展，贵族子弟八岁入小学，小学设在王宫的东南，十五岁入大学，大学在郊外，天子曰璧雍，诸侯曰泮宫，小学与大学统称国学。郊外六乡，与各级行政组织配合，设家塾、党庠、州序、乡校四级学校，以六德、六行、六艺为教育内容，这些地方学校总称为乡学。乡学与国学等级有别，乡学选优秀者可升入国学，存在一定联系。西周学制，是奴隶社会官学教育的代表。封建社会官学系统的兴起，是由汉武帝改变文教政策推动的，初建太学只招五十名博士弟子并容纳地方选送的一些附读生，以后生员人数逐步增加。汉武帝又获知蜀郡守文翁修学宫立学官，教授弟子，推行教化而移风易俗，值得推广，于是令郡国皆立学校官，把官学推行于地方，跨出了一大步。汉元帝令郡国置五经百石卒史，增设官员，以保证地方官学的制度化。汉平帝时，又令地方官学进行整顿和规范："郡国曰学，县道邑候国曰校，校置经师一人；乡曰庠，聚曰序，序庠置《孝经》

师一人。”这样的设置和人员配备，朝着官学系统化方向推进。封建官学形成完整系统是在唐代，从贞观至开元一百多年间，经济繁荣为官学的发展创造了物质条件，使唐代官学超越前代，成为封建官学系统的代表。官学系统由两大部分组成，即中央官学与地方官学。中央官学集中体现当时教育发展的最高水平，范围包括三类学校。①独立设置的国子监，是中央政府直属的职能部门之一，是综合性的最高学府。从学习内容的性质来看，一种是儒学学校，一种是专科学校。前者有国子学、太学、四门学、广文馆等，目标是培养管理人才。后者有律学、书学、算学等，以培养专门人才，目标是为政务所用。②附属设置的专业学校，有司天台附设天文学校、太医署附设医药学校、太乐署附设音乐学校、太卜署附设卜筮学校、太仆寺附设兽医学校、少府监附设工艺学校等，都附设于政府的事务部门，利用其人才和设备培养所需实用人才。③特别设置的学校，有门下省附设弘文馆、东宫附设崇文馆，只招收皇亲国戚及三品以上高官的子孙为学生，维护他们的教育特权。地方官学依法令是结合地方府、州、县行政区的层次来配置儒学各一所，府州各设医学一所，依行政区内人口的数量多少分档规定学生的名额；这样的布局，构成一个全国儒学与医学的学校网。地方官学作为中央官学的下级，可以依规定选送优秀学生升入中央官学的四门学，或选送参加科举考试。在7—8世纪，唐朝的中央官学与地方官学形成官学教育系统，先进的教育制度，走在世界教育发展的前列，国都长安成为东西方教育交流的中心。后来的宋元明清，都是在继承唐朝教育制度的基础上继续发展。

七、私学自由设置

私学是与官学相对而言，私学的办学主体是民众，有个人的、家族的、乡里居民合办的。起初只是个别文化人为谋生而进行的文化传授，后来因社会需要而逐步发展。其杰出者，形成自已有特色的主张、扩大社会影响，吸引众多弟子，组成学派。私学开始于春秋时代，周王朝在没落，其行政机构难于正常维持，官学也趋于衰废，文化职官四散，带着典籍或器物沦落民间，他们以传授文化换取生活资料，使原在官府的学术传播于民间。战国时期，私学蓬勃发展，在私学发达的基础上，出现了百家争鸣的现象，是中国历史上思想活跃、学术繁荣的一个阶段。私学的设置是自愿的，只要有人来学，能办得下去，就有存在的权利，政府不施加限制。当时私学的社会环境比较宽松，有五大自由：自由办学、自由讲学、自由求学、自由游学、自由竞争。既然教师有设学与讲学的自由，学生有选择与来去的自由，这必然会给教师一定压力，促使教师提高教学水平，努力创新，以吸引学生。私学的特点是：①以教师为核心，教师以教学为职业，独立负责；②私学对平民开放，扩大教育对象的范围；③私学有思想学术自由，可以按自己的教育主张进行教育实践；④私学可自己确定课程内容，传授学派的政治观点、道德思想以及新的知识技术，与现实生活有较密切联系；⑤私学的制度不够规范，但具有较大灵活性、适应性，设备较为简单，有可流动的便利。当官学衰废、不能尽其职能为社会培养人才时，私学代替官学培养人才；当官学培养人才类型单一、数量有限之时，私学可培养多类人才数量更多的人才。私学与官学并立，成为官学的重要补充。私学创造了丰富的经验，产生了深远的历史影响。私学随着历史时代的发展而发展演变，在发展过程中有一些曲折。历史上发生两次禁私学：一次是秦始皇为统一政令、统一思想，采取禁私学的措施，对私学的摧毁是全国性的；一次是北魏迁都，提倡官学加强汉化而禁私学，影响限于北魏统治的地区。其他朝代对私学采取开放的态度，但随政局的变化，私学的发展有阶段的起伏。汉代是私学恢复和发展的时期，汉初接受秦亡的教训，改革秦朝教育制度，废除私学的禁令，听任各家私学恢复和发展，以招贤和察举的方式吸收私学培养的人才。在汉武帝“独尊儒术”文教政策影响下，促使儒家私学占有优势，并形成私学的两个层次：初级私学称为书馆，有的仅学习识字、写字，有的则进一步学《孝经》《论语》；高级私学称为经馆或精舍，学习专经或兼经。私学分布面很广，随着时代发展，物质条件改善，经师传授的规模日渐扩大，著名经师门下，弟子成百上千，甚至有著录弟子上万。魏晋南北朝时期，由于分裂割据，战乱破坏，私学处于低潮，而士族家学的传授，对文化的保存与传承起了一定作用。经学统一的局面被打破，而玄学、文学、史学、科技得以传授，出现了私学多元化现象。隋唐时期，私学又进入新的发展高潮，新的知识门类，都成为传授的内容，使私学类型进一步多元化。中央政府多次发命令，鼓励私学发展。武德七年，令“州县及乡，各并令置学”；开元二十一年，“许百姓任立私学”，促使私学在城乡更广泛设置。私学的组织形式在唐又有新的发展，自书院在唐中后期产生之后，私学先后采用书院的组织形式开展教学活动。宋代私家讲学相当普遍，尤其是理学家更是利用书院的组织开展讲学，扩大其思想影响，朱熹对书院发展起了较大的推动作用，他所制定的《白鹿洞书院学规》，被推广为理学书院的教育纲领。书院在元明清时期有些演变，政府中有官员图谋把书院官学化，以便于控制书院，这种图谋受到一定的抵制。私学是学术发展的园地，担负传承民族文化的责任，发挥了重要的历史作用。

中国历代教育的这些特征，表明了中华民族有优良的教育传统、珍贵的教育遗产，很有现实意义，应该认真加以研究。

“学—教”之道以感应（通）为根本机制

——儒家教育观的义理阐释

于述胜

（北京师范大学　教育学部，北京　100875）

【摘要】“学—教”反义共字和以学论教，为中国古代特别是儒家教育观之重要特点。此种现象，很可能与先圣先哲以“感应（通）”言世界变化的根本机制有关。从中国文字诠释学角度观之，“学—教”之字无论在构型还是意义赋予上，皆与《易》学特别是《易传》所呈现的思想世界有直接而紧密的联系。以“学—教”为“爻”，乃取六爻交错之象，而寓人与天地精神交感互通之意，进而引申为人与人之间精神上之交感互通。以“学—教”为“效”，意味着“学”对于“教”之感应，乃下之于上、后之于先的回应与顺成。“觉—效”互训，则意味着所谓“法效”，并非要使“学”者成为对象化的“教”者，而是要使“学”者在对于“教”的积极回应中成其所是，进入自己的生命、生活节奏。“学”与“教”为一体两面之事，乃阴阳对生迭运之易道的具体呈现。反义共字即原出于此，非“辩证思维”之说所能尽之。至于以学论教，盖因儒者之学与教乃所以成就和传达生命之意义者。意义之成就与传达，必展开于日用常行、物我感应（通）之中，而以修身为本：身修始能教，身修即能教，外在的教言、教令必基于修身始能发挥其教化效能。说到底，以学论教凸显着修身乃意义传达之根的深邃思想。近世以降反其道而行之，成德之教为成才之教所涵盖，意义之学为知识之学所笼罩，而现代的公民道德教育亦因其功利化、公理化、知识化而迷失了修身之本。

【关键词】学；教；感应；儒家教育观

【作者简介】于述胜，1964年生，山东烟台人，北京师范大学教育学部教授、博士生导师，中国教育学会教育史分会常务理事，主要从事中国教育思想史和中国传统教育哲学研究。

高华平教授曾据楚简文字资料，指出《尚书·说命》篇“學（斅）學半”的“斅”“學”二字都是古文之“学”字；“教”“学”二字均可表示“教”，也均可表示“学”，此乃以简文为代表的先秦文字所突出的“反义共字”现象[1]。杜成宪教授进而指出：

> 从字源上考察，汉字的教是由学发展而成的，中国人的教的概念是由学的概念发展而来的，使得教、学二字可以通用，但只是学字可以毫无障碍地通用为教。在相当长的历史时期，学字实际上承担了表达教的概念的功能，即“以学论教”……这种以学为核心的教育话语体系直到近代西方教育思想和制度传入中国后才发生转变[2]。

“教”“学”之反义共字及“以学论教”，确为中国传统特别是先秦教育观之重要特点。儒家思想尤为其突出代表。熟悉中国教育思想传统且不抱任何偏见者，大概都会同意上述见解。上述现象何以出现？高华平教授以楚人之辩证思维解之。然而，“辩证思维”固可对“反义共字”有所说明（学之与教相反亦相成也），却无以明“以学论教”之故，当更深求其故。“‘学—教’以感应（通）为机制”，或可成一解。

一、“‘学—教’以感应（通）为机制”的中国文字诠释学根据

从现有出土文字来看，“学—教”反义共字，非仅见于反映战国时期文字的楚简中，在传世典籍中亦有反映。例如：《礼记·檀弓》的“叔仲皮学子柳”，注云“学，教也”；《礼记·学记》的“学不躐等”，注云“学，教也”；《礼记·文王世子》的“学之为父子焉”，注云“学，教也”。此现象亦见于更早的甲骨文中。甲骨文中由简而繁，其有近10种不同写法。王贵民先生以岛邦男的《殷墟卜辞综类》为据，将其分为4式：爻（1式）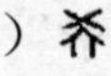、（2式）、、（3式）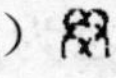、、（4式）。其最简体即是“爻”，此或为“学—教”字的最早写法。对此，王贵民先生断之曰：“爻，是算筹交错之形，所表示的是数这个概念……爻之为学，就是因为儿童教育，从学数开始。”其文开篇即曰：“教育，广义地说，是人们世代传授生产知识与社会经验的活动。”[3]不难看出，他的推断是现代性的“教育”观念——教育即知识授受——先入为主的结果，可能并未契合中国“学”字构形的历史文化语境。

《说文》曰：“爻者，交也，象《易》六爻头交也。”本此，以“爻”为“交”，乃取占卜时蓍草交互之象，而寓人与天地精神交感互通之意。“爻”示“学—教”，乃“交神”的转化和引申，以喻人与人之间精神上的交感互通。在古代中国，“學（教）”不管有多少种不同写法，皆不离“爻”一要素，实即以“感应”“交通”为其根本寓意所在①。

熟稔《说文》者或疑吾说而难之：《说文》明以“教，上所施，下所效也”“学，觉悟也”“斆，觉悟也”② 为释，那么“爻”与“效（觉）”是什么关系？此自有其说。王念孙的《广雅疏证》把“爻·象·放·视·教·学”系于同一义类，认为它们皆通于“效”：

> 爻者，《系辞传》云：“爻也者，效此者也。”又云：“爻也者，效

① 今人将“學”字简化为“学”，确实“简易”了不少，却失其“交易”之根，终难成“不易”之教，笔者遂以“学不神交脑灌水”讥之。

② 《说文》把“学”看作古“斆”字之省，而孔安国的《尚书大传》释《古文尚书》“斆学半”时说：“斆，教也。”后释近之。

天下之动也。”又：“效法之谓坤。”古本皆作“爻”，是“爻”“效”同声同义。

以“爻”为“交”，乃取蓍草等交互之形，而寓以人之作为感天应地之意。以“爻”为“效”，要义有二：其一，系指圣人作《易》，以六爻来模拟天、地、人三才变化之道（其结构与过程）；其二，系指圣人承天而起、顺天而行、效天而动。一言以蔽之，以“爻”为“效”，重在强调在天与人的一体感应中，人（圣人亦人也）对于天地之道的顺成性。推而广之，则人类之一切作为，不过是顺应天地之道而成就之。正是在此意义上，“爻”“教”“学”皆通于“效”。《太平御览》引《春秋元命包》云：“天人同度，正法相授。天垂文象，人行其事，谓之教。教之为言，效也，言上为而下效也。”所谓“上为而下效”，即处上位者如何作为，处下位者即感而应之、仿而效之。《说文》解“教”字云：“教，上所施，下所效也。从攴从孝。”今人或以为“教”乃“斆”篆化之讹。其实未必如此。“教”和“斆”可能皆为先秦时“学—教”字的不同写法。《说文》解“孝”云：“善事父母者。从老省，从子，子承老也。”“承”者，继也、奉也；故“孝”亦有后继前、下效上之意。古文中尚有一从爻从子之“季”字，《说文》径以“放也”即“放效”解之。王力先生也认为，“教·学·季·效”为同源字[4]，即它们最初本为一词、完全同音，其后才分化为两个以上读音，并产生细微差别。

综上所述，“学—教”字以“爻”（即交感）为根，以“效”为要义。所谓“效”，主要表达下之于上、后之于先的承应、法效关系，其与《易传》所呈现的先秦思想世界密不可分。《老子》曰：“人法地，地法天，天法道，道法自然。”（第二十五章）对于中华圣哲而言，法象莫大乎天地，故《易传》曰：“在天成象，在地成形”，“成象之谓乾，效法之谓坤”（《系辞上》）。日移于北，则地上万物应之以生、长、成；日移于南，则地上万物应之以收、敛、藏。如此，则坤之于乾、地之于天，亦呈一法效关系，且成为一切教化关系之原型、典范。故《孔子家语·问玉》引孔子之言曰：

> 天有四时，春夏秋冬，风雨霜露，无非教也。地载神气，吐纳雷霆，流形庶物，无非教也。清明在躬，气志如神，有物将至，其兆必先。是故，天地之教与圣人相参。

《礼记·孔子闲居》有一节文字与其相似而略显错乱，郑注孔疏皆释“无非教也”为圣人奉天地之行以为政教。《孔子家语》明以“天地之教”相示，如此，则天地亦有其“教”、其“学”也。这个“教”不是别的，就是天、地交感而万物应之以生，恰如孔子“四时行焉、百物生焉”，亦如《易·咸·象》“天地感而万物化生”。上文中的“兆”，就是感应之“几”——盖自然之感应，其初甚微而幽，其后渐显而著。天地之变，无思无为，而万物欣然以生、森然以备，生生不穷。天地以自然之变成其化育万物之功，其功至伟、其用至神。自其无思无为而言，谓之变化；自其生成、长养万物言，谓之化育。故《中庸》有“天地之化育”之说。“天地之化育”即“天地之教”。这是宇宙间一切生命的源泉，也是一切教化的典范。其中的思维逻辑并不难解。按照下法上、后承先、小法大的原则，其自下而上之层层效法路线是：常人法圣人、圣人法地、地法天（或：己法父、父法祖、人类法天地）。“在天成象”即天之“教”，“在地成形”即地之“学”，如斯而已。

清儒章学诚深明此理，故其《文史通义·原学》必将“學”原之于“效法之谓坤”：

> 《易》曰：“成象之谓乾，效法之谓坤。”学也者，效法之谓也。道也者，成象之谓也。……盖天之生人，莫不赋之以仁义礼智之性，天德也。莫不纳之于君臣父子夫妇兄弟朋友之伦，天位也。以天德而修天位，虽事物未交隐微之地，已有适当其可，而无过与不及之准焉，所谓成象也。平日体其象，事至物交，一如其准以赴之，所谓效法也。此圣人之希天也，此圣人之下学上达也。

按照《易》理，乾与坤不仅是六十四卦中独立的两卦，也是表征阴阳相对、交合、迭运之道的根本体相，故《易传》分别以“乾元”“坤元”称之，而后来的学《易》者称其为“《易》之蕴”“《易》之门”“天地之根”等。其中，乾代表着阳动、创生、主导的力量，故曰“大哉乾元，万物资始，乃统天”，其属性为“健”；坤代表着阴静、顺应、辅成的力量，故曰“至哉坤元，万物滋生，乃顺承天”，其属性为“顺”。从根本上讲，“效法之谓坤”之“效法”实即“乃顺承天”之“顺承”，是坤元在对于乾元的顺应、承续中成就变化之道、生生之德。以“学”为“效法”，突出的是“学”如坤元一样所具有的顺成而非创生特性。孔子的“学而时习之”之“学”，无论人们把它理解为“学问”“学说”还是“修身”“学做人”，它在本质上都具有顺成性：如果是“学问”，那它不过是圣人将自己所感通了的世界呈现出来而已；如果是“修身”，那它不过把人之所以为人之道实现出来而已。圣人所以伟大，端在其生命（“气志”）与天地之化同其神妙（“如神”），在事至物交之际，能一如其准、恰如其分地与世界相感通，所谓“此圣人之希天也，此圣人之下学上达也”。

当然，常人非皆能如圣人般恰如其分地与世界相感通，因而有“教”——“先知觉后知，先觉觉后觉”——之必要。故《文史通义·原学》接着说：

> 伊尹曰：“天之生斯民也，使先知觉后知，先觉觉后觉也。”人生禀气不齐，固有不能自知适当其可之准者，则先知先觉之人，从而指示之，所谓教也。教也者，教人自知适当其可之准，非教之舍己而从我也。故士希贤，贤希圣，希其效法于成象，而非舍己之固有而希之也。然则何以使知适当其可之准欤？何以使知成象而效法之欤？则必观于生民以来，备天德之纯，而造天位之极者，求其前言往行，所以处夫穷变通久者而多识之，而后有以自得所谓成象者，而善其效法也。故效法者，必见于行事。

从“先知觉后知，先觉觉后觉”（《孟子·万章下》）以及古字书的诸多训释来看，“学”也好、“教”也好，似乎均可训作“效”，亦均可训为“觉”。只是“教”用在使动的意义上，即“使之效”“使之觉”；而“学”则表示主动地“效”与“觉”。“觉”与“晓”可以互训：“觉”本义为从梦中觉醒，引申为“晓”即知晓；“晓”字本义为日出天明，引申为知晓、觉知。二者的互训本身即表明：“觉”的原始意象即有感应（通）在，即人应天之明而醒来；人本能眠亦能觉，但正常的眠、觉是与日夜交替的节奏相一致的。“教”和“学”并不是相互外在的对象化关系，而是一体两面的感应关系：“教”者之指示“学”者，其行为具有施动性，但其施动并非强使“学”者成为单一的、对象化的“教”者，而是“学”者应教者之所感而起，进入其自身的生命、生活节奏，此所谓“自知适当其可之准”而“善其效法者也”，亦所谓“士希贤，贤希圣”之道也。在《文史通义·原道》

篇中，章学诚又说："学于圣人，斯为贤人；学于贤人，斯为君子；学于众人，斯为圣人。非众可学也，求道必于一阴一阳之迹也。"如此，则非唯众人学于圣人，圣人亦学于众人。学于众人即是学于天、效之于天。所谓"求道必于一阴一阳之迹"，既意味着"道"即在"阴—阳"的交感迭运之中，也意味着"学—教"之间即是"阴—阳"交感迭运的感应关系。

总之，中国传统的"学—教"概念无论在文字构形还是意义赋予上，都与《易传》所呈现的思想世界密切相关。此世界乃一"天人一体""物我感应""生生不已"之生命世界。纵向观之，即"天地—万物—父祖—己身—子孙"，世界乃以己身为中枢、承前启后之连续体。横向观之，即为"己身—家—国—天下"，世界乃以己身为原点、层层外推的同心圆。近世通儒刘咸炘曰："万物相感，即成万事。人为本身，纵之感者父母，历史为遗传；横之感者物质，社会为环境。"[5]物（人）感我而我应之，即是学；我感物而物应之，即是教。在物我感应之中，"学—教"乃一体两面之事，正如"见"之一字兼指"看见"与"显现"一样。"学—教"之反义共字，即基于此"阴—阳"交感迭运的感应原理，岂是所谓"辩证思维"所能尽之?《尚书》"斅学半"一语，表达的就是"学"之与"教"乃一分为二、合二为一之事也；《学记》引之，欲证其"教学相长"之意，而以"学然后知不足，教然后知困。知不足，然后能自反也；知困，然后能自强也"为言，已非"斅学半"本旨。

石中英教授曾言："'教育'概念只有在民族的文化传统中才能得到恰当而充分的理解。离开了民族文化的语言背景，我们也许只能在逻辑或技术层面上理解另一种'教育'概念，绝不会把握它的精髓、它的质。"[6]诚哉斯言！

二、修身为意义传达之根：兼释"以学论教"之故

与《易》学世界观的直接而密切关联亦表明：以儒家为杰出代表，中华圣哲的"学—教"观念首先指向人（类）意义世界的形成、传达与建构。《易传》曰：

> 《易》与天地准，故能弥纶天地之道。仰以观于天文，俯以察于地

理，故知幽明之故。原始反终，故知死生之说。(《系辞上》)

昔者圣人之作《易》也……和顺于道德而理于义，穷理尽性以至于命。(《说卦》)

昔者圣人之作《易》也，将以顺性命之理。是以立天之道曰阴与阳，立地之道曰柔与刚，立人之道曰仁与义。(《说卦》)

《易》之道与学，说到底，即是“知死生之说”“顺（顺者，通也）性命之理”而“穷理（‘穷’亦‘尽也’，‘穷理’即尽物之理或成物）尽性”、立人于仁义之途的道与学。此学名之为“学做人”“明人伦”“修身”可，名之为“圣贤之学”“君子之学”“义理之学”“学道”亦可。一言以蔽之，儒者之学即是让人成为人、“成己—成物”的意义之学、价值之学，而非求知识、成技艺、谋财货的工具、技术或功利之学。正是在这个意义上，孔子曰：“有教无类。”(《论语·卫灵公》）今人或基于现代的教育民主、平等及普及观念释之，其实二者了不相干。孔子之意盖谓：做人之学与教乃人之通学、通教，无分于种族、阶层、性别，无间于长幼、贵贱。在此，笔者以“修身”概指儒者之学。

“修身”必展开于日用常行之中。《论语》开篇即曰：“学而时习之，不亦说乎？”其“学”即修身、学做人之事，为一名词而非动词；其“习”即习行、践履人道之事，亦即“弟子入则孝，出则悌，谨而信，泛爱众而亲仁。行有余力，则以学文”（《学而》）之事也，其义已详于笔者之文[7]；“时”者，“以时”且“时时”也，言修身之事行之于生活之各种场域、人生之各个阶段，无一时或息。至于“学文”——诗书礼乐、前言往行——亦为儒者所当为，但必本于习行，且验之于习行而可传，故《易传》以“君子以多识前言往行，以蓄其德”（《易·大蓄·象传》）相示，而曾子以“传不习乎”（《论语·学而》）自省。

“修身”之“身”即是“己”。在儒者心目，“己”从来都不是与世隔绝的单子式孤立个体，而是处于人伦物事中的共生性存在。故齐景公问礼，孔子答曰：“君君，臣臣；父父，子子。”（《论语·颜渊》）一个人，相对于父、祖而言是子、孙，相对于子孙而言又是父、祖；相对于君而言是臣，相对于臣而言又是君；相对于兄而言是弟，相对于弟而言又是兄……这些对生性关联是人生本身所固有的，并不存在撇离上述关联的抽象个人。最原本的“学—教”关系，即发生于上述一体、对生、互动的人伦关系之中。

关于“君君，臣臣；父父，子子”，今人通常译作“君要像个君，臣要像个臣……”[8]如此翻译，虽不算错误，却丢失了孔子言说中“君—臣”“父—子”互动、感通的深刻意味。如同“生生”一样，“君君”作为一动（动词）一静（名词）的重叠词，用法十分灵动，既可以是主谓结构（自动），也可以是动宾结构（使动），意即“君者成其为君”或“使君者成其为君”。“臣臣”之义亦复如是。如此一来，则“君君，臣臣”非仅表达了君要成其为君、臣要成其为臣，亦且表达了君只有成其为君、臣才能成其为臣，它甚至还表达了君若成其为君了、臣自能成其为臣（反之亦然）——因为君也好、臣也罢，都不是在“君—臣”关系之外而是在其中成其为君或臣的；二者一体联动，恰如一跷跷板之两端。如果说“君者成其为君”乃君之“学”，那么，它所联动起来的“臣者成其为臣”便是君对于臣之“教”。“君君，臣臣；父父，子子”，说到底，就是让人成其为人，它与“生生”之道遥相呼应。此即儒者的“成己—成人”之学：在成己的基础上成人，又通过成人来成己。

笔者此举，是否有过度解释、牵强附会之嫌？我们不妨从如下三个方面更予论证。首先，孔子确实十分看重并有效实践着教、学间的一体联动。上文提及的“四时行焉，百物生焉”已不必赘述，《论语·述而》记曰：“子曰：二三子以我为隐乎？吾无隐乎尔。吾无行而不与二三子者，是丘也。”“与”即大篆“”，从舁，四手，上下向各二手，取“共举”之意，故包咸《论语章句》释之为“我所为无不与二三子共之”[9]。对于孔子来说，教与学并不是外在于孔门学团日常生活的多余举措，而是其日常生活中的一体联动。在此联动中，孔子之言行就其自身人格的成就来说是“学”，就其表现此人格并作用于学者来说就是“教”；反过来，学者的人格、言谈和举动，对于孔子来说，也具有“学”与“教”的双重意蕴。以此反观《论语》，我们将会发现，体现孔子“学—教”一体联动精神的举措俯首可拾，如“君子笃于亲，则民兴于仁；故旧不遗，则民不偷”（《论语·泰伯》）。从“起予者商也”（《论语·八佾》），到对弟子“问仁”会因人、因时、因地进行灵活回应，无不体现了随感而应的教育精神。而颜渊以“欲罢不能”回应孔子的“循循然善诱人”（《论语·子罕》），则体现了这种教、学感通的理想境地。难怪孟子会以“圣之时者也”（《孟子·万章》）赞颂孔子。所谓“时”，在教、学关系上，就是师生一体感通的时机化、艺术化、自由化。这正是儒家“教学相长”理念的实践原型，其方法论基础则是颇具中华文化特色的阴阳感应（通）学说。

其次，孔子是以“学而不厌，诲人不倦”自信且自任的。这在孔门，向来被视为“成己—成物”一如的仁、智合一之学。《论语·述而》曰：

> 子曰：“若圣与仁，则吾岂敢？亦为之不厌，诲人不倦，则可谓云而已。”

从《孟子·公孙丑》提供的线索来看，这段话可能是孔子因应子贡之问而发：

> 昔者子贡问于孔子曰：“夫子圣矣乎？”孔子曰：“圣则吾不能，我学不厌而教不倦也。”子贡曰：“学不厌，智也；教不倦，仁也。仁且智，夫子既圣矣。”

很显然，子贡是把“学而不厌，诲人不倦”视为仁、智合一之学的。而在《中庸》里，此仁、智合一之学亦便是成己、成物一体之学。《中庸》曰：

> 诚者，自成也；而道，自道也。……诚者，非自成己而已也，所以成物也。成己，仁也；成物，知也。性之德也，合内外之道也，故时措之宜也。

盖子贡尚智，故以智为体，以仁为用；《中庸》尚“诚”亦即尚“仁”，故以仁为体，以智为用。但无论如何，在孔门那里，学属成己之事，教属成人之事；学是体、是本，教是用、是末，故成己方能成人。但己身不是孤立的个人，总是在与人的对待、互动中实现己之所以为人的，故成己的同时便能成人、便是在成人，故曰“非自成己而已也，所以成物也”，“合内外之道也”。成己、成人一体联动之学即是儒家的“为己之学”。对于“为己之学”，今人会自觉不自觉地释之为“自我实现”“自我完善”“自我超越”。其实，这种诠释是现代性的个人本位（与社会本位相对）、个人主义思想先入为主的产物。它在诠释之前，已将己与人、个人与社会先行割裂，似乎更适合杨朱的“为我”主义，却无法切合儒家的“成己—成人”一体联动之学。

此外，更为重要的是孔子的“修己安人”思想。《论语·宪问》曰：

子路问君子。子曰：“修己以敬。”曰：“如斯而已乎?”曰：“修己以安人。”曰：“如斯而已乎?”曰：“修己以安百姓。修己以安百姓，尧舜其犹病诸?”

此处的“君子”，指在位之人；“修己”即《大学》所谓“修身”，即儒者之“学”；“修己以敬”，敬其身、正其身也。孔子以为，君子之事不过“修己以敬”。子路大概觉得君子若仅如此还不够，遂以“如斯而已”不追问之。孔子进一步开导说：修己始能安人、自能安人。故朱子《论语集注》释之曰：“修己以敬，夫子之言至矣、尽矣！而子路少之，故再以其充积之盛自然及物者言之，无他道也。人对己而言，百姓则尽乎人矣。尧舜犹病，言不可以有加于此，以抑子路，使反求诸近也。”“自然及物”，十分准确地表达了修己与安人、学与教之间的自然感通关系。

此一体感通之道，于《中庸》则为“取人以身”及“以人治人”之道。《中庸》说：“为政在人，取人以身。”为政之要，在得人心、取贤才；得人、取人之要，在于为政者之己身，而非外在的教令、规条。盖物以类聚、人以群分，己为何种人，则其所取、所聚亦如其人。孔子说：“道之以政，齐之以刑，民免而无耻。道之以德，齐之以礼，有耻且格。”（《论语·为政》）道者，导也。所谓“道之以德”，即导之以已修之己身。对于人生意义之传达而言，政即教，教即学；为政与为教同根，皆生发于修身之学之根。关于“以人治人”，《中庸》引孔子之言曰：

道不远人，人之为道而远人，不可以为道。《诗》云：“伐柯伐柯，其则不远。”执柯以伐柯，睨而视之，犹以为远。君子以人治人，改而止。忠恕违道不远，施诸己而不愿，亦勿施于人。君子之道四，丘未能一焉：所求乎子，以事父，未能也；所求乎臣，以事君，未能也；所求乎弟，以事兄，未能也；所求乎朋友，先施之，未能也。

朱子乃旷世大儒，而以“以其人之道还治其人之身”释“以人治人”，且以“其人能改，即止不治”释“改而止”（《中庸章句》），殊失孔子本旨。孔子始以手执斧柄以伐取斧柄为喻，其所取与所执为同一尺度，故曰“其则不远”。然而，此种尺度仍需在所执与所取间打量、比照，还相当外在，故曰“犹以为远”。至于君子，则已让己身成为活的生命尺度，其所用以裁度他人者即其一己之身、一己之行。梁漱溟先生用“以人（指己身）治人（对待人）”释之[10]，深得其旨。其实，“以人治人”之道即“忠恕”之道。它意味着：用己之性行带动、感通他人即是教，且为具有最高生成能力之教。至于“改而止”，正与前面的“道不远人”相呼应，即改而止其为道远于人、远于身之病。

此一体感通之道，于《大学》即是以身为譬之道、“絜矩之道”。归结到最后，还是一个恕道。关于以身为譬之道，《大学》以“人之其所亲爱（贱恶、畏敬、哀矜，敖惰）而辟焉”明之。郑玄注云：

> 之，适也；辟，犹喻也。言适彼而以心度之曰：吾何以亲爱此人，非以其有德美与？吾何以敖惰此人，非以其志行薄与？反以喻己，则身修与否，可自知矣。

郑氏此注打通了《论语》《孟子》《中庸》与《大学》思想，彰显了《大学》以身为譬、为喻之旨，可谓得其神韵！“喻”者，晓也（《玉篇》）。从教、学关系上讲，“喻”乃教者用口与言来告、诫、导学之者，使之明通事理。“譬”者，谕（喻）也，匹而喻之也（《康熙字典》）。“譬”是教者在相同、相类事物的匹对、比方中晓喻学之者。由此而进之于“恕”，则教、学互动已超越了表面化、外在化的言与口，而深入到身与身、心与心、情与情的共振联动之中。“恕者，如心也”（《说文长笺》）；“恕，忖也，忖度其义于人也”（《礼记正义·中庸》疏）。“恕”即是在己之心、身与人之心、身的平等比观、互动中，生成切近的生活准则，既以自喻自修，亦以喻人导人。此即以身为譬之道。关于“絜矩之道”，《大学》曰：

> 所谓平天下在治其国者，上老老而民兴孝，上长长而民兴弟，上恤孤而民不倍。是以君子有絜矩之道。所恶于上毋以使下，所恶于下毋以事上。所恶于前毋以先后，所恶于后毋以从前。所恶于右毋以交于左，所恶于左毋以交于右。此之谓絜矩之道。

“絜矩之道”不过是恕道的另一表述。“絜”者结也、挈也（《礼记正义·大学》注），度也（《大学章句》）；“矩”者，规矩、法度也。是则“絜矩之道”即执持规矩以裁量事物之道也。此处所言之规矩不是别的，就是以情挈情、与民共其情而同其欲之己身。与外在、单一而僵硬的规律、原则、规范不同，此以情挈情之矩、之身即是鲜活而动态的生命尺度，它在物我互度、互通中裁己量物，以自己的美善之身、之心、之行，去兴发他人，以与他人共同进入亲亲而仁民的意义世界。贯穿于《大学》“修·齐·治·平”之中的，即一“恕”字。如果说“格·致·诚·正”乃尽己之心、之性、之情、之德，那么，“齐·治·平”即是尽人之心、之性、之情、之德。合而言之，即是忠恕之道。或许正是在此意义上，曾子曰：“夫子之道，忠恕而已矣！”（《论语·里仁》）而“修身”则处于合内外、通人我的枢纽地位，同时关联着成己与成物：内有以应人之感而竭其诚，外有以感人之心而动其身，故《大学》曰：“自天子以至于庶人，壹是皆以修身为本。”

综上所述，儒者之学乃意义之学，可以“修身”括之。“修身”必展开于日用常行之中，展开于己与人的一体联动之中。所谓“以修身为本”，实即以“修身”（即“学”）为意义传达（即“教”）之根。它意味着：身修即是教，君子之嘉言懿行本身即是无形的教育力量，能发挥“不行而至，不疾而速”（《易传·系辞上》）的神奇功效；身修始能教，那些发自教者的教言、教令，只有植根于教者的身体力行，始能发挥其劝善禁恶之教化效能，此所谓“君子有诸己而后求诸人，无诸己而后非诸人”（《大学》），“其身正，不令而行；其身不正，虽令不从”（《论语·子路》）。古人之以学论教，其要义盖本于此。

三、呈现“感应（通）”机制之学术史与思想史意义

近世以降，以科玄论战和“整理国故”为标志，现代中国的文、史、教育之学义无反顾地步入用“科学方法”整理传统思想之路。所谓“科学方法”，说到底就是生成于西方历史文化传统的现代学术理论。这些理论，对于中国现代学人具有世界观与方法论之双重作用。它固然让我们获得了新的问题意识，却也让我们丧失了自己的问题意识，甚至丧失了理解和进入自己的思想传统、意义世界之能力。本该在“接着说”和“借来说”的

张力关系中展开的中国学术生长之路，变成了比较单一的“借来说”。百余年来，以“中国教育思想史”为名之著述，大致不出这一樊篱。

就笔者目力所及，在众多教育史著述中，能对中国教育思想传统有深入把握者，首推黄绍箕与柳诒徵合著、据说是国人自撰的第一本《中国教育史》。处在新、旧交替，作为本土与外来思想相错杂的产物，书中亦不乏“中话西说”之处，但对古圣贤“教育大义”之把握却堪称精到。其书开篇即以“中国古圣人教育大义”立题，其中说：

> 凡治一科之学，必先明其学说之统系；统系不明，则散殊之事理，无由考见其指归。中国古无教育专书，而圣哲相传微言大义之散见经籍者，固自有科条纲目之可寻。学者先明其义，则古代教育之制度、方法，罔不可溯其原理，而知吾国文化卓越之所由，此固治史者所宜揭橥也。古圣人教育大义有三，一曰贵人，二曰尽性，三曰无类。虽帝王迭兴，文质相代，周衰礼废，庠序不修，而此三义未之或湮也[11]。

在黄、柳二先生看来，治中国教育史须先明其思想“统系”。这个“统系”，用古人之言表达即是“义理”：“义”者，意义也；“理”者条理也。况之今日，“统系”即思想范式，“意义”即一种学说所追求的核心价值，而“条理”即证成此价值的根本思维方式。在对“统系”的把握上，作者突出的是古圣人“教育大义”。况之今日，“教育大义”即所谓“教育理念”或“教育精神”，是作者之情思与历史文本共振共鸣的产物——它兼摄已然与当然，乃古人之所本有与今人之所当为的统一体。其所标“贵人”“尽性”“无类”三大义，非对传统思想有深入体贴与贯通者所能为。所谓“贵人”，即贵人之所以为人者以及人之所以异于物者，引而申之即是贵生、贵生生之仁；所谓“尽性”即尽其人之所以为人者，亦即“成己—成物”之“学”、之“教”；所谓“无类”，由孔子的“有教无类”发其嚆矢，乃以尽性之学为人之通学，即孔子所谓“君子学道则爱人，小人学道则易使”（《论语·阳货》）。比较而言，黄、柳二先生之作，于“意义”之把握比较充分，于“条理”的呈现则有所未备。

笔者不揣浅陋，亦以“明其学说之统系”自任。以“感应（通）”呈现古人之“学—教”关系原理，即属此种努力之一。刘咸炘先生在《一事论》中说："世界者，人与万物相感应而成者也。万物感应人，而学之的乃在人之感应万物。然不明乎万物之感应人，则不能明人之感应万物。"为明此理，他进一步解释道：感应即心理学家所谓刺激反应，言影响嫌太不用力，言支配、对付则太用力，故言感应。《易传》曰："观其所感，而天地万物之情可见矣。"万物相感，即成万事[12]。刘咸炘先生特别过人之处，在于明统知类，能呈现传统思想的内在理路。他指出"感应"异于"影响"，亦不同于"支配"，很有见地。当然，说"感应"不同于"影响"，要看从什么角度去理解。《庄子·在宥》："大人之教，若形之于影，声之于响。有问而应之，尽其所怀，为天下配。"庄生本意，乃在将"大人之教"与百姓之学比作形与影、声与响相互亲和的一体联动关系。这正是"感应（通）"之道的要义所在。当然，任何譬喻都有其蹩脚的一面。刘咸炘嫌其"太不用力"，盖因在形与影、声与响的比附中，"学"过于影子化而失其能动性。不过，庄生继申之以对话或应答关系，似对"太不用力"之偏有所补足。至于刘咸炘把"感应"等同于"刺激—反应"，虽前缀以"心理学"之限定，仍不足以充分表达感应（通）之道的独特之处。因为所谓"刺激—反应"，可以是机械的、也可以是有机的，传统的感应（通）之道则是有机论的。

这一有机论的"感应（通）"原理，要义有二。其一，它以"天人一体"为人的生存论前提。所谓"天人一体"，系指天、地、万物（含人类）乃一有机生命体。人与天地万物，从而相遇于生活中的人与人之关系，首先不是相互外在的对象性关系，而是有机生命体之同体异位关系。唯其一体，故相感应。即此而言，所谓"感应（通）"，亦可谓之"一体联动"。充分而顺畅之"感应"即是"感通"，或简言之曰"通"："往来不穷谓之通"，"推而行之谓之通"（《易传·系辞上》）。其二，"感应（通）"乃教者（感之者）与学者（应之者）间的生命整体互动，遵循同声相应、同气相求之理则，且依教者之不同生命境界，而生出不同的感应层次："类固相召：气同则合，声比则应……同气贤于同义，同义贤于同力，同力贤于同居，同居贤于同名。帝者同气，王者同义，霸者同力，勤者同居则薄矣，亡者同名则粗矣。其智弥粗者，其所同弥粗；其智弥精者，其所同弥精。"（《吕氏春秋·有始览·应同》）"同"亦"通"也。"同名""同居""同力""同义""同气"，标志着"感通"由浅而深，由表及里的不同层次。处于最高层次的"同气"，实即"气志"相通，即帝者之于其民，是身（气质）、心

（神志）高度凝聚、和谐的生命整体间的互通；而处于最末端的亡国之君之于其民，只具有名分上的关联，其感应亦仅发生在单一而外在的“耳”的层面上。

近世以降，尽性成德之教为成才之教所涵盖，生命意义之学为知识技术之学所笼罩，“意义—感通”之道隐而不彰，公民道德教育日趋“公理”化而迷失了修身之本。则以学论教之“劝学”为以教论学的“教授法”“教学法”所取代，良有以也。中国现代教育家论“学—教”之道最近古人精义者，莫过于陶行知先生的“教学做合一”之说。陶先生曰：“教学做是一件事，不是三件事。我们要在做上教，在做上学。在做上教的是先生，在做上学的是学生。从先生对学生的关系说，做便是教；从学生对先生的关系说，做便是学。先生拿做来教，乃是真教；学生拿做来学，乃是实学。”[13]若易其“做”字为“修身”，正合儒家思想本义。只是陶先生所说，毕竟偏于经验主义之知识论，而与尽性成德之教相去较远。

20世纪80年代以来，以“主体—客体”论“学—教”关系之风渐盛，继之以“主体性教育”及“教育的主体性”，又进之以“主体间性”。此类话语于救正其时教育流弊或不无小补，于深化人们之教育识见却难睹其功，遂同归于昙花一现。以一体联动的感应之眼观之，学者之于教者，究竟谁为主体、谁为客体？此似为一无解且虚假之教育理论问题。早在两千多年前，庄子即对此类提问方式深予质疑：“百骸、九窍、六藏赅而存焉，吾谁与为亲？汝皆说之乎？其有私焉？如是皆有为臣妾乎？其臣妾不足以相治乎？其递相为君臣乎？其有真君存焉？”（《庄子·齐物论》）而所谓“主体间性”，说白了不就是“人—人”间性吗？可更有至道妙理？我们与其借来无根之说热闹一番，不如接着古人的“感通”之道往下说。倘如此，虽未有独知新见，亦不失“继人之志”“述人之事”之令名。

参考文献：

[1] 高华平. 由楚简中“教”族字的使用看楚人的辩证“教学”观［J］. 华东师范大学学报：教育科学版，2012（1）：70.

[2] 杜成宪. 以“学”为核心的教育话语体系——从语言文字的视角谈中国传统教育思想的重“学”现象［J］. 华东师范大学学报：教育科学版，2010（3）：75.

[3] 王贵民. 从殷墟甲骨文论古代学校教育［J］. 人文杂志，1982（5）：21.

[4] 王力. 同源字典［M］. 北京：商务印书馆，1982：300.

［5］［12］刘咸炘. 推十书：甲辑［M］. 上海：上海科技出版社，2009：14-15，16-17.
［6］石中英. “教育”概念演化的跨文化分析［J］. 高等师范教育研究，1997（4）：22.
［7］于述胜，包丹丹. 儒者之学：修身与学艺——以《四书》为中心的义理阐释［J］. 教育学报，2013（3）：112-117.
［8］杨伯峻. 论语译注［M］. 北京：中华书局，1980：128.
［9］程树德. 论语集释［M］. 北京：中华书局，1990：485.
［10］梁漱溟. 梁漱溟全集：第4卷［M］. 济南：山东人民出版社，1991：106-107.
［11］黄绍箕，柳诒徵. 中国教育史［M］. 福州：福建教育出版社，2011：1.
［13］陶行知. 陶行知选集：第1卷［M］. 北京：教育科学出版社，2011：347.

（选自《教育学报》2014年第5期）

我国的乐学思想传统

郭 戈

（人民教育出版社，北京 100081）

【摘要】乐学思想是中国优秀的传统教育思想之一，是儒家思想特别是“乐”的境界文化和人生哲学在学习上的表现。“乐”是“著于心”的“内乐”或“本心之乐”，“学”是基于“知之”“好之”上的“己有”之物、“自得之学”。乐学思想认为，学习可以成为一件快乐的事情，乐学是学业成功的要素，是学习的最高境界，也是教学的最高目标，还是评价教学成效和良师庸师的一个重要指标。乐学的原则和方法主要有启发诱导、“学”“习”结合、兴其艺、见意趣、知之好之、“乐教”感染、“乐”“勉”相济等。

【关键词】乐学；乐学思想；中国传统教育

【作者简介】郭戈，1965年生，河南信阳人，人民教育出版社党委书记、研究员，博士生导师，中国教育学会教育学分会理事长，主要从事教育原理、课程与教学论、教育史研究。

怎样使学生生动活泼学习、健康快乐成长，切实减轻过重的学业负担，是落实教育规划纲要、推进素质教育的一个重要问题，也是一个古老而复杂的教育难题。我国历代教育家十分重视乐学，提出了一系列真知灼见，形成了较为系统、一脉相承的乐学观，值得我们学习继承和发扬光大。

一、中国乐学思想发展的简要历程

中国的乐学思想发轫于孔子。孔子曰："学而时习之，不亦说乎?"(《论语·述而》)"知之者不如好之者，好之者不如乐之者。"(《论语·雍也》)孟子是我国乐教的先导者，他把"得天下英才而教育之"(《孟子·尽心上》)视为人生一大"乐"，并且作为职业理想不懈地去追求，与乐学思想并行，也体现了一种崇高的精神境界。此后，儒家学者的乐学观以及乐教观，大都是以此为依据加以阐发的。

秦汉之时，我国第一篇教育专著《学记》首次提出"乐学"概念："不兴其艺，不能乐学。"还提出了使学生乐学的"启发诱导"原则和"兴其艺"的方法。《吕氏春秋》则论述了"乐"与"情"的关系，揭示了乐学的情感心理机制，认为"人之情不能乐其所不安，不能得于其所不乐"(《孟夏纪》)，强调"劝学"在于动"人之情"，"为之而乐矣"(《诬徒》)。汉代刘安在《淮南子》中明确表述了乐学的重要意义，认为"同师而超群者，必其乐之者也"(《缪称训》)，并将"乐"分为"内乐"与"外乐"，要求"以内乐外"，强调"著于心"之乐(《原道训》)。

宋代学者在重视快乐学习的基础上，指明了兴趣与乐学的内在联系。张载说："学至乐则自不已"；"学者不论天资美恶，亦不专在勤苦，但观其趣向著心处如何。"(《经学理窟·学大原下》)程颢、程颐认为，"学至于乐则成矣"，但"教人未见意趣，必不乐学"(《二程集·遗书》)。朱熹也有相同言论。

在明朝，乐学思想进一步发展，并出现了专谈乐学的文献。湛若水认为"乐学"乃"自得之学"，"学不至于乐则不安，终非己有"(《圣学格物通·进德业》)。王守仁大声疾呼："今教童子，必使其趋向鼓舞，中心喜悦，则其进自不能已。"(《传习录》)其弟子王艮的《乐学歌》以及李贽的《读书乐》无疑是中国古代乐学思想的生动体现。尤其是《乐学歌》写道："乐是学，学是乐。呜呼！天下之乐，何如此学！天下之学，何如此乐！"(《王心斋语录》)这令人耳目一新、刮目相看。

清代学者也很关注乐学问题。王夫之提出"乐""勉"结合、以"乐"促"勉"的教学原则，强调"本心之乐为"之重要(《张子正蒙注·诚明篇》)，将乐学思想提升到一个新水平。颜元"夜读不能罢，每先息烛，始释卷就寝。汝等求之，但得意趣，必有手舞足蹈而不能已者”（《颜习斋先生言行录》卷上），形象地描绘了“得意趣”的学习是多么的快活和享受！王筠本着“学生是人，不是猪狗”和“人皆寻乐，谁肯寻苦”的朴素的人本理念，认为学习书中自有“乐趣”（《教童子法》），不但要求教师把书讲活，把学生教活，在学习中获得乐趣，又以学生学习有无兴趣、是否快乐作为评判良师和庸师的标准。

进入20世纪，中国社会发生深刻变化，新教育制度得以确立。虽然中国传统教育思想受到了一定遏制，但是中国古代的乐学思想却与西方有不谋而合之处并符合新教育理念而得到继续发展。当时不仅引进了夸美纽斯、赫尔巴特、斯宾塞、杜威等人的快乐教育理论和兴趣学说，而且生成了以梁启超、蔡元培、胡适、陈鹤琴、朱光潜等为代表的新乐学思想。其中，梁启超撰写的《趣味教育与教育趣味》《学问之趣味》是这方面的代表作。他认定“乐业即是趣味”[1]，“趣味教育”就是使学生“好之乐之”，“教育趣味”则是“乐哉教育！乐哉教育！”[2]两者归结为一点，即为“学而不厌、诲人不倦”[3]。胡适则“大劝人发痴”，其“所谓的‘痴’，就是‘精神所至’，不但‘好之’，而且‘乐之’，能有这种‘发痴’的精神，虽排万难，若行所无事”[4]。他们的这些话都道出了中国古代乐学思想在现代的传承和新解。

二、中国乐学思想的文化基础

任何一种思想观点的产生和形成，都有其特定的基础和缘由。在西方，崇尚快乐的教育理论与其信奉的快乐主义或幸福主义哲学息息相关；在中国，乐学思想与儒家哲学特别是“乐”的境界文化和人生哲学紧密相连。

儒家学派是中国哲学思想中最重要的学派，儒家文化是中华文明的主导思想，包括“乐”以及“乐学”“乐教”“乐业”等许多重要观点主张都源于此。如果说道家的境界是“虚”与“静”，佛禅的境界是“空”而“寂”的话，那么儒家的境界就是“诚”与“乐”。“乐”是儒家学者不懈追求的一种很高的精神境界或境界文化，也是其信奉的一种人生哲学或人生态度。在孔子的思想中，除了仁、义、礼、智、信等人伦规范之外，“乐”可算是一个最为重要的概念了。“乐”也是孟子人格修养的一个高度，“与民同乐”“乐以天下”（《孟子·梁惠王下》），“君子有三乐”“乐莫大焉”

(《孟子·尽心上》)等均为其言。此后,"乐"就成为儒家学者不懈追求的一个十分重要的精神境界,并始终贯穿在历代儒家学者的思想体系之中[5]。这个"乐"不是日常用语的"乐"的情感,更不是"对酒当歌,人生几何"和"人生得意须尽欢"所代表的享乐主义,而主要是指使人能够抗拒物欲诱惑、保持内心平和愉悦,以及大志之人所具有的与社会责任感、历史使命感相联系的求"仁"、求"道"、求"诚"之"乐"。这是一种纯粹的精神快乐,是有修养之人才具备的一种自由、自觉状态。这种"乐"的境界文化和人生哲学体现在学习和教育上,就是"乐学"和"乐教"。

近代思想家梁启超将"乐学"和"乐教"阐释为"趣味教育"和"教育趣味",并道出它的思想根源或理论基础,给了我们一个形象的解答。梁启超说:"我确信'敬业乐业'四个字,是人类生活的不二法门";"敬业即是责任心,乐业即是趣味",是"我生平最受用的两句话"[6]。"孔子屡屡说:'学而不厌,诲人不倦。'……问他为什么能不厌不倦呢?只是领略得个中趣味,当然不能自已。……孔子又说:'知之者不如好之者,好之者不如乐之者。'诸君都是在教育界立身的人,我希望更从教育的可好可乐之点,切实体验,那么,不唯诸君本身得无限受用。"[7]"孟子说:'君子有三乐,而王天下不与存焉。那第三种就是'得天下英才而教育之'。他的意思是说教育家比皇帝要快乐。他这话绝不是替教育家吹空气,实际情形确是如此。"梁启超接着说:"假如有人问我:'你信仰的什么主义?'我便答道:'我信仰的是趣味主义。'有人问我:'你的人生观拿什么做根柢?'我便答道:'拿趣味做根柢。'"[8]"我是个主张趣味主义的人,倘若用化学化分'梁启超'这件东西,把里头所含一种元素名叫'趣味'的抽出来,只怕所剩下的仅有个零了。"[9]

三、中国乐学思想的基本观点

(一)乐学的基本含义

"乐学"的"乐"除了包含上述"乐"的一般意义之外,还具有其特定的教育含义。

首先,"乐学"的"乐"不是"外乐",即一时一事的表面喜悦,更不是感官之乐,而是"著于心"的"内乐"或"本心之乐"。《淮南子》写道:"不以内乐外,而以外乐内,乐作而喜,曲终而悲,悲喜转而相生,精神乱营，不得须臾平。……夫内不开子中而强学问者，不入于耳而不著于心，此何以异于聋者之歌也，效人为之，而无以自乐也。”（《原道训》）其意思是说人如果不能从内在心理上产生学习的爱好和乐趣，即便强迫他去学习或质疑问难，也只能是耳朵听见了，却不能牢固记在心里。这样的人如同聋子唱歌，仿效人是不会获得成功的。这表明了追求由外在事物或感官物质刺激得来的快乐（即“外乐”），是表面而暂时的，作用有限甚至有害；而“以内乐外”和“著于心”的精神愉悦（即“内乐”），则是内在而持久的，为学习所需要，也是真正有效的。清代的王夫之也很重视学习主体者的内心意愿，强调要“本心之乐为”。他说：“苟非其本心之乐为，强之而不能以终日，故学者在先定其情，而教者导之以顺。”在他看来，“和者于物不逆，乐者于心不厌”，只有发自内心把学习视为乐趣，才能不畏艰苦，“欣然有得”（《张子正蒙注·诚明篇》）。这种“乐学”的“内乐”观，反映了对学习者快乐情感和心理愉悦的深度和强度的特别关注。

其次，“乐学”的“学”是基于“知之”“好之”上的“己有”之物、“自得之学”。这种解说反映了学习者与所学内容的内在关系和紧密联系，体现了对学习者学习状态和结果的深刻和境界的特别关注。北宋的程颢、程颐说：“学至于乐则成矣。笃信好学，未知自得之为乐。好之者，如游他人园圃；乐之者，则己物尔。”（《二程集·遗书》）南宋的张栻进一步阐释说：“知之者，知有是道也；好之者，用工之笃也；至于乐之，则工夫至而有以自得矣。譬之五谷，知者知其可食者也，好者食之者也，乐者食之而饱者也。知之而后能好之，好之而后能乐之，知而不能好，则是知之未至也；好之而未及于乐，则是好之未至也。此古之学者所以自强而不息者与?”（《论语解》卷三）其意思是说：“知之者”只懂得要学习的道理；“好之者”既知道其道理，又付诸行动；而“乐之者”不仅付之于实践，还能从学习实践中得到心理愉悦和享受。这就好比五谷，“知之者”知道它可以吃；“好之者”既知道它可以吃，又亲自去品尝了；而“乐之者”则不仅知道它能吃，而且还饱餐一顿，吃了个痛快。“知之”而不能“好之”，是因为知的深度不够；“好之”而不能达到“乐之”，是因为好的程度不够。明代的湛若水说：“乐者，乐此者也。学不至于乐则不安，终非己有，故作乐以安之，如田之入为己有也。此自得之学也。”（《圣学格物通·进德业》）在他看来，达到了乐学状态，就是“自得之学”，所学才能够真正同化、内化而为己所有。朱光潜认为“培养趣味好比开疆辟土，须逐渐把本非我所有的变为我所有的”[10]，说的也是这个道理。

（二）学习可以成为一件快乐的事情

在思想理念上把学习视为快乐的事情，是对学习过程一般规律特点认识的深化和拓展，也是乐学思想和学习愉快原则的重要基础和依据。《论语》开篇即道：“学而时习之，不亦说乎？有朋自远方来，不亦乐乎？”（《学而》）孔子认为学习是一件愉快的事情，求知过程本身就应该充满乐趣。在教书育人过程中，不但孔子本人能够“学而不厌，诲人不倦”且“发愤忘食，乐以忘忧”（《论语·述而》），堪称乐学的楷模和乐教的典范，而且其弟子也多像他一样“乐亦在其中矣”（《论语·述而》），特别是颜回“一箪食，一瓢饮，在陋巷，人不堪其忧，回也不改其乐”（《论语·雍也》）。

此后，不少教育家都把学习当成一件乐事，并提出了一些相关论据。如王守仁从儿童天性和心理出发，认为“大抵童子之情，乐嬉游而惮拘检，如草木之始萌芽，舒畅之则条达，摧挠之则衰痿。今教童子，必使其趋向鼓舞，中心喜悦，则其进自不能已；譬之时雨春风，沾被卉木，莫不萌动发越，自然日长月化”（《传习录·训蒙大意》）。王筠基于以人为本的理念和避苦趋乐的原则明确指出：“人皆寻乐，谁肯寻苦？读书虽不如嬉戏乐，然书中得有乐趣，亦相从矣。”（《教童子法》）王艮更进一步说：“乐是乐此学，学是学此乐；不乐不是学，不学不是乐；乐便然后学，学便然后乐。乐是学，学是乐。呜呼！天下之乐，何如此学？天下之学，何如此乐？”（《王心斋语录》）他认为，学习的实质就在于快乐，快乐的真正源泉在于学习，他还把学习看作天下最大的快乐和享受，从而使“学习本身是快乐的”这一观点达到了极致。

（三）乐学的重要作用

关于乐学的重要性，历代教育家论述颇多，仅举几例。汉代《吕氏春秋》最早从情感心理机制上对乐学进行了分析：“人之情不能乐其所不安，不能得于其所不乐。……反诸人情，则得所以劝学矣。”（《吕氏春秋·孟夏纪》）其意思是说一个人若能从心理情感上把学习当成一件快乐的事，真正沉浸在学习的乐趣之中，就一定能学有所得。刘安讲得更为明白：“知人无务，不若愚而好学。”（《淮南子·修务训》）“从同味而嗜厚膊者，必其甘之者也。同师而超群者，必其乐之者也。弗甘弗乐而能为表者，未之闻也。”（《淮南子·缪称训》）其意思是说一个人即使天资很聪颖，但若不好学自强，还不如愚笨却积极投入学习的人。同样学习，只有那些热爱学习、以学为乐的人，才能出类拔萃。不甘之、不乐之却企图学习优秀、出类拔萃，只能是痴人说梦。

北宋张载在《张子全书》中认为，乐学的作用在于保持学习的持久性，可以永不停业，即所谓“乐则可久”（《经学理窟·义理》），“乐则自不已”，并且“人若志趣不远，心不在焉，虽学无成”（《经学理窟·学大原下》）。在他看来，乐学的泉源——“志趣”是学习的重要心理条件，是决定学习成效和学业成功的关键因素。明代王守仁认为，乐学的效果不但“常使精神力量有余，则无厌苦之患，而有自得之美”（《传习录·教约》），而且“使其乐习不倦，而无暇及于邪僻”（《传习录·训蒙大意》）。否则，学生厌学不乐，则会“视学舍如囹狱而不肯入，视师长如寇仇而不欲见，窥避掩覆以遂其嬉游，设诈饰诡以肆其顽鄙，偷薄庸劣，日趋下流”（《传习录·训蒙大意》）。

（四）以学为乐的教育目标

在西方，把兴趣和快乐视为教育教学的一个重要目的或目标，始于赫尔巴特和斯宾塞，发展于赫尔巴特学派和杜威学派（包括泰勒）[11]。在中国，持有这种观点者也不鲜见，且更为古老。孔子曰：“知之者不如好之者，好之者不如乐之者。”（《论语·雍也》）“学而知之者，次也；困而学之，又其次也；困而不学，民斯为下矣。”（《论语·季氏》）可见，孔子将学习状态和境界分成了若干等级，依次为“困而不学”“困而学之”“学而知之”“好之”“乐之”。其中，在“知之”或“学而知之”基础上的以学为好特别是以学为乐，是学习的最佳效果和学业的最高境界，也是教学的最高目标和教育的重要任务。孔子的这一观点及其好学乐学精神，深深影响和激励了后世的儒家学者。如宋代程颢、程颐说：“学至于乐则成矣。”（《二程集·遗书》）张栻说：“好之而未及于乐，则是好之未至也。”（《论语解》卷三）元代吴澄也说：“读书当知书之所以为书，知之必好，好之必乐。既乐，则专在我。苟至此，虽不读，可也。”（《宋元学案·草庐学案》）王守仁从教育者出发认为：“凡习礼歌诗之数，皆所以常存童子之心；使其乐习不倦，而无暇及于邪僻。教者如此，则知所施矣。”（《传习录》）这些都是对孔子这一重要观点主张的积极回应和共识。

中国古代以学为乐的教育目标将以学为乐视为学习最高境界和教育目标的观点，又为近代一些教育家所继承，并发展为培养学生学习“趣味”

"兴味"的教学目的观。例如，梁启超在研究了中国古代特别是孔子的好之乐之及其"学而不厌，诲人不倦"的精神后，明确提出："'趣味教育'这个名词，并不是我所创造，近代欧美教育界早已通行了，但他们还是拿趣味当手段（其实这是误解——笔者注），我想进一步，拿趣味当目的。"蔡元培说："我们教书，并不是像注水入瓶一样，注满了就算完事，最重要的是引起学生读书的兴味。"[12]朱光潜也说："真正的文学教育不在读过多少书和知道一些文学上的理论和史实，而在培养出纯正的趣味。"[13]在他们看来，教授学问、掌握知识固然重要，但使学生学有兴趣、学得快乐则更为高明。这一观点不仅有着重要的历史价值，而且对现实也具有重要的指导意义。

（五）以乐为主的教学评价

在西方，把兴趣快乐作为选择知识和评价教学的重要指标的观点，始于斯宾塞，发展于泰勒[14]。在我国，北宋的张载就说过："学者不论天资美恶，亦不专在勤苦，但观其趣向著心处如何。"（《经学理窟·学大原下》）在他看来，学习的好坏、学业的评价，不在于其天资优劣，也不单单决定于是否勤苦，而要看他的志趣、心向。清朝的王筠说："观其弟子欢欣鼓舞，侈谈学问者，即知是良师也。若疾首蹙额，奄奄如死人者，则笨牛也，其师将无同。"（《教童子法》）他认为教师是良师还是庸师，观察学生是否乐学即可分辨：如果学生学习时欢欣鼓舞，敞开心扉，乐在其中，教师即为良师；倘若学生学习时疾首蹙额，呆若木鸡，形同笨牛，教师必是庸师。

四、乐学的教学原则和方法

我国历代教育家提出了不少关于快乐教学的规则和方法。归纳起来，主要有下列几点。

（一）启发诱导

在教学中能否运用启发式教学，是学生能否好学乐学的首要问题。我国古代教育家历来认为，死记硬背或强行灌输，学生必视学习为苦差事。梁启超也指出，现代教育阻碍乐学或"摧残趣味有几条路，头一件是注射式的教育：教师把课本里头的东西叫学生强记，好像嚼饭给小孩吃"[15]。因此，历代教育家一贯主张教学要启发诱导。所谓"不愤不启，不悱不发；举一隅，不以三隅反，则不复也"（《论语·述而》），"君子引而不发，跃如也"（《孟子·尽心上》），"君子之教，喻也。道而弗牵，强而弗抑，开而弗达”(《学记》),即是其中的精彩论述和核心内容。韩愈授课“讲评孜孜,以磨诸生,恐不完美,游以恢笑啃歌,使皆醉义忘归”(皇浦湜《韩文公墓志》),则是启发诱导教学实践的一个典型代表。启发诱导既是一种教学方法,又是一个教学原则。中国教育史中创造出来的在启发式教学原则之下的教学方法有很多,如举一反三、循序渐进、深入浅出、循循善诱、温故知新、长善救失、教学相长、质疑问难、触类旁通、寓教于乐等,限于篇幅,恕不一一赘述。

(二)“学”“习”并重

子曰:“学而时习之,不亦说乎?”(《论语·学而》)朱熹注解道:“说,喜意也。既学而又时时习之,则所学者熟而中心喜说,其进自不能已矣。”(《四书章句集注·论语集注》)“学”是从书本或师授中获取知识技能,“习”是通过个体的实践活动对已学的知识技能进行熟练和巩固。在学习过程中,只要不断地将“学”与“习”有机结合起来,就能收到良好的学习效果,学习也就能成为一件愉快的事情。中国古代思想家一贯强调知行统一、言行一致的学习原则,主张学以致用,温故知新,学思结合,认为一味地脱离实践的学业和缺失行动的求知,根本不可能好学、乐学,也谈不上真正“知道”,甚至“与不知同”。(黄晞《聱隅子·生学篇》)

(三)兴其艺

《学记》提出:“时教必有正业,退息必有居学。不学操缦,不能安弦;不学博依,不能安诗;不学杂服,不能安礼;不兴其艺,不能乐学。故君子之学也,藏焉,修焉,息焉,游焉。”这里的“操缦”“博依”“杂服”是围绕“弦”“诗”“礼”等“正业”服务的,“艺”指课外的活动、感性认识、对人接待等。这段话的意思是:如果不经过课外的技艺和实际训练,学生就学不好正课,也就谈不上愉快学习。善于学习的人,学时很努力,休息时就尽兴地搞课外活动。

(四)见意趣

中国古代对于“乐”与“趣”关系的论述有不少,如朱熹说:“教人未见意趣,必不乐学。”(《小学集注》)“若读之数过,略晓其义即厌之,欲别求书看,则是于此一卷书犹未得趣也。”(《学规类编》)清朝的颜元也说:“夜读不能罢,每先息烛,始释卷就寝,汝等求之,但得意趣,必有手舞足蹈而不能已者,非人之所能为也。”(《颜习斋先生言行录》卷上)梁启超也说,孔子等先贤之所以“不厌不倦”“可好可乐”,正是因为他们“领略得个中趣味，当然不能自已”[16]。不难看出，“趣”是“乐”的泉源，兴趣愈大，则所得的快乐亦愈大。要使学生“乐学”，须先引发“其趣”或“意趣”。换言之，教育者不能责怪学生不“乐学”，而应当检查自己教得是否引起了学生的兴趣。

（五）知之、好之

在古人看来，“乐之”是有基础的，不是凭空而乐，没有“知之”与“好之”，就不可能有真正的“乐之”。首先，要乐学，基础在于知学，即知道学习的内容，明白学习的重要，有学习的愿望。其次，要乐学，关键在于好学，即爱好学习，热爱学习，对学习有兴趣，还有学习的意志。孔子曰：“君子食无求饱，居无求安，敏于事而慎于言，就有道而正焉，可谓好学也已。”（《论语·学而》）孔子要求学者饮食不求饱足，居住不求舒适，学业勤劳敏捷，说话小心谨慎，把心思用到向德才兼备等有道的人那里去匡正自己。后来，西汉后期的扬雄也提出了一个“好学”标准：“学以治之，思以精之，朋友以磨之，名誉以崇之，不倦以终之。可谓好学也已矣。”（《法言·学行》）他认为，一个人只有坚持以学习获取知识，以思考精通学问，靠朋友相互研讨共同提高，用荣誉激励上进心，并通过持之以恒的专心追求来完成学业、取得成就，才可以称得上是一个真正“好学”的人。否则，“无好学之志，则虽圣人复出，亦无益矣”（《二程集·粹言》）。

（六）教材切合学童

我国古代教材特别是蒙学教材，如《三字经》《百家姓》《千字文》《千家诗》《杂字》等，多出自名人之手，注重人伦道德、生活知识、名物常识和历史故事，力求将知识性、教育性和趣味性融为一体，编写采用韵语和对偶句式，文字简练，通俗易懂，老幼皆宜，便于记诵，读起来朗朗上口，符合学童年龄心理。这既有利于学童乐学，也是蒙学书能够长久流行、为社会长期接受的一个重要原因。

（七）“乐教”感染

教育是教育者与受教育者心灵交融的工作，师生情感存在着共鸣效应。为了让学生好学乐学，孔子不但要求教师“学而不厌，诲人不倦”，而且他自己身体力行，率先垂范，“乐亦在其中矣”，甚至“发愤忘食，乐以忘忧，不知老之将至”（《论语·述而》）。所以，他的学生受其教诲和感染，大多为好学者或乐学者。孟子更是明确将“得天下英才而教育之”作为人生三大乐事之一，把乐教当作一种崇高的职业理想去追求，并且也注重以乐教吸引学生乐学："夫子之设科也，往者不追，来者不拒。"（《孟子·尽心下》）韩愈曾评论说："乐得天下英才而育之。此皆圣人贤士之所极言至论，古今之所宜法者也。"（《韩愈集》卷十六《上宰相书》）梁启超受这一思想的影响和启发，提出了"教育趣味观"，并进一步阐明了"教育趣味"与"趣味教育"的内在联系。教师能够心甘情愿地乐教爱生，教学不厌，诲人不倦，饶有兴味，必然会传导和感染给学生，促进其乐学爱学。从乐教思想的传承和发展来看，其意义不仅在于让教师具备一种崇高的职业理想和精神境界，还在于如此可以有效地促进学生好学、乐学。

（八）"乐""勉"相济

我国教育家历来认为，乐学不是游戏，更不是放任自由；学习是一种艰苦的劳动，必须有严谨刻苦的学习态度、勉力顽强的学习精神，才能把学习搞好。但是，如果只有勉强而无"本心之乐为"，则学习"不能以终日"。王夫之的创新在于强调"乐""勉"统一，以乐促勉。他说："勉强之功，亦非和乐则终不能勉；养蒙之道，通于圣功，苟非其本心之乐为，强之而不能以终日。故学者在先定其情，而教者导之以顺。"因为"和者于物不逆，乐者于心不厌"，只有把学习视为乐趣，才能不畏艰苦，"欣然有得"（《张子正蒙注·诚明篇》）。

五、结　　语

无论在西方还是在中国，都长期客观存在着对快乐或愉快与教育和教学之间内在联系的普遍认同，这种认识在各自的时空中从小到大、由弱至强，逐步形成了一套完整的思想理论体系。在西方，快乐教育思想源于古希腊的柏拉图，初建于文艺复兴后的夸美纽斯，成熟于 19 世纪后期的斯宾塞，流行于 20 世纪欧美的"进步主义"和"新教育"者。中国是世界上公认的文明古国，而且具有文化传承不断、始终如一的突出特征。中国传统教育思想和学习理论源远流长，博大精深，乐学思想便是其中的一个典型代表和突出范例。综上所述可以看出，中国乐学思想源远流长、始终不断且一脉相承，经历了一个不断发展和完善的历史过程。其表达简洁精练，内涵丰富深刻，观点鲜明独到，体现了教与学、学与习、情与意的统一，涉及教育领域的诸多方面和教学结构的诸多因素，并演进成为中华民族一个优秀的传统教育思想，完全可以与西方的快乐教育思想理论相媲美。有人认为我国教育家只有关于乐学的真知灼见，没有形成完整的理论体系或思想传统，这种看法有失公允。

我国既有关于好学、乐学乃至乐教的思想传统，也有以“十年寒窗苦读”“学海无涯苦作舟”“头悬梁，锥刺股”为代表的关于苦学苦练的一贯主张。两者相辅相成，并行不悖。乐与苦、乐学与苦学是辩证统一的关系，它们既有矛盾、相互对立，又互为因果、相互转化。如上所述，乐学思想基于中国儒家学者“乐”的境界文化和人生哲学，其“乐”是“著于心”的“内乐”或“本心之乐”，其“学”是基于“知之”“好之”上的“己有”之物、“自得之学”。这表明了快乐不是单纯的情感愉悦和表面之乐，更不是享乐主义；乐学不是少学不学和没有必要的学业负担，更不是游戏玩乐；快乐教育也不是轻松教育，更不是放任纵容。如果把乐学或快乐教学简单地理解为娱乐、游戏、轻松或没有学业负担的教育，把乐学与勤奋刻苦、艰苦奋斗对立起来，那是简单肤浅的认识。

改革开放以来，我国教育事业繁荣发展，快乐教育、愉快教学也得到学校和社会前所未有的关注，相关的理论研究、创新实践和实验成果也不断涌现。但在实际当中，快乐教育如同素质教育一样曲高和寡，学生学习不乐的问题仍很突出。为此，教育规划纲要强调指出，学前教育要“遵循幼儿身心发展规律，坚持科学的保教方法，保障幼儿快乐健康成长”，中小学特别是义务教育要注重“培养学生学习兴趣和爱好”，“减轻课业负担，保证学生生动活泼学习、健康快乐成长”。这些为乐学的实施和快乐教育的发展提出了新的更高要求，也提供了重要的政策依据和宽松的环境。我国的乐学思想传统为现代快乐教育或愉快教学的发展与理论建构提供了重要的历史依据，奠定了坚实的理论基础。只要我们认真借鉴和继承发扬这一优秀的传统教育思想，就一定能够探寻一条使学生生动活泼学习、健康快乐成长之路。

参考文献：

[1] [6] 梁启超. 敬业与乐业 [M] //饮冰室合集：第5册. 北京：中华书局，1989.

[2] 梁启超. 教育家的自家田地 [M] //童秉国. 梁启超作品精选. 武汉：长江文艺出版社，2005：346.

[3] [7] [8] [15] [16] 梁启超. 趣味教育与教育趣味 [M] //童秉国. 梁启超作品精选. 武汉：长江文艺出版社. 2005.

[4] 胡适. 胡适之先生劝人发痴 [M] //白吉庵，刘燕云. 胡适教育论著选. 北京：人民教育出版社，1994.
[5] 李春青. 论儒学体系中的“乐”范畴 [J]. 广东社会科学，1996 (3).
[9] 梁启超. 学问之趣味 [M] //童秉国. 梁启超作品精选. 武汉：长江文艺出版社，2005：348.
[10] [13] 朱光潜. 谈趣味 [M] //朱光潜全集：第 3 卷. 合肥：安徽教育出版社，1993：348，348.
[11] [14] 郭戈. 兴趣课程观述评 [J]. 课程·教材·教法，2012 (3)：3-11.
[12] 高叔平. 蔡元培教育论著选 [M]. 北京：人民教育出版社，1991：526.

（选自《课程·教材·教法》2014 年第 5 期）

从孔子自叙年谱探源终身教育的阶段性目标与基本路径

栗洪武　陈　磊

（陕西师范大学　教育学院，陕西　西安　710062）

【摘要】 在春秋战国时期以“微言大义”记载历史的文献中，能完整地展现一个人终身学习的阶段性目标和基本路径的，只有《论语·为政》的“吾十有五”章。此章是孔子自叙15岁开始的终身教育，也是一个逐步提高精神境界的过程。在这个过程中，既在长远目标中要有阶段性的目标，又要有明确的方向与发展的路径，这样方能达到人生成长的高点。

【关键词】 孔子；《论语》；终身教育

【作者简介】 栗洪武，1957年生，陕西榆林人，陕西师范大学教育学院教授、博士生导师，中国教育学会教育史分会理事，主要从事中国教育史研究；陈磊，山东莱阳人，陕西师范大学教育学院博士研究生，主要从事中国教育史研究。

在中国考古界有一项联合攻关项目被称为“中华文明探源工程”，经过几代考古学者辛勤工作，目前发现的中华文明起源和形成期的考古资源非常丰富，界定时间已远远超过5 000年以上。但是，用文字记述的文明历史要晚得多，而且在中国有文字记载历史的初期，大量的是以精练和简明的文字记述当时的历史，形成了一些“微言大义”的历史文献，从中却反映出中国文明历史悠久、丰富的内容，尤其是古人对自然和社会精深的认识。春秋战国时期的历史文献都有这个特点，其中《论语》就是这样一部书，从中可探源出中国文明的发展印记以及许多对现代社会有价值的璀璨思想。

在有文献可考的史料中，能完整地展现一个人终身学习的阶段性目标和基本路径的，只有《论语·为政》的“吾十有五”章。此章全文是：“子曰：吾十有五而志于学，三十而立，四十而不惑，五十而知天命，六十而耳顺，七十而从心所欲不逾矩。”[1]对此，明代顾宪成（1550—1612）著《四书讲义》指出：“这章书是夫子一生年谱，亦是千古作圣妙诀。”[2]清代李颙（1627—1705）著《四书反身录》说：“此章真夫子一生年谱也，自叙进学次第，绝口不及官阀履历，事业删述。可见圣人一生，所重惟在于学，所学惟在于心，他非所与也。”[3]他们二人所说可谓“年谱说”，是指孔子一生学习与修养所达到的阶段性目标与基本路径。从顾宪成所说可悟出中国的教育传统是“作圣”，即通过终身学习使人的修养达到的最高境界，成为至善至美之人；从李颙所说理解这一章的精义，是圣人一生“所重惟在于学，所学惟在于心”[4]。

吾十有五而志于学

“吾十有五而志于学。”首先，这里的“学”是学问，不是学校。“志于学”是指通过从小培养良好的学习兴趣和爱好，从而确立学习的志向和目标，确立人的道德修养期望达到的最高境界与最完美的要求。其次，为什么“吾十有五”才“志于学”？因为古人把15岁看作有特殊意义的年龄。这个年龄段是有其生理和心理根据的，所以古代称15岁的童子为成童；并且，把这个年龄当作区分中国教育小学阶段与大学阶段的界限。中国古代的学校教育只分为小学和大学两个阶段，主要是以学子15岁的年龄作为分界线。一般情况下，儿童在15岁以前是接受小学阶段的教育，也称蒙学教育；15岁以后是接受大学阶段的教育，也称明理教育。因此，古代小学阶段有大约7年时间，在夯实知识学习与道德修养的基础上，主要是确立学习与修养的志向和目标，也就是人的一生中最重要的第一个阶段的目标。

这是因为，“志于学”在教育上有着很重要的意义。孔子本人的教育从他“志于学”开始，实际上每一个人的教育都必须从他自己“志于学”开始；如果他自己不“志于学”，别人对他一点办法也没有。但“志于学”是可以培养的，从小打基础培养儿童的学习兴趣和爱好，并从本人自己“志于学”开始，这是教育普遍适用、永远适用的原则之一，而教师工作首先要做好学生“志于学”。孔子说：“三军可夺帅也，匹夫不可夺志也。”[5]孔子认为“志”对于“匹夫”，比“帅”对于“三军”还重要。那么，如何对学生进行“志于学”的教育呢？孔子主张“先计而后学”。孔子说：“吾少也贱，故多能鄙事。”[6]他从小家境贫贱，不得不学艺谋生了。后来“学而优则仕”了，他才说：“学也，禄在其中矣。”进行“志于学”教育，不仅要能讲大道理，更要能讲小道理。例如，孔子教育弟子：“不学《诗》，无以言”，“不学礼，无以立。”他又说：“小子何莫学乎《诗》?《诗》可以兴，可以观，可以群，可以怨，迩之事父，远之事君，多识于鸟兽草木之名。”[7]这些说法，无一不是“先计而后学”。所谓“先计而后学”，就是先合计学的好处，然后学之。这样做很自然，可以促使学生“志于学”，恐怕也只有这个办法最好。

那么，“志于学”如何做起呢？第一，“志于学”是小学阶段养成的精神动力。这个精神动力不是一时的灵机一动、心血来潮的产物，而是贯穿于小学从始至终的整个阶段的过程中，牢固确立，不易动摇。第二，如果着眼于中国教育是小学阶段与大学阶段的衔接，这个衔接就是“志于学”；如果着眼于小学阶段是大学阶段的预备，这个预备就是“志于学”；如果着眼于大学阶段是小学阶段的继续，这个继续就是“志于学”。“志于学”就好比衔接小学阶段与大学阶段的枢纽工程。第三，“志于学”在小学阶段与大学阶段有本质的不同。小学阶段养成“志于学”，应从洒扫、应对、进退等行为习惯的养成训练做起；大学阶段养成“志于学”，是学君子之道，“穷理养性”；而且“志于学”要“有始有卒”，小学段与大学段一贯到底。能这样教人才合乎孔子精神，才合乎中国教育的优良传统。

三十而立

《汉书·艺文志》云：“古之学者耕且养，三年而通一艺”；“三十而五经立也。”[8]“耕且养”就是半耕半读，“养”是指“教养”。“通一艺”就是通一经。南朝梁代皇侃著《论语义疏》，解释“三十而立”云：“立，谓所学经业成立也。古人三年明一经，从十五至三十是又十五年，故通五经之业，所以成立也。”当时，通经的标准是“立”，就是站得稳脚跟，解决了现在常说的“立场”问题；能立在经业上，不是躺在经业上；在社会上有生活的资本，或有一技之长。有研究者认为，“三十而立”就是人的自我道德生命的安立，也是构成孔子强调的自我人格成长的核心环节[9]。因此，“三十而立”最根本的是，经过15岁到30岁的学科知识学习和品德修养，能够在社会上自立了，为日后的自强与发展打下坚实的基础。这是人终身学习或修养过程中第二阶段的目标。这个阶段在人的一生中也很重要，具有承前启后的作用。所谓“承前”，是继承“志于学”阶段的“衔接”“预备”“继续”，也是“志于学”阶段性目标的基本实现；所谓“启后”，是为下一阶段做准备、打基础，从学校学习走向社会实践，继往开来确立新的阶段性目标，开始新的学习阶段和学习内容。

四十而不惑

《论语·子罕》云：“子曰：可与共学，未可与适道；可与适道，未可与立；可与立，未可与权。”[10]将这一段中的“学”“立”“权”与“吾十有五”章中的“学”“立”“不惑”对照，则“不惑”对应于“权”。“权”的意思就是通权达变，灵活地运用其道，解决实际问题，而不迷惑。

年至40，已经打下较扎实的专业基础，又有10年的社会实践经历，在社会生活中通权达变，处理问题游刃有余，也是人生年富力强、做事既有经验又稳妥的年龄。如果说今天的干部选拔最好有一个年龄标准，也就是人们常说的“年轻化”大体有一个年龄界限，那么并非越年轻越好，应该说40岁就是一个较好的“年轻化”标准。这个年龄标准不是一个简单的数字游戏，而是包含有丰富的人生内容。一个人从“十五志于学”，到“三十而立”，再到“四十而不惑”，从时间上来说，有25年的人生经历；从过程上来说，既有学校学习又有实践学习过程；从内容上来说，既有书本知识学习又有社会生活学习内容。人从青少年到成年有这样一个经历，应该说是一个较完整的、丰富的、有发展前途的阅历，处事接物就能灵活地运用其道，解决实际问题而不迷惑，做到通权达变，周全圆融，游刃有余，得心应手。

五十而知天命

孔子五十许，由于喜《易》，而进入了一个新的精神境界。孔子《论语·述而》中说："加我数年，五十以学《易》，可以无大过矣。"朱熹注解："盖圣人深见《易》之无穷，而言此以教人，使知其不可不学，而又不可以易而学也。"[11]因为《易经》是古代人研究自然界奥秘的一部书，其内容主要是"卜筮"，就是对未来事态的发展进行预测。所以，在古人看来50岁以前研究的学问是人事和人道，50岁之后所做的学问就是天事和天道了，故曰"知天命"。一个人经过50年的学习和修养，如果能从人类社会的人事中学到人道，继而又能从自然界的天事中探寻到天道；用今天的学科分类来说，既通晓宇宙自然科学，又精通社会人文科学，那么，这时他（她）不仅具有渊博的学识，更有博大的胸怀和远大的境界。用《易经》中话来说，曰"乐天知命故不忧"[12]；用孔子提出的修养标准"仁者"来衡量，曰"仁者不忧"[13]。这也就是"乐天知命故不忧"，方是"仁者"啊！

六十而耳顺

《胡适之先生晚年谈话录》有云："从来经师对耳顺的解释都不是十分确切的。我想，还是容忍的意思。古人说的逆耳之言，到了六十岁，听起人家的话来已有容忍的涵养，再也没有'逆耳'的了。还是这个意思比较接近些。"[14]胡适的意思是说，由于容忍，倾听人言，哪怕是逆耳之言，都觉得顺耳了。这个解释最贴近经文本义。如果一个人的学习和修养过程经历了从学校到社会、从书本到实践、从人事到天事，无所不学、无所不晓；那么他（她）不仅是一个"仁者"（即"仁者爱人"），而且是一个"智者"（即"智者明也"）。所以说"耳顺"虽是一种表面现象，但它反映的则是人的一种"心态"和"心境"。从古至今，社会上"保健品""养生说"层出不穷，其目的就是为了满足人的健康和长寿需要。殊不知，"六十而耳顺"是健康和长寿最基本的条件。若没有一个容忍、宽容的"心态"和"心境"，就不可能有真正的身心健康，而身体健康也无从谈起。所以，对人对事的宽容，来自对人生的乐观和自信，也就是"乐天知命故不忧"。在60岁之前，经过50年的寒窗苦读与社会实践锻炼，已养成积极向上的人生态度，即使生活道路坎坷，历经百般磨难，仍能乐观豁达，认真做事，以诚待人，达到“耳顺”之目标，这才是希望和成功之所在。

七十而从心所欲不逾矩

皇侃《论语义疏》云：“从，犹放心也。逾，越也。矩，法也。年至七十，习与性成，犹蓬生麻中，不扶自直。故虽复放纵心意，而不逾越于法度也。”这好比一个大书法家，无论怎样狂草，也合乎书法的法度。一个人如果从“十有五而志于学”到“三十而立”和“四十而不惑”，再到“五十而知天命”和“六十而耳顺”，每一阶段都完成了自己的阶段性目标，那么“七十而从心所欲不逾矩”也就是自然而然的事了。这时，虽复放纵心意，或不刻意自己，其言行也不会违背社会的规矩和法度。这是个体修养最高阶段的目标，也是一个完美的目标。或言，人生 70 古来稀，即使有活到 70 岁者，心力和体力也力不从心了，还会做出违背规矩和法度的事来？这不是孔子的原意，也不合经文的本意。一个真正的人，即孔子称为“君子”者，无论男女老少，与动物的一个本质区别，就是按照人的既定目标不断修养和磨炼，达到最完美的境界。这就是所谓的“春蚕到死丝方尽，蜡炬成灰泪始干”。孔子享年 72 岁（前 551—前 479 年），自叙 70，可谓自叙终身矣。

总之，《论语》“吾十有五”章孔子自叙的 15 岁开始的终身教育，是一个逐步提高精神境界的过程。也就是说，孔子经历的教育，是从 15 岁开始的逐步提高精神境界的终身教育，这是此章的教育史意义。今天，我们讲继续教育、终身教育，一是在长远目标中要有阶段性的目标，每一阶段学习哪些东西，做哪些事情，完成什么任务，实现怎样的目标，都应该心中有数；二是除了知识与技能的继续学习与提高之外，还应该有逐步提高精神境界的学习内容；三是要有明确的方向与发展的路径，尤其从事教育这一特殊职业的人更应该这样，要养成良好的职业素质，对生活充满信心，对工作倾注热心，对学生普惠爱心，永远抱着一种积极向上的人生态度走好每一个阶段，直至终身，死而后已。

参考文献：

[1] 张岱年. 儒家经典·论语集注：卷一，上 [M]. 北京：团结出版社，1997：887.

[2] 顾宪成. 四书讲义：卷一 [M]. 清同治十三年虞山顾氏刊本：275.
[3] 李颙. 二曲集·论语上为政篇：卷三十一 [M]. 北京：中华书局，1996：432.
[4] 涂又光. 中国高等教育史论 [M]. 武汉：湖北教育出版社，1997：19.
[5] [6] [10] [13] 张岱年. 儒家经典·论语集注：卷五，上 [M]. 北京：团结出版社，1997：911，909，911，911.
[7] 张岱年. 儒家经典·论语集注：卷九，上 [M]. 北京：团结出版社，1997：936.
[8] 班固. 汉书·艺文志：第十，志三 [M]. 北京：中华书局，2006：1723.
[9] 李翔海. "三十而立"商兑 [J]. 陕西师范大学学报：哲学社会科学版，2011 (5).
[11] 张岱年. 儒家经典·论语集注：卷四，上 [M]. 北京：团结出版社，1997：904.
[12] 张岱年. 儒家经典·周易系辞：上传，上 [M]. 北京：团结出版社，1997：63.
[14] 胡颂平. 胡适之先生晚年谈话录 [M]. 北京：新星出版社，2006：4.

（选自《陕西师范大学学报（哲学社会科学版）》2014 年第 6 期）

江南贡院的命运

刘海峰

（厦门大学　高等教育发展研究中心，福建　厦门　361005）

【摘要】清代江南贡院是一座“庞然伟大之建筑物”，其命运历经兴衰起伏，是中国各省贡院的一个缩影，具有特别的代表性。清代是南闱最为辉煌的时代，江南贡院形制在各省贡院中相当特殊，许多方面成为其他省贡院效法的榜样。根据1922年前后9份关于保存江南贡院遗迹的原始文件，可以看出当时为保存江南贡院所做出的特别努力。江南贡院留下了非常珍贵的图像，为我们了解各省贡院的构造提供了间接而直观的资料。南京市将以明远楼为中心，恢复江南贡院的核心区，并建立中国科举博物馆，江南贡院这一千年科举的缩影，又将部分回到国人的视野，诚为南京民众之幸，中国文化之幸。

【关键词】贡院；江南贡院；号舍；科举；明远楼

【作者简介】刘海峰，1959年生，福建泉州人，厦门大学高等教育发展研究中心教授、博士生导师，中国教育学会教育史分会副理事长，长江学者特聘教授，主要从事高等教育史、考试制度与科举学研究。

作为科举时代的专用考场，贡院是科举考试具体实施的地方，是科举制度的有形载体和科举文化的具体象征。明清时期，京城和省会的科举考场称为贡院，而地方上府州县学的科举考场一般称为试院和考棚。清代贡院最多时有 17 座，其中江南贡院是最大的一座，是一座“庞然伟大之建筑物”[1]。江南贡院的命运历经兴衰起伏，是中国各省贡院的一个缩影，具有特别的代表性。本文在论述江南贡院形制的基础上，主要根据 1921 年 5 月至 1922 年 11 月间 9 份关于保存江南贡院遗迹的原始文件，分析科举废后保存江南贡院所做出的努力，展望贡院遗存等科举文物的保护前景。

一、南闱的辉煌时代

江南贡院始建于南宋乾道四年（1168），当时只是府一级的科举考场，主要供州县考试之用，规模并不大。明初，江南乡试和全国性会试都集中在应天府（今南京）举行。京师迁都北京之后，实行南、北两京制，故以在南京举行的应天乡试为“南闱”，以别于在北京举行的顺天乡试“北闱”。由于南闱往往选拔出许多特别有才华的举人，江南乡试以出江南才子著称，受到全国的注目。江南贡院也是各省贡院效法的对象，明代《应天府新建贡院碑记》便说：“贡举有院，内外通制也。南京应天府为天下贡举首，其制度亦必为四方所取法。”[2]一直到清末改革科举内容之后，江南还是领风气之先，清末人士选编全国各省乡试闱墨便说：“江南自六朝以来，文采斐然，所谓生命文物之邦。近自中国大通，长江流域首先输入文明，故吾国之讲新学，实以江南为先声。”[3]

清代是江南贡院的极盛时期，人才辈出，先后走出了一大批中国历史上的一流人物，郑板桥、方苞、秦大士、翁同龢、张謇等人曾在江南贡院中举，吴承恩、吴敬梓、陈独秀等人也有过在其中参加乡试的经历。“江南人文冠海内，又多名解元。”[4]清代在江南贡院中举之后赴京考中状元者共有 58 名，占全国状元总数的一半以上。而袁枚、林则徐、曾国藩、左宗棠等人，曾在此主持过考务，对贡院的建设发展做出了贡献。因此，清代是南闱最为辉煌的时代。

由于入场举子逐渐增加，清代江南贡院也一再扩建，到同治十二年（1873），“贡院通计房屋四百九十九间，披厂七十四间，号筒二百九十五字，共号舍二万零六百四十四间”[5]。号巷又称号筒，以千字文编排顺序，故云“号筒二百九十五字”。江南贡院是号舍数最多的贡院，成为清代四大贡院之首。“贡院为抡才重地，理宜闳敞整肃，用光重典。”[6]因此，各省贡院占地都相当大，各省会城市中贡院一般都是最大的建筑群。从贡院规模大小、号舍数量多寡，基本上就可以判断该省的文风繁盛程度和文化发展水平。

不过，江南贡院是江苏和安徽两省合闱的贡院，所以规模特别大。清代有过两次分闱。雍正元年（1723），清廷下诏两湖分闱，允许湖南设立贡院，单独举行乡试。光绪元年（1875），陕甘也实行分闱。作为江苏和安徽联合举办乡试的场所，江南贡院在两湖分闱的触动下，也曾有过分闱的动议，但最终坚持合闱，使江南贡院成为清末唯一的两省合闱的贡院。

国家图书馆古籍库保存有清光绪初年《监临安徽巡抚部院裕、督学部院祁为科场点名告示》，又题《为科场点名排定起数时刻以免拥挤告示》，其中说："本科江南应试人数至二万六百余之多，本院深恐点名迟误，因查照前监临部院林订立章程，略为变通。"其中包括"三路点名定式""通场坐号全单"等，并具体地列出了东文场、西文场、"东龙头鰓""西龙头鰓"等江南贡院各处号舍的坐号。除此以外，对后来逐渐扩建并需要特别指示路线的号舍坐号，还一一加以注明，如"平江府南段坐号（由平江府南总门进）、平江府中段坐号（平江府南北总门皆可进）、平江府北段坐号（由平江府北总门进）、姚家巷南段坐号（由平江府北总门直入姚家巷南路门进）、姚家巷中段坐号（由平江府北总门直入姚家巷北路门进）……西瞭楼坐号（由状元新号总门进）、状元新号坐号（由状元新号总门进至西瞭楼北首砖门内）"[7]。这一文献为当年举子提供了江南贡院入场路线图，也有助于今人具体了解举子如何进入规模庞大的江南贡院找到自己的号舍位置。

相对于其他省的贡院，江南贡院形制在各省贡院中相当特殊。在1994年以前，许多人都以为整个贡院呈正方形，连江南贡院历史陈列馆的江南贡院模型也是长方形。其实，到晚清时期江南贡院的平面为扇形，这从同治十二年（1873）绘制的《江南贡院全图》可以看出来。该图是现存历代各种贡院平面图中最准确者，原因是采用了传入中国的近代绘图法绘制。《江南贡院全图》右下方的中文"贡院图说"声明：

> 江南贡院向无善图，坊间刊版，条理不分，观者未能了如指掌，是未得其法故也。夫绘图必先布算，布算必先知积，求积必先定形，求形必先知各处丈尺。贡院全址略似梯田，东西广，南北窄，兼以四面围墙及各路中钝锐诸角，层累叠出，非用象限、勾股、三角诸法，参量比例，其角不明，又非截积布算，其积不得。故另布截积图，以

明全形，积数、角积皆得，而后准丈尺长短广狭，布置房屋、号舍、道路、天井，条分缕析，不相紊淆，庶令观者一览了然焉[8]。

该图说称“贡院全址略似梯田”，从各省贡院平面图来看，号舍（文场）部分确实形如梯田。

在成立以后多年，江南贡院历史陈列馆人员竟然不知道存在一目了然的《江南贡院全图》。1999 年笔者去参访时，赠送《江南贡院全图》复印件给该馆，使其完璧归赵，物尽其用。陈列馆明远楼一层左壁曾挂有《江南贡院全图》及其说明。其实，关于江南贡院四至的文字记载不少，包括有诗歌指出：“东接桃叶南抵淮，西邻状元北对牌。风水宝地贡院起，送过千般翰林派。”但由于没有直观的贡院图，所以之前很少人会想到江南贡院平面图是一个巨大的扇形。

明远楼是江南贡院硕果仅存的楼宇建筑。高耸明远楼是三层楼阁式，属于明代形制，与北京贡院明远楼类似。这类明远楼二三层只有柱子支撑，四周通透，可以毫无遮拦地观察周围动静。而楼房式的明远楼则是清代的形制，如另一座留存至今的明远楼——广东贡院明远楼建于康熙二十三年（1684）。福建贡院是清代重修，所以也是楼房式。这种明远楼除了供监考登楼眺望考场的功能以外，还有休息等房屋使用功能。

江南贡院是江苏和安徽两省士子的乡试场所，但因其规模宏大、体制严正，许多方面成为其他省贡院效法的榜样，如其“三路点名定式”曾经成为一些省贡院的模范。光绪十七年（1891）辛卯正科福建乡试点名章程开头便说：“监临兵部尚书闽浙总督部堂兼管福建巡抚事为晓谕事：照得乡试点名章程，案经奏明，分中东西三路序点，兹仿照江南乡试章程，酌定时刻。”接下来说明某时初点某属，某时正点某属，每半时为一起，计分十二起，各士子查照名牌，按起按时，依序听点。最后是以图表显示的福建乡试分路点名单[9]。其入场点名办法基本上是模仿江南贡院的产物。清康熙年间名士李渔所撰并题明远楼联：“矩令若霜严，看多士俯伏低徊，群嚣尽息；襟期同月朗，喜此地江山人物，一览无余。”此联不仅是江南贡院明远楼的标志性楹联，而且在不少省的贡院中也被采用。

二、废科举后江南贡院的用途

1905 年废科举后，作为科举考试专用考场的贡院已无存在必要，必然面临着被改造做其他用途的命运。

废科举后一段时间，许多省份都开始考虑拆除贡院，只有个别省份有过保存部分号舍的努力。例如，1906年成都要拆毁四川贡院号舍改建武校兵舍和学务公所，四川总督锡良认为外国如埃及金字塔和罗马古城，“莫不保存宝惜珍培，留为国人游览之所，以发其思古爱国之情”，科举为“一朝大政”，将来“尤考古者所惓惓不能忘也”，因此力图为后人留下一部分贡院号舍，并撰写了《贡院废号记》碑文[10]。清末四川总督锡良确实具有远见卓识，很有预见性[11]。

江南贡院的命运颇为特别。1905年9月3日《申报》就有这样的消息：“金陵贡院内师范传习所监督梅道光远，近日与各教员商议，以科举停废在即，俟明奉谕旨，即将东西各号一律拆毁，改建附属小学三、四所。”10月，两江总督考虑将贡院改为法律学堂[12]。11月，“高等学堂总教习缪筱山太史请于制府，欲改为高等学堂”[13]。1906年后，开始考虑将贡院改建为市场。1908年11月，开始变卖贡院旧有器物，并开列了大小砂缸、阔窄号板、长条号桌、号凳、铁器、锅炉、水猫、铜水龙头、锡茶罐、木橱、屏风、鼓圈、水台梯、大饭桶、蒸饭桶、盛余饭桶等，供投标购买[14]。

到1911年，“拟将贡院旧屋材料全行变价，藉充导淮之用。拟将屋宇地皮，全行拍卖，当得重价，即入水利公司股本”[15]。由于江南贡院系江苏和安徽两省公产，虽经议决将该处房屋开辟商场，所需款项照苏六皖四摊派，然“比年以来，屡经磋议，迄未解决，则一由两省之事权不专，一由于两省之财力皆绌”。而“贡院地址，四通八达，带阓连阛，以辟市场最为适用”。于是1915年，决定“宜照前议，速辟市场，不必用前者合赀分地种种之计划，材料地皮一以招商承买为便，所售价值，按照苏六皖四分成均摊”。同时提道：“就贡院全部审度地势，中间自明远楼以至衡鉴堂一路正屋，毋事拆毁，东西并须宽留若干丈，俾成矩形。周围缭以铁栏加以点缀，藉副保存古物之心，兼为市民游息之所。”[16]特别值得注意的是，这里首次明确提出要保留江南贡院核心建筑作为古迹。

1915年，江南贡院已经破败。“由龙门越明远楼，达于至公堂、衡鉴堂，中间各正屋虽甚残破，较之他部已属完整。其至公堂、衡鉴堂两旁各项办公厅室，则已颓圮过半，蓬蒿没胫，瓦砾塞途，弥望皆是，再至各段勘察号舍，则西文场一带，塌卸净尽，东边姚家巷，亦倒去数条。其他各段，破烂纵不如此之甚，然亦岌岌乎有倾覆之势矣。以至单且简之矮屋，无过问者十数寒暑，中间又遇军事蹂躏，宜破坏之竟至于斯也。”[17]江南贡院的处置，由于牵涉到两个省的利益分配，处置改辟之方法，屡议未决，且手续极繁，久已成一问题，以至于任其渐圮于荒烟蔓草之中。

1917年3月，江皖官绅又再度集议划分南京贡院事，为保存江南贡院古迹，“酌留明远楼、至公堂公屋数椽”[18]。4月，江苏省议员屠宜厚提出贡院屋料，安徽和江苏两省可照四六比例拆分，而院址则应归江苏省独有。但后来没有被采纳。

经过多轮协商，11月29日江苏、安徽两省代表举行第四次会议，共同拟定了《苏皖两省处分贡院办法》十条，其中第四条明确贡院保存古迹地段，“南自明远楼起，北至衡鉴堂止，成四方形，为保存范围”[19]。此后，虽然还有个别争议，但基本上都按此办法执行。1918年，开始拆除大部分号舍，辟为市场。

1920年3月，江苏“省议会议决划出明远楼、至公堂、飞虹桥、衡鉴堂四处为留为古迹，亦由筹备处从新修葺，纷饰周围建筑垣墙，以供游人瞻仰凭眺为休息场所”[20]。明确地标示出江南贡院保护古迹包含四处具体的建筑。如果不是合闱的贡院，江南贡院可能更早就被变卖处置，改辟为商场，明远楼也许就保留不到现在了，这也是当初反对分闱的江苏省人士不可能预见到的事情。

三、为保存江南贡院所做出的特别努力

到1921年5月，出现了关于为保存江南贡院所做出的特别努力。现存有1921年5月至1922年11月间9份关于保存江南贡院遗迹的原始文件，包括众议院议员佘恒等3人及江苏省议会议员张肇炘等10人《关于建立贡院古迹公园上江苏省长函》（1921年5月），江宁绅商甘鋐等8人《致江苏省长陈贡院中路旧存号舍应力为保存函》（1921年5月30日），江苏省长王瑚《江苏省长公署训令第6284号》（1921年6月21日），实业视察员蒋汝正、贡院古迹保管员汤允中《会复规划贡院修理办法草稿》（1921年10月），江苏省长王瑚《江苏省长公署指令第2195号》（1921年10月26日），蒋汝正、汤允中《会拟分批办理贡院工程稿》（1921年12月16日），江苏省长王瑚《江苏省长公署训令第701号》（1922年1月29日），实业视察员

蒋汝正《奉核汤保管员拟呈贡院暨商品陈列所办法》(1922年3月10日),江苏省长王瑚《江苏省长公署指令第3814号》(1922年3月16日)等①。这些毛笔书写的原始文件,或为起草者亲笔书写,或为他人书写主事者签名,而江苏省长公署训令、指令,都印有"江苏省长王瑚"字样,并加盖"江苏省印"四方大印,真实、详尽地记载了当时南京有识之士为保护江南贡院所做出的努力,以及江苏省政府同意修整部分贡院遗迹的良苦用心,弥足珍贵。笔者根据这9份档案,并利用其他佐证史料,对这次保存江南贡院所做出的努力加以介绍。

1921年5月,佘恒等在《关于建立贡院古迹公园上江苏省长函》中说:

贡院开辟商场,业经两载,于兹乃地面已建筑者未及三分之一,颓圮荒芜,殊为可惜……查明远楼北,划公共地面三十余亩,原作保存古迹之所,乃迄今两载,号舍荒芜,狼藉满地……现古迹舍宇,如至公、衡鉴各堂,亦已略为修理,然东西文场号舍,仍然残败圮颓,实于观瞻有碍。请早为整理修复,以副保存古迹宗旨。古迹占地不及四分之一,其四围余地,多只一千余方,而龙门之前、秦淮之滨,复有公共地面数百余方,现均废置,辟作公园,最为适当[21]。

与此同时,1921年5月30日,江宁绅商甘鋐、仇继恒、苏致厚、张汝芹、仇埰、顾琪、汪子余、陈学仁8人在《致江苏省长陈贡院中路旧存号舍应力为保存函》中指出:

近闻钧署将于贡院古迹内东边空地上,建一洋式房屋,为商品陈列所,其西边空地,目前未惶计及,并拟将明远楼后东边旧存中路号舍,一概拆去,复于碑廊后本无号舍处所,新建号舍两条。绅商等闻讯之下,深为诧异。窃思贡院所留古迹,仅有明远楼、至公、衡鉴、监临、提调、监试诸堂,与中路东边之旧号舍数条,其各堂与楼,虽为古迹,尚系一种普通房屋,若中路之号舍,实为贡院之重要部分,

① 以上9份江南贡院保护文件,除蒋汝正、汤允中《会拟分批办理贡院工程稿》1件现由北京励志堂科举匾额博物馆馆长姚远利收藏以外,其余8件为2001年笔者在北京琉璃厂购得,并于2013年11月捐赠给南京"中国科举博物馆"(筹)。

自应力为保存，以符古迹之实。若全行拆去，则旧时号舍泯灭净尽，何古迹之足云？至碑廊后新建号舍，是改造古迹，于义何取？譬之莫愁湖之胜棋楼，本以地重，若拆向他处另建，即不成其为胜棋楼矣。周鼎商彝之所以名贵者，以其真也，若熔化其质而别铸之，则不成其为周鼎商彝矣。夫保存古迹，本为历史观念，虽文化最新之国，亦不能背此义。故不承认保存古迹则已，如其承认，则此事重在因而不在创，可断言者[22]。

因此建议于古迹范围以外购地，建筑商品陈列所。该函中指出只有保存原有建筑遗迹，才符合古迹之实，古迹保护“重在因而不在创”。这些观点非常有见地，在今天看来还很有现实意义。

当时的江苏省长王瑚是河北定县人，曾于光绪十四年（1888）中举，光绪二十年（1894）成进士，授翰林院庶吉士。科举出身的王瑚对保存贡院古迹具有眼光，很快就饬令相关部门核议。在《江苏省长公署训令第6284号》（1921年6月21日）中说：接到众议院议员余恒等函送《贡院古迹公园计划草议略图》、江宁绅商甘铉等《致江苏省长陈贡院中路旧存号舍应力为保存函》后，饬令江苏省实业厅核议。该厅称：“第二次省地方物品展览会以贡院古迹各室为会场，于本年十月十日举行，奉钧署核准通行在案，此项展览会于齐省长任内一再延期，此次未便再失信用……会期万无更改之理。而贡院东首同考官房九间及由至公堂至衡鉴堂长廊，凡在展览会场内者，迄尚未见兴工。盖以东西空地，瓦砾丛杂，原有各室，地面破碎，现在均须修整。会期已近，势难再延，应请饬令古迹保管处，限于七月内一律竣工，以资筹备，而免贻误。”[23]

关于此事，《江苏实业月志》1921年第28期《令贡院古迹保管员汤允中》（第6434号，6月24日）也有相关记载：“据蒋汝正折呈复估贡院古迹保管处修建同考官房及走廊工程情形由，前据该保管员呈请修建同考官房九间及走廊两条等情。当经令行实业视察员蒋汝正前往复估，去后，兹据复称迭经遵往该处，与汤保管员逐一研究，并亲加复勘……据此查物品展览会，会期甚近，自应按照此次估定价目一千八百元，由合记承修，迅速分别施工以便会场应用。除指令外，合行令仰该保管员遵照办理，毋得延误。此令。”[24]

1921年10月10—30日，如期召开江苏第二次省地方物品展览会，

"展览地点：在南京贡院旧址，从至公堂东首入，转至后而衡鉴堂，乃由西首向南出，招待周至，秩序井然"[25]。此后有好几年，贡院旧址都作为江苏省地方物品展览会的场所[26]。

而到了1921年10月，实业视察员蒋汝正、贡院古迹保管员汤允中《会复规划贡院修理办法草稿》则说：接到6284号训令之后，他们经过实地履勘，详加研究，提出："该处既系为保管贡院古迹而设，则顾名思义，一切布置，自以存复旧规为主。若将各新事业羼入其间，反于贡院古迹名称不合。而中路号舍，既为旧时考试应用之重要部分，绅商甘钛等所陈具有理由，拟请准予酌量修复，以留纪念……所有中路号舍，左右各修一百个，牌楼东西两总门，一并修复，办事室仍移至东碑廊后，门房添造一间。旧有门房一间，拟拆移稍东，使不遮蔽明远楼后强为宜。各堂酌设器具，余存号舍以及破烂房架倒坍各墙，仍旧拆下。向东面墙垣，北首改建市房三十间，披房三十间，酌收租金，留作古迹修理之用。"[27]该稿强调保护古迹"以存复旧规为主"的思路，对今天保护古迹很有参考价值。

对此，江苏省长王瑚在《江苏省长公署指令第2195号》（1921年10月26日）中批令："所拟计划，尚属妥洽，应准照办。所有一切建筑布置事宜，即由该视察员会同汤保管员斟酌现有财力，分别估计，呈复核夺。除令实业厅查照外，仰即遵照办理。此令。"[28]

1921年12月16日，蒋汝正、汤允中又草出《会拟分批办理贡院工程稿》呈报江苏省长王瑚。该稿提到"估计全体工程合需工料银一万二千二百余元"，而"贡院存款仅有本利银五千四百余元"，并提出"拟将全体工程分为三批举办，以拆建修理中路左右号舍各一百个，又新建东西两大总门，移建办事处"等为第一批工程。"至各堂陈设布置及征集考试用品陈列以备观瞻各事，拟俟工程办有头绪，留行拟具呈报。"[29]

为此，1922年1月29日，江苏省长王瑚又下发《江苏省长公署训令第701号》：

令实业视察员蒋汝正：据贡院古迹保管员汤允中呈称，窃查贡院古迹修理布置方法，业蒙令准，分批投标兴修在案。其应行先办之第一批修建号舍等工，因现时冬令冰冻冱结，恐碍工作。一俟春暖融和，即行拟具投标规划，呈请核定办理。惟查原定第二批工程计划，本系以各处朽烂房屋木架，破墙砖瓦及应拆号舍材料，添新补旧……究应将第二批工程与第一批工程同时兴工，财力是否敷用，抑或将各项材料另行估价变卖之处，令蒋视察员查明核议复夺，此令[30]。

根据以上训令，实业视察员蒋汝正经过调查，于 1922 年 3 月 10 日，又呈《奉核汤保管员拟呈贡院暨商品陈列所办法》，认为两批工程同时并举，财力未逮，应将第一批先行动工[31]。1922 年 3 月 16 日，江苏省长王瑚《江苏省长公署指令第 3814 号》："令实业视察员蒋汝正呈贡院暨商品陈列所办法由：折陈已悉，准如所拟办理，候令汤保管员遵照。此令。"[32]

经历过这次保护江南贡院的努力，江苏省长王瑚对保存江南贡院遗迹感受至深。1922 年仲夏，王瑚在江南贡院立下《金陵贡院遗迹碑》，碑文开头便说：江南贡院"应试者辄二万人，文物蔚然，为廿三行省冠"。碑文记述了从 1914 年江苏和安徽省长根据两省士民之请，以处分贡院事咨询省议会，直至 1922 年最后确定保护方案的过程，说："六年冬，始定处分法十条。七年春，始设处分事务所。规厥制，划巨道，剖其中，而留明远楼及衡鉴堂，为方式存遗迹，以示方来。别存号舍若干间，以明前代试场之遗轨，余则辟市肆，利群商。""瑚来长江苏，观贡院遗迹，既修既饬，不胜今昔之慨，而又乐观商战之视昔相万也。"碑文中提到"肩厥事者，江宁汤允中也"，"江宁仇继恒书丹"[33]。仇继恒是 1921 年 5 月江宁绅商甘铉等 8 人《致江苏省长陈贡院中路旧存号舍应力为保存函》中的第二位，汤允中则是一年多来上呈多份文件的重要人物。

作为古迹保存的江南贡院的主体建筑，还不时作为开会的场所。例如，1925 年 5 月 24 日，南京贡院衡鑑堂举行江苏旧制乙种实业学校之长会议在[34]。5 月 25 日，该处又举行中华职业学校联合会第四届大会[35]。5 月 27 日，中华职业教育社举行第八届年会，"会场假贡院至公堂"[36]。10 月 11 日，"募集百年基金委员会在南京贡院开会"[37]。

此后，1927 年贡院地址改为南京市政府办公场所，以明远楼为大门。1928 年 10 月，决定将南京市政府移出，贡院房屋拨作新成立的国民政府考试院之用，"说者以不图消沉三十年之考试场所，竟死灰复燃云"[38]。抗日战争时期南京沦陷，江南贡院用作汪伪国民政府司法院和行政法院的办公地。

1949 年以后，江南贡院不再作为古迹保护，除明远楼外，其他建筑逐渐被拆毁。但考虑到号舍的保存价值，"文革"前曾将江南贡院设字号、席字号、全巷号舍原样移置南京大学内，“未有丝毫改易者”[39]。可惜这种努力到“文革”中摆脱不了被毁灭的结果，不仅江南贡院的号舍现早已不见踪影，全中国也未留下一个科举时代的号舍。

四、江南贡院——科举文明的缩影

从隋唐到明清，中国历史上大部分著名人物经历过场屋生活。“自古无场外的举人。”[40]自从唐代设立贡院以后，所有科举人物都是通过贡院开始其人生的成功之路的，贡院与科举制度、科举人物密不可分，是科举文明的一种有形体现。而江南贡院命运跌宕起伏，便是科举文明的一个缩影。江南贡院虽然不是全国性的贡院，但它是中国古代最大的科举考场，也是古代世界上规模最大的考试场所。因此，江南贡院尤其是其明远楼在一定程度上成为古代科举制的标志。

保存至今的江南贡院遗迹仍有明远楼和飞虹桥。明远楼等之所以会被保留，是因为其有纪念意义，而且比较壮观，是考虑“保存旧有宏壮房屋留为古迹纪念”[41]，同时有一定的使用价值或实用性。号舍之所以荡然无存，就是因为其除了考试以外一无所用。

在全国所有贡院中，江南贡院留有最多的照片。现今还可以看到各种不同角度、不同时期拍摄的江南贡院的非常珍贵的照片，还有江南贡院水彩画、江南贡院全图之类的测绘图，为我们了解各省贡院的构造提供了间接而直观的资料。

贡院是中国传统文化或者说国学的具体形象之一。提出“钱学森之问”的著名科学家钱学森少年时代对科举贡院颇感兴趣。据钱学森的北师大附中同学张道宽回忆，钱学森最爱北京贡院和师大附中，常对其念念不忘。在北师大附中读书时，钱学森和张道宽经常星期天去贡院，每次到贡院都在《儿女英雄传》里写的安公子考试的号舍里的木板床上静坐一下。“那是一个大科学家的必修课”，1955 年 11 月，张道宽对时为附中高一学生肇恒达说：“要想成为钱学森那样的大师级科学家，可是没去过贡院怎么行！你就不懂得国学精神，要想成为大科学家也难。”[42]

在科举被废止 100 余年之后，随着科举记忆在历史深处被重新唤醒，人们意识到，曾经与我们民族历史关系密切的科举文化具有重要的研究价值。作为与中国 1 000 多年间多数精英人物密切相关的贡院，关系到我们的民族历史和人文血脉，贡院遗存是科举文化的珍贵遗产。为重构科举场景，让今人了解科举，需要研究科举制度，保护贡院遗存，甚至是修复部分贡院建筑，使当今及以后的中国人能够追寻逝去的古老文明遗迹，留住消逝的科举文明。于今，南京市将以明远楼为中心，恢复江南贡院的核心区，并建立中国科举博物馆，江南贡院这一千年科举的缩影，又将部分回到国人的视野，诚为南京民众之幸、中国文化之幸。如果那些曾经为保存江南贡院古迹付出努力的南京先贤和精英人士地下有知的话，一定深感欣慰。

参考文献：

[1] 南京贡院处分问题 [N]. 申报，1916-12-28.

[2] 肖振才. 江南贡院 [M]. 北京：当代中国出版社，2007：232.

[3] 急恫斋主人. 急恫斋新科闱墨选本 [M]. 北京：华北书局，1902：2.

[4] 督学使者李. 江南春稿 [Z]. 1872：1.

[5] [8] Le P. Etienne Zi (Siu)，S. J. Pratique des examens litterraires en Chine，Chang-Hai [M]. 1894：132，133.

[6] 钦定大清会典事例：卷 343，礼部·贡举 [Z]. 乾隆二十七年（1762）：上谕.

[7] 裕禄，等. 监临安徽巡抚部院裕、督学部院祁为科场点名告示 [Z]. 光绪二年（1876）前后.

[9] 监临兵部尚书闽浙总督部堂兼管福建巡抚. 福建乡试点名章程 [Z]. 光绪十七年（1891）.

[10] 谢凌. 蜀中废科举、办新学的纪事碑——《成都府贡院废号记》[J]. 四川文物，2005（3）.

[11] 刘海峰. 贡院——千年科举的背影 [J]. 社会科学战线，2009（5）.

[12] 贡院改为法律学堂 [N]. 申报，1905-10-08.

[13] 电请张殿撰会议处置贡院 [N]. 申报，1905-11-10.

[14] 江南贡院变卖什物 [N]. 申报，1908-11-27.

[15] 贡院改辟市场征求意见通告 [N]. 申报，1911-03-27.

[16] 南京之贡院 [N]. 申报，1915-03-19.

[17] 齐耀琳. 咨安徽巡按使文 [J]. 江苏省公报，1915（454）.

[18]（江苏）贡院拆改模范市场之办法 [N]. 益世报，1917-03-18.

[19] 苏皖两省处分贡院条件：苏代表之报告 [N]. 申报，1917-12-15.

[20] 南京贡院址之大建筑 [N]. 益世报，1920-03-01.

[21] 余恒，张肇炘，等. 关于建立贡院古迹公园上江苏省长函 [Z]. 1921.

[22] 甘鈜，等. 致江苏省长力陈贡院中路旧存号舍应力为保存函 [Z]. 1921.
[23] 王瑚. 江苏省长公署训令第 6234 号 [Z]. 1921.
[24] 令贡院古迹保管员汤允中 [J]. 江苏实业月志，1921 (28).
[25] 章伯寅. 参观江苏第二次省地方物品展览会报告书 [J]. 教育与职业，1921 (31).
[26] 代办江苏职业教育之进行 [J]. 教育与职业，1925 (0).
[27] 蒋汝正，汤允中. 会复规划贡院修理办法草稿 [Z]. 1921.
[28] 王瑚. 江苏省长公署指令第 2195 号 [Z]. 1921.
[29] 蒋汝正，汤允中. 会拟分批办理贡院工程稿 [Z]. 1921.
[30] 王瑚. 江苏省长公署训令第 701 号 [Z]. 1922.
[31] 蒋汝正. 奉核汤保管员拟呈贡院暨商品陈列所办法 [Z]. 1922.
[32] 王瑚. 江苏省长公署指令第 3814 号 [Z]. 1922.
[33] 俞允尧. 秦淮古今大观 [M]. 北京：世界图书出版公司，2010：51-52.
[34] 江苏旧制乙种实业学校之长会议 [J]. 教育与职业，1925 (0).
[35] 中华职业学校联合会大会 [J]. 教育与职业，1925 (0).
[36] 第八届年会 [J]. 教育与职业，1925 (0).
[37] 一个月中四集会 [J]. 教育与职业，1925 (0).
[38] 京市府迁居，旧贡院让给考试院 [N]. 益世报，1928-10-20.
[39] 商衍鎏. 清代科举考试述录 [M]. 北京：生活·读书·新知三联书店，1958：50-51.
[40] 吴敬梓. 儒林外史：第 3 回 [M]. 北京：人民文学出版社，1958：32.
[41] 刘伯昌，等. 咨质问处分贡院基地何以违反本会议决原案及不用投标方法 [J]. 江苏实业月志，1920 (10).
[42] 肇恒达. 寻访贡院 [N]. 北京晚报，2010-06-08.

（选自《社会科学战线》2014 年第 6 期）

何谓名正，如何言顺*

——百年中国中小学政治教科书名称的演变

石　鸥　刘学燕

（首都师范大学　教育学院，北京　100089）

【摘要】名正才能言顺。百年来，我国政治类教科书名称一变再变，名目繁多。大体上经历了稳定的修身教科书、短暂的公民教科书、昙花一现的党义教科书、公民教科书的回归、变幻无常的政治教科书、史无前例的“毛泽东思想”教科书、思想品德思想政治教科书、品德与生活品德与社会教科书时期。不同命名的政治教科书，言说着不一样的内容。修身教科书，关注的是个人道德修养水平的提高，旨在培养统治者所需要的驯服之才，公民教科书注重培养学生参与社会改良社会的素养，党义教科书的出现是实行一党专政的强烈信号。新中国成立后的前三十年，政治教科书名称变化无常，政治强势，品德卑微。改革开放后，思想品德被正名，开始关注道德品质发展。进入 21 世纪，更是以品德与生活、品德与社会直接取代思想品德，学生的品德养成在名称上已经被视为最基础的目标。

【关键词】百年中国；中小学政治教科书；名称演变

【作者简介】石鸥，1956 年生，湖南新宁人，首都师范大学

---

* 本文为全国教育规划国家级课题“百年中国教科书在文化传承与创新中的基础作用”（BAA120011）的阶段性成果。

教育学院特聘教授、博士生导师，主要从事课程与教学论、基础教育研究；刘毕燕，1990年生，湖北荆州人，首都师范大学教育学院研究生，主要从事课程与教学论研究。

名正才能言顺，乃千年圣典。然名何谓正，如何正？言怎算顺，怎么顺？则少有依据。近翻阅百年来的教科书，发现一个有趣现象，较之其他教科书，唯政治类教科书名称一变再变，名目繁多，几达无法厘清的地步。为什么会出现这一现象？我国政治类教科书变了哪些名，为什么变，又言说了些什么？名不断变，言怎么顺？名变了，言如何变？本文尝试做一个粗浅的梳理。

本文中的政治教科书，是指中小学正式在政治类课程中使用的各种学生专门用书的统称，有时也叫思想品德教科书。

在中小学校众多教科书中，政治教科书一直是国家意识形态的重要工具。政治教科书除了知识传授的功能外，还肩负着国家意识形态教育的使命。政治教科书既受支配集团的控制，同时又作为支配集团控制学生的中介，通过表达和传播统治者的政治意图，实现对学生的形塑。因此，重视政治类教科书几乎是所有统治集团的共性，统治者往往都会赋予政治教科书法定的权威，并以一套特定的意识形态话语方式去引导学生，确保年轻人对其统治合法性的信仰。这套话语言说方式首先包含如何给政治教科书命名。

纵观我国政治教科书百年历程，我们把几次大的名称演变划分为如下阶段。

一、稳定的修身教科书时期（1903—1922）

古代，中国教育以儒家经典为基本内容，重心都在修齐治平，以灌输纲常伦理、培养顺民为基本任务。全部政治教育内容浓缩于经典教材“三百千”与“四书五经”之中。

鸦片战争后，古老中国的天朝之梦被惊醒，中国教育包括政治教育，开始了艰难而壮丽的近代化进程。

1904年《奏定学堂章程》规定：中小学均设修身课，且为第一科，乃众科之首。

"修身"，这个我国首次用法令形式给政治和道德教育的命名，它的出现标志着我国政治教育进入了一个新的独立设课的发展阶段，从此，政治课作为一门重要的课程，再也没有从中国中小学课程体系中消失过，尽管其名称变化无常。

随着新学制、新学堂、新课程的实施，巨大的教科书市场出现了。当时全国较有影响的出版机构几乎都编印过修身教科书。据考，最早系统的依学堂章程编撰的修身教科书是商务印书馆于1904年陆续出版的《最新修身教科书》，它们是在蔡元培、张元济等人的共同努力下完成的。1906年清学部编撰并陆续出版近代第一套国定意义的修身教科书。

这一时期的修身教科书主体上以"忠君尊孔"为中心，旨在灌输封建正统文化，养成学生的忠孝观念，使学生"淑性知礼，化为良善"。例如，《最新修身教科书·初小第三册》(1904)共20课，它们是：

家庭，祖先，友爱，友爱（二），敬身，修省，谨慎，严整，坚定，专心，节欲，尚武，戒迷信，行恕，诚实，笃厚，谦让，宽容，戒虐生物，惜物。

又如，学部编撰《初等小学修身教科书》(第三册，1909)也是20课：

尊孔，戒失时，敬事，衣服，戒妄为，遵守约束，择交，呼吸，起居，戒作弊，矫癖，父母（二），知耻，爱群，从善，报德，不掠美，智育，戒规避，好学生（二）。

在继承传统的同时，修身教科书又悄然地改变着传统。同其他新式教科书一起，修身教科书通过或隐或现地传播新思想新理念，在以近代宪政思想为基础的民主政治启蒙、以近代经济发展为基础的现代伦理启蒙，以及现代科学启蒙方面，均做出了卓越贡献[1]。

但从整体上看辛亥革命前的修身教科书，占绝对优势的言说是传统的伦理道德，虽有国民权利义务的内容，然多重义务，少说权利，强调的是个体的自我约束，通过个人的"守本分"来达到维护统治的目的。有学者对文明书局1903—1906年出版的《蒙学修身教科书》、商务印书馆1903—1906年出版的《最新修身教科书》(第六七册)、东京同文印刷舍1906—1910年出版的《小学修身教科书》(第二三卷)等进行比较后发现，从这些教科书的德目看，传统德目居多，三者的比例大致分别为56%、70%、70%。这些德目所体现的核心道德价值是：孝悌、仁爱、礼义、廉耻、诚信、忠恕、节俭等[2]。

清朝退出，民国登场。蔡元培执掌的第一届民国教育部决定中小学仍教“修身”。显然，此民国“修身”非彼清朝“修身”，虽沿袭了清末旧名，教科书名未变，但教科书的言说却不同了。在教育部看来，“教授修身，宜以嘉言懿行及谚辞等指导儿童，使知戒勉，兼演习礼仪；又宜授以民国法制大意，俾具有国家观念”[3]。在编撰影响深远的《共和国教科书新修身》的商务印书馆看来，“政体既已革新，而为教育之根本之教科书，亦不能不随之转移以应时势之需要”，“期以养成共和国民之人格”[4]。

1912年初，首先是中华书局的《中华修身教科书》推出，紧接着，商务印书馆的《共和国教科书新修身》迅速出版。虽然仍有传统的伦理道德观念，但从其名称上看，在“修身”之前加上了“中华”“共和国”具有现代民主意蕴的字眼，较之以前的“修身”，形式上已有所区别。内容上也开始强调国家思想、国家形象和民主共和以及权利义务等现代观念。1916年，教育部对“修身”进行调整，明确规定“修身”要兼授公民须知和法制大意等内容。这为以后“修身”让位于“公民”打下了思想和知识基础。

尽管辛亥革命后的修身教科书增添了不少现代伦理内容，但它们大都仍以传统的儒家伦理道德规范为重要言说对象。例如，后世评价颇高的《共和国教科书新修身》，其言说的内容也是：起居，卫生，清洁，节饮食，惜物，惜时，好学，贮蓄，爱亲，事亲，友爱，睦邻，正直，礼貌，去争，合群，爱同类，济贫（初小第三册，1912，共18课）。

名为“修身”，言也就锁定了。不论是清末还是民初，既命名为“修身”，就只能限定在指向个人修行的领域展开，即便有开拓有创新，也如心电图之波形，无论上下如何波动，也只能围绕在个人修行这一横轴周围。“修身”背后有强大的传统文化力量，“修身”本身就是强大的传统文化的一部分。这一局面一直到“五四”新文化运动时期才得到破局。

二、短暂的公民教科书时期（1922—1927）

“五四”运动把在民主、科学大旗指引下的新文化运动推向高潮。修身教科书中的公民内容增多，范围扩大，甚至独立的公民课已呼之欲出。1919年10月，全国教育会联合会第五次年会通过了《编写公民教材案》，主张编写公民教材供中小学使用。1922年7月，中华教育改进社专门讨论了公民教育问题，并建议将中小学的修身科改为公民科。是年，教育部颁布影响深远的“壬戌新学制”，要求小学教“公民”，初中教“社会”（但其中要包含“公民”部分），高中学习“人生哲学”和“社会问题”等内容（也属公民）。

公民教科书登场，“修身”从此退出历史舞台，且再未出现在我国中小学中（抗战时期的沦陷区学校除外。在沦陷区，都使用修身教科书。很明显，这是日本侵略者干预的结果，因为当时日本国内学校均用修身教科书）。

教科书名称由“修身”变为“公民”，大众意义的“公民”取代个体意义的“修身”，确是时代的一种进步，体现了民主政治观念的深入，以及人民权利意识的加强。从“修身”到“公民”，不仅是名称的变化，也是教育宗旨的变化，“修身”注重的是个人的涵养德行，重在修己。而“公民”则强调了个人的权利以及对国家治理的参与，是要养成儿童的公民意识，重在造就现代公民。

名在，言在。“公民”取代“修身”，名称一变，必然导致言说的变化。自 1922 年始，各大书局编写了大量的公民教科书。教科书内容和价值取向都发生了质的变化，由重传统德行涵养转向重共和精神的公民素质。如中华书局 1924 年出版的《新小学教科书公民课本》（高级第四册）共 14 课，要言说的内容显然已经与十年前的修身教科书不同了：

何谓公民，公民的权利和义务，守法，参政，社学，夹谷会，公众卫生，地但尼邮船的沉没，不刻碑，要使民众娱乐，“大北之父”，个人人格的完成，社会的进步，国家的隆盛和世界的和平。

该套书的第三册（高级）的全部 14 课，也大比例地涉及民主政治内容：

职业，我自信绝不是无用的人，他也是人，陶侃的故事，范仲淹的故事，守塔人的话，国家的统治机关，国会，英国国会旁听，英国国会趣话，政府，法院，地方自治，省议会和省政府。

公民教科书的出现可以说是中国知识界开始接受西方思想和人类普世价值的一种表现。权利、义务、自治、议会、国会……既然命名为“公民”，它就不辱使命地意欲言说公民之本质，力求担当起培养现代公民之重任。然而这注定是艰难曲折的过程。千百年来的儒家传统，就是一个让民众成为顺民的传统。民众监管、参与、组成各级权力机构的蓝图似乎只能停留在梦想阶段。很快，历史的车轮进入 1927 年，国民党南京政府成立，为提升国民党统治地位，启动党义教科书，迫使公民教科书黯然退出。

三、昙花一现的党义教科书时期（1927—1932）

随着 1927 年军阀混战局面的终结，蒋介石国民政府开始重建国家权威，不断加强一党专政。5 月，蒋介石在南京首次提出“党化教育”思想，并提出“以党治国”“以党义治国”的口号。7 月，国民政府教育行政委员会提出“党化教育就是在国民党指导之下，把教育变成革命化和民众化，换句话说，我们的教育方针是要建立在国民党的根本政策之上”[5]，旨在使教育成为国民党的教育，成为一党专政的工具。1928 年 5 月，第一次全国教育会议决定推广“三民主义教育”。同年 8 月决定，取消“公民”，教学“党义”。

名既改，言就得跟进。1928 年教育部公布了教科书审查的系列文件，规定教科书内容必须适合党义。为此，教育部建立了严格的教科书审查制度，还特别设立三民主义教科书编审委员会负责编审该种教科书，党义教科书则专由中央党部、训练部编订。开启了政治类教科书由执政党的重要部门（而不完全是政府教育部门）直接控制的先河。

1927—1932 年，党义和三民主义教科书频频面世。商务印书馆的《新时代三民主义教科书》和《党义教科书》，得到了蔡元培、朱经农、王云五、吴稚晖等的参与和支持，其中初中《新时代三民主义教科书》由著名社会活动家胡愈之编著。中华书局的《新中华三民主义课本》和《党义课本》的作者也非常了得：小学用《新中华三民主义课本》由国民党宣传部长叶楚伧亲自校阅，初中用《新中华三民主义课本》则由陈立夫亲自校阅。世界书局出版了全套中学党义教科书（《初中党义》6 册、《高中党义》3 册）。上海大东书局出版了由曾任香港《国民日报》社长及重庆《中央日报》总社社长的陶百川编著、蔡元培校订的《初中党义》6 册（后改名为《初中党义教本》）。

取消公民教科书，定名党义教科书和三民主义教科书。这一史无前例的教科书命名必然导致“公民”这一命名所包含的现代法制、政治和伦理精神的严重削弱，也必然导致党义教科书很难逃脱狭隘的党派意识和政治偏见的桎梏。教科书以“党义”命名，意味着能够名正言顺地以当时党的统治性话语体系为言说标准，在既定的意识形态的限度内讲述既定的意识形态主题，全面言说国民党意欲言说的东西，以达到使学生“服膺党义，效忠党国”的意识形态目的。党义教科书的这种言说特征，使得言说本身构成了一套颇具特色的话语系统，而那些想超越这套话语的言说或另类的言说往往都变得非法或不允许，因为既然敢于以“党义”命名，此时的教科书就已经完全不掩饰自己的控制倾向了。例如，商务印书馆的《新时代党义教科书》（第7册）所展示的全部内容：

中山再任大元帅，改组中国国民党，中国国民党第一次全国代表大会，中国国民党政纲（一），中国国民党政纲（二），力争广州关余（一），力争广州关余（二），解散广州商团，不平等条约（一），不平等条约（二），编练党军（一），编练党军（二），解放农工（一），解放农工（二），廖仲恺，召集国民会议，离广后行踪，抵京津情形，患病，逝世[6]。

“言说什么”确实是教科书最重要的追求之一，国家意识形态在其上加盖的图戳鲜明夺目。但教科书毕竟不是一个党、一个主义的宣传品，这是党义教科书昙花一现的重要教训。因为意欲通过启蒙性质的教科书来使人们认同“一个主义一个党一个领袖”，期以利用强制教育来提升执政党的权威的做法最终是经不起历史检验的。难怪北大教授、科学教育的泰斗任鸿隽批评道：“国民政府的教育部，对于发展教育、改良教育的计划，一点没有注意，但小学的党义教科书，却非有不可。教科书与党义有不合的地方，非严密审查不可。老实说来，教八九岁的小孩们，去念那些什么‘帝国主义’‘不平等条约’‘关税自由’的教课文字，不但不能得他们的理解，简直于小孩们心灵的发展有重大的妨害。”[7]胡适也反感这种做法：“党教育”就是摧残思想自由，疾呼“取消统一思想与党化教育”[8]。

在一片反对声中，1932年10月，教育部顺应潮流，决定取消“党义”，终结党义教科书，恢复“公民”。

党义教科书的出场与退场，既表明我国教科书发展正式进入了国家权力的强控制时期，也表明民国时期思想自由的力量。

党义教科书退场了，但作为那个时代官方思想和意识形态的教育具象，作为一个时代教育、政治、文化内容的标本，党义教科书的经典意义并没有消失[9]。

四、公民教科书的回归时期（1932—1949）

党义教科书昙花一现，热闹登场又戛然而止，很快退出了历史舞台，拱手请回“公民”。

“公民”回归了。但是，在这样的背景下，回归的公民教科书能够回归“公民”的言说吗？显然不能。公民教科书再也抹不掉浓浓的党化教育色彩了。国民党一党统治在，教科书的党化色彩必然淡化不了。在支配集团眼里，能够控制命名的就一定控制命名，控制不了命名的，至少要控制言说。既然“党义”取代不了“公民”，那可以让“公民”言说“党义”。这一局面真的出现了。比如，世界书局的《小学高级用公民课本》（第一册，共14课，1933），它所言说的和十年前公民教科书言说的完全不同，此“公民”非彼“公民”了。此时的“公民”，言说的正是国民党想要通过“党义”言说的：

学生和公民，地方新闻和重要时事的研究，总理遗嘱的意义，建国三时期，忠孝，仁爱，信义，和平，家庭问题，党治的意义，何谓地方风俗习惯，地方风俗习惯的改善，社会生活，社会服务。

其中“党治的意义”一课如此言说：

党就是中国国民党，党治就是用中国国民党的主义——三民主义——治国。治国的人才不一定要中国国民党党员，只要他能明白三民主义，能推行三民主义，就是党外的人也可以用的。不过党员确实为人才，能胜大任的，自当优先任用。这因为党员在党内较有历史，且曾受训练，对于党的主义和政纲，比旁人明白得多，实行主义和政纲，自可驾轻就熟，容易收效[10]。

面对这一局面，胡适、任鸿隽这些以反对“党义”并赢得反对“党义”的斗争胜利而自豪的一批知识精英，恐怕也只能仰天长叹了。对于这些名虽正但言不顺的教科书，他们想言说什么，又能言说什么呢？

五、变幻无常的政治教科书时期（1949—1966）

政治教科书作为新政权初建、新思想和新话语初步形成的思想利器，必然担起宣传共产党统治合法性的重任。新中国成立后，教育部立即启动对学校的整治，重要举措就是废除“公民”，小学五六年级教“政治常识”，中学教“政治”。

“政治”，第一次以课程名称和教科书名称于1950年进入我国中小学。1951年人民教育出版社出版了小学《政治课本》（1—4册）。很难说名是否“正”了，至少名是再一次变了，于是，言也得变。正如《政治》其名所示，该套教科书中的内容几乎是清一色的政治，表现出浓厚的伦理政治化色彩。例如，第四册共10课：

没有共产党就没有新中国，谁是我们真正的朋友，真诚的帮助，苏联的儿童乐园，给苏联儿童的信，国际主义，保卫世界和平，生产和节约，供销合作社，参观工业展览会。

此时的政治教科书主要是配合当时的政治运动和社会主义改造来进行的，而且，这一时期教育部对于政治课的名称也一直举棋不定，频繁变化。1950年刚确定“政治”，1951年教育部即宣布：“政治一科名称，应即取消”，初中三年级改教《中国革命常识》，高中分别改教《社会科学知识》和《共同纲领》。1954年，教育部又对取消的“政治”进行调整，暂停初三的《中国革命常识》，改教《政治常识》，高中三年级的《共同纲领》也暂停，被《政治常识》取代（很快，《政治常识》又被取消，改为《宪法》）。1957年8月，教育部规定，在“政治”的总名称下，各年级教科书具体名称不同：初中一二年级名《青年修养》，三年级名《政治常识》；高中一二年级名《社会科学常识》，三年级名《社会主义建设》（暂不开设，仍继续讲授《中华人民共和国宪法》）。不久，教育部与团中央联合下达通知，规定当年下半年中学原定各年级政治内容（初一、二《青年修养》，初三《政治常识》，高一、二《社会科学常识》，高三《中华人民共和国宪法》），均改为以反右派斗争为中心的《社会主义教育》。1959年教育部再次恢复初中的《政治常识》，包括共产主义道德、社会发展简史、社会主义革命和社会主义建设、思想方法等；高中则更名为《政治常识》《经济常识》《辩证唯物主义常识》。

频频变化的命名，导致教科书编撰疲于奔命，教科书五花八门，广大教师无所适从。一开始，初中的《中国革命常识》没有编出教科书，只得临时使用胡绳等人在《学习杂志》上所连续发表的文章，高中的《共同纲领》暂用王惠德、于光远的《中国革命读本》为教材。稍后，高中的“中华人民共和国宪法”采用《中华人民共和国宪法常识读本》，高一的“经济常识”使用薛暮桥的《政治经济学》，初中的“政治常识”采用《中学课本政治常识》。初中一二年级的“青年修养”使用《青少年修养》。当时使用的政治教科书还有：毛泽东的《中国革命和中国共产党》，中学课本《道德品质教育》《社会发展简史》《辩证唯物主义常识》，各地编写的《社会主义教育教材》等。

从 1964 年开始，政治教育被全国掀起的“活学活用毛主席著作”浪潮所冲击和替代，学校的政治教育被打乱，政治教科书日益混乱。这一时期的政治教科书主要有《毛泽东著作选读》《做革命的接班人》《我国社会主义革命和建设》等。“毛主席著作”被认定为“我国青年革命化的最好教科书”[11]。这一做法是“文化大革命”爆发后把“毛泽东思想”作为主要甚至唯一政治教材的前奏，为“文革”时期政治教科书的异化埋下了伏笔。

新中国成立后 17 年中小学的政治教科书名称翻来覆去的变化，让人晕头转向。这种总称为“政治”，但具体名称五花八门的政治教科书模式一直延续到“文革”。

我们从这 17 年政治课的确立、取消与恢复以及政治教科书名称的变动中可以看出，政治教育在迅猛加强的同时也在不断迷失，政治教科书进退失据，言说的内容重心不断游移。尽管都是在为共产党的新政权和新秩序服务，但五花八门的政治教科书，名没有正，言就无所据。没有被权威正名的政治教科书局面，既表明共产党对教科书如何言说自己的意识形态没有十分把握的焦虑，也看得出共产党长时期里没有处理好将政治教育与道德养成很好地结合这一问题，导致后来教训十分严重。然而无论如何举棋不定，政治教科书作为改造思想、控制国民意识的有力工具，从来就没有被共产党放松过，一段时间里政治教科书的极端化色彩越来越浓厚，离教育的本真也越来越远。史无前例的“文革”教科书的出现只是时间的问题了。

六、史无前例的“毛泽东思想”教科书时期（1966—1976）

“文革”十年，“政治统帅一切，冲击一切”，在思想政治教育方面，传统教科书彻底被否定，红彤彤的革命教科书出现，这是前无古人、后无来者的教科书。

1966 年 6 月，中共中央、国务院在批转教育部党组关于中学政治、语文、历史教材处理意见的“请示报告”中严肃指出：中小学的教材都有问题，没有以毛泽东思想挂帅，没有突出无产阶级政治，一律不能再用，需要重新进行编写和审查。同时还指出：不论高小、初小都要学习毛泽东著作，初小各年级学习毛主席语录，高小可以学习“老三篇”。自此，新中国成立后 17 年的教科书被批判，政治教育被窄化为毛泽东思想教育。

一种新型政治教科书诞生了，这就是“毛泽东思想教育”。

这种教科书如其命名：几乎是清一色的毛泽东的文章和关于毛泽东的文章。这个特殊命名是“文革”这个特殊时代对课程规律无所畏惧的摧毁的结果，也是对“革命”内容无所畏惧的杂糅的结果，充分体现了“文革”时期学校思想政治教育的混乱。

1972 年“林彪事件”后，“毛泽东思想教育”退出，各地恢复“政治”，但是此时的“政治”已经不再是以前的“政治”了，教科书言说的主要有《国家与革命》《关于正确处理人民内部矛盾的问题》《青年运动的方向》《毛泽东诗词》《社会发展简史》《实践论》《矛盾论》《共产党宣言》《人的正确思想是从哪里来的》等。

“这是对正统意义教科书进行彻底革命的时期，是全面构建红色革命课本的时期。”[12]教科书最为明显的特征就是封面清一色的大红色，以及这一时期独有的红色领袖脸谱。一本本红色的政治教科书，印证了“文革”之火热狂激的革命思想和无所畏惧的革命行动。政治教科书的知识功能弱化到极致，教科书已经不成其为教科书了。

七、“思想品德”“思想政治”教科书时期（1977—2000）

“文革”结束不久，各地政治教科书进行了重编，但当时的思想解放非常有限，成人化、概念化依然如故，“左倾”色彩依旧明显，缺乏道德教育方面的内容。这从 1978 年人民教育出版社出版的十年制小学政治教科书中可见一斑，该套教科书共四册八个单元：

旧社会劳动人民的苦难生活；哪里有压迫，哪里就有反抗；伟大的革命导师马克思和列宁；共产党、毛主席领导人民求解放；做共产主义接班人（一）；做共产主义接班人（二）；学点正确的思想方法；建设伟大的祖国，树立崇高的理想。

党的十一届三中全会以后，革命的话语逐步淡出，建设的话语占据了主流。政治教科书话语面临挑战。

1981 年 3 月，教育部再次发文，要求纠正“左”的错误方针，明确小学思想政治教育必须符合少年儿童的心理特点，决定“将现行政治课改为思想品德课”。

“政治”退出，“思想品德”首次登场。“思想品德”的命名和“思想品德”教科书的出现，绝不仅仅是一个名称的变化，这标志着我国中小学政治教学开始进入到了科学化的建设新时期，是尊重小学生年龄特点与思想品德形成发展规律的表现。

此后虽然又经多次调整，但思想品德教科书的名称一直到新课改之前未曾改变。

在中学，从 1978 年开始，要求分别开设“社会发展简史”“科学社会主义常识”“辩证唯物主义常识”“政治经济学常识”四门课，编写统一教材。此后有多次调整。1985 年调整为：初一《公民》，初二《社会发展简史》，初三《中国社会主义建设常识》，高一《革命人生观》，高二《经济常识》，高三上学期《政治常识》。很显然，政治教科书再次进入名目繁多、种类繁多的时期。诸如初中的《公民》《社会发展简史》《中国社会主义建设常识》等，高中的《共产主义人生观》《经济常识》等，中央《关于经济体制改革的几个问题》也成为教科书。

面对眼花缭乱的政治课程与教科书名称，1992 年，国家教委决定中学各年级不再分列课名、分编教科书，统称“思想政治”。“思想政治”，又一个新名称诞生了。

这以后，我国小学思想品德和中学思想政治的教科书格局基本形成并稳定。

八、“品德与生活”“品德与社会”教科书时期（2001 至现在）

2001 年，教育部决定：小学 1—3 年级教“品德与生活”，4—6 年级教“品德与社会”，初中为“思想品德”，高中为“思想政治”。

将小学政治教科书创造性地定名为“品德与生活”“品德与社会”，说明此时的政治教育至少表面上已经淡化了阶级斗争色彩，也反映了新时期政治教科书开始贴近社会实际，注重道德践行。如果说，20世纪末是“思想品德”和“思想政治”教科书的时代，从名称上看，这个时代仍然是思想优先、品德让位，思想政治压倒道德品质的时代。那么进入21世纪，以“品德与生活”“品德与社会”重新命名政治教科书，是不是意味着品德优先的时代到来了？

纵观我国政治教科书的发展，从最早出现的“修身”，到“公民”，到昙花一现的“党义”和“三民主义”，再到“公民”，到变化无常的“政治”，史无前例的“毛泽东思想”，再到“思想品德”和“思想政治”，进而转变为“品德与生活”“品德与社会”等。百年历史清晰地描绘了一幅因支配集团的主流思想而使得政治教科书不断地正名再正名，言说内容不断地修改再修改的政治思想演变轨迹图。

清末“修身”，关注的是个人道德修养水平的提高，旨在培养统治者需要的驯服之才。到了民初，修身教科书之名虽然延续，但“修身”之言已在悄然变化。民国的修身教科书在“涵养儿童之德性”之外还增加了“渐及于对社会对国家之责任，以激发进取之志气，养成爱群爱国之精神”[13]。1922年后，修身教科书被公民教科书取代。名变了，言亦变，现代国家制度的内容大幅增加。1927年，党义教科书出现，公民教科书黯然退出，一个党、一个主义，政治压倒了教育。1949年后，新生的社会主义政治教育强势登场，但究竟如何正名，怎样言说，领导层并没有稳定的主张，教科书名称变化无常，令人眼花缭乱。“文革”期间的“毛泽东思想”教科书更是闻所未闻，政治强势，品德卑微。改革开放后，“思想品德”“思想政治”的认识逐步形成，在重视政治观念的基础上，道德品质受到关注。进入21世纪，更是以“品德与生活”“品德与社会”定位政治教育。终于，学生的品德养成从名称上已被视为最基础的目标了。

翻来覆去，政治教科书总是在为正名而博弈。正名其实是要言顺，言顺了，教科书之所以为教科书的目的才能有效实现。然而就政治教科书而言，何谓名正？如何言顺？名能正吗？名正了，言一定就顺吗？我们无法满意地回答，因为我们翻开的不是教科书，而是政治。

参考文献：

[1] 石鸥，吴小鸥. 从有限渗入到广泛传播——清末民初中小学教科书的民主政治启蒙意义 [J]. 教育学报，2010 (1)：62-70；石欧，吴小欧. 清末民初教科书的现代伦理精神启蒙 [J]. 伦理学研究，2010 (5)：27-30；石欧，吴小欧. 清末民初教科书的科学启蒙 [J]. 高等教育研究，2012 (11)：85-90.

[2] 郑航. 中国近代德育课程史 [M]. 北京：人民教育出版社，2004：45-51.

[3] 璩鑫圭，唐良炎. 中国近代教育史资料汇编·学制演变 [M]. 上海：上海教育出版社，1991：690-691.

[4] 陈学恂. 中国近代教育史教学参考资料：中册 [M]. 北京：人民教育出版社，1987：423.

[5] 学校实施党化教育方法草案 [J]. 教育杂志，1927，19 (8).

[6] 赵景源. 新时代党义教科书：第 7 册 [M]. 上海：商务印书馆，1929.

[7] 任鸿隽. 党化教育是可能的吗 [J]. 独立评论，1932 (3)：12-16.

[8] 赵慧峰. 简述人权运动时期的胡适思想 [J]. 民国档案，1996 (2)：84-87.

[9] 石鸥，李水平. 民国时期的一次高强度教科书控制 [J]. 湖南师范大学教育科学学报，2014 (2)：50-55.

[10] 赵侣青，等. 小学公民课本 [M]. 上海：中华书局，1933.

[11] 课程教材研究所. 20 世纪中国中小学课程标准·教学大纲汇编：思想政治卷 [G]. 北京：人民教育出版社，2001：224.

[12] 石鸥. 百年中国教科书论 [M]. 长沙：湖南师范大学出版社，2013：17.

[13] 舒新城. 中国近代教育史资料：中册 [M]. 北京：人民教育出版社，1961：456.

（选自《河北师范大学学报（教育科学版）》2014 年第 6 期）

商务印书馆“大学丛书”与近代中国大学教材建设

肖朗　吴涛

（浙江大学　教育学院，浙江　杭州　310028）

【摘要】近代中国按现代大学学科体系大规模编辑出版大学教材始于商务印书馆“大学丛书”。“大学丛书”的编辑出版有力地促进了近代中国大学教材的建设，也推动了近代中国学术事业的发展，而且商务印书馆通过编辑出版“大学丛书”首创大学教材联合编审的方式及机制，对近代中国大学教材的建设和发展产生了重要而深远的影响。考察商务印书馆“大学丛书”的编辑出版及其意义影响，将有助于学界进一步了解和把握近代中国大学教材建设和发展的历史进程，并为当今我国大学教材的改革和创新提供有益的借鉴。

【关键词】近代中国；大学教材；商务印书馆；“大学丛书”

【作者简介】肖朗，1958年生，江苏苏州人，浙江大学教育学院教授、博士生导师，中国教育学会教育史分会副理事长，主要从事中外教育史、高等教育史研究；吴涛，1982年生，辽宁抚顺人，浙江大学教育学院博士研究生，主要从事中国教育史研究。

1897年创建的商务印书馆通过编印教材、翻译西书、刊刻古籍、创办杂志等出版事业对20世纪上半叶中国教育的发展产生了多方面的深远影响，而编辑教材成为商务印书馆诸多事业的“重中之重”。通过编辑出版中小学教材，商务印书馆率先确立了自身在民国出版界中的领军地位。20年代初至30年代末，随着我国高等教育事业的日渐繁荣，商务印书馆在王云五的引领下逐步对出版方针做出调整，由此前以出版中小学教科书为主发展到“编辑大学用教科参考图书”[1]，并最终完成了“大学丛书”的编辑出版工作。“大学丛书”对中国近代高等教育及学术的发展发挥了积极而重要的作用，不仅改变了中国大学“几乎清一色使用外文教材的不正常状况”[2]，而且在一定程度上促进了近代高等教育及学术的中国化。对此学界早已形成共识。例如，著名学者王铁崖在回顾商务印书馆对近代文化教育的贡献时，首先提及的便是商务出版了一套“大学丛书”[3]；国际法专家梁鋆立虽对“大学丛书”有过质疑，但也认为此套丛书的出版乃是中国文化教育史上的一大创举[4]。客观地说，商务印书馆“大学丛书”并非尽善尽美，但它作为近代出版界、教育界与学术界共同努力的标志性成果，却具有毋庸置疑的研究价值。然而，有关“大学丛书”的现有研究仍较为薄弱，尤其是关于该套丛书的编辑出版对近代中国大学教材建设的意义与影响，迄今为止学界尚未予以足够的重视和系统的研讨。有鉴于此，本文拟在考察“大学丛书”编辑出版过程的基础上着重探讨和阐述其对近代中国大学教材建设所发挥的历史作用和影响①。

一、“大学丛书”计划的酝酿与组织

1921年9月，王云五经由胡适推荐入商务印书馆，同年11月任编译所所长。上任后不久，王云五便将“创编各科小丛书，以为他日编辑万有文库之准备”作为其工作计划的重点之一[5]，而日后他也借用这种方式先以国内各大学的名义出版丛书，继而将之统合、扩充为“大学丛书”。1923年起，王云五“即与各著名大学及学术团体协商，订定了许多丛书合约，这些丛书分别冠以某大学或某学术团体之名”[6]，如“北京大学丛书”“东南大学丛书”“尚志学会丛书”“中华学艺社丛书”“中国经济学社丛书”

① 之所以要考察“大学丛书”的编辑出版过程，是因为商务印书馆编辑出版“大学丛书”的过程主要包括计划的酝酿和制订、编审委员会人选的确定和组织、稿本的征集和审查等若干环节，通过这些环节商务印书馆在近代中国首创大学教材联合编审的方式及机制。这对近代中国大学教材建设产生了重要的影响。

"经济丛书社丛书"等。王云五认为，在这些丛书中"有不少适合于大学生的课本或参考书，不过未经集体审定，未能普遍采用"[7]，"将来积有数量，再行严加审查，扩充为大学教本"[8]。可以说，商务印书馆于"一·二八馆难"后编印"大学丛书"，实"发轫于此时"[9]。王云五之所以将商务印书馆的教材出版重心由中小学转向大学，固然是出于"在商言商"而抢占出版市场先机的考虑，但更为主要的则是基于他对当时国内大学所存在的教材问题的敏锐洞察和把握。当时的国内大学一方面教材"向来惟外国文字之出版物是赖，读者了解终不如本国文字之便利"[10]，另一方面授课"悉凭教授编制讲义，不仅各异其是，且学生缺乏参考书籍，不易从事比较研究"[11]。为了扭转这种局面，王云五便萌生了编辑出版大学教材的想法。1930 年 3 月，王云五升任商务印书馆总经理，翌年蔡元培到大东书局做了题为《国化教科书问题》的演讲。在演讲中，蔡元培主张："我国各学校（偏重高中以上）所应用的各项教科书——社会科学的或自然科学的——除外国文而外，都应当使之中国化……都应该采用中国文做的教本。"[12]同时，他强调："'国化教科书'的责任，当然不是少数人或少数文化机关所能够担负的，凡努力文化事业的，如教育家、著作家和出版家均应分担一些责任。"[13]蔡元培发出"国化教科书"的呼吁后，早已打算"编印以本国文撰写之大学教本"的王云五[14]，便在为商务印书馆三十五周年纪念集《最近三十五年之中国教育》所撰写的导言中，透露了将要与国内专家学者合作编印"大学丛书"的意愿。他在导言中写道："国内各大学之不能不采用外国文图书者，自以本国文无相当图书可用，而其弊凡任高等教育者皆能言之。本馆见近年日本学术之能独立，由于广译欧美专门著作与鼓励本国专门著作；窃不自量，愿为前驱，与国内各学术机关各学者合作，从事于高深著作之译撰，期次第供献于国人。"[15]意愿虽好，却因随即遭遇"一·二八馆难"而未能立即付诸实施。1932 年 8 月商务印书馆总馆复业，提出"复兴编辑计划"，同年 10 月编辑出版"大学丛书"作为"复兴编辑计划"之一而正式启动。

启动之初，商务印书馆首先公布了《大学丛书委员会条例》和《印行大学丛书条例》，规定："大学丛书"委员会将由国内大学、学术团体及商务印书馆编审委员会代表联合组成，"大学丛书"将"依大学丛书委员会所定目录，经各委员代为征集稿本，由本馆酌量次第印行，或经各委员介绍专家，由本馆约定编辑之"[16]。由此可知，"大学丛书"委员会将承担拟定目录、征集稿本、审查著作等重要职责，“先行组织大学丛书委员会，以资主持”遂成为编辑出版“大学丛书”的首要环节[17]。为此，王云五曾多次向当时国内的知名学者致函，以求聘得一流学者充任“大学丛书”委员会委员。在致“大学丛书”委员会委员的聘函中，王云五以“学术救国”为己任，力陈编印“大学丛书”刻不容缓之原因，并诚恳表明“‘大学丛书’计划，得在专家之下，积极进行，克期实现”[18]。1933年，跻身大学丛书委员会名单上的专家学者有51人。同年6月18日，中国民权保障同盟总干事杨铨遇刺身亡，随后著名心理学家、时任浙江大学校长的郭任远被聘为“大学丛书”委员会委员。1934年冬，北平大学农业经济系系主任许璇因劳累过度而突发脑溢血去世，翌年商务印书馆编审周昌寿、南开大学校长张伯苓、国立清华大学校长梅贻琦、北洋工学院院长李书田、国民政府国际问题研究所研究员李圣五又先后被聘为“大学丛书”委员会委员。至此，大学丛书委员会委员人选基本确定。1938年4月7日，沪江大学校长刘湛恩遇刺身亡，时任国立编译馆馆长的陈可忠被增聘为“大学丛书”委员会委员。上述55位委员多为当时教育界、学术界的执牛耳者，著名大学校长、学会会长、中央研究院研究所所长等身份与头衔足以表明他们在民国教育界和学术界的地位及影响。另有部分委员曾在商务印书馆或其他出版机构从事过编审工作，这就为“大学丛书”的水平与质量提供了进一步的保障（见表1）。

表1 商务印书馆“大学丛书”委员会委员

主要教育及学术职务	“大学丛书”委员会委员
大学校长	王世杰、任鸿隽、朱经农、朱家骅、李建勋、李书田、何炳松、辛树帜、竺可桢、胡 适、胡庶华、翁之龙、翁文灏、马君武、徐诵明、郭任远、陈裕光、曹惠群、张伯苓、梅贻琦、程天放、程演生、邹 鲁、刘湛恩、黎照寰、蔡元培、蒋梦麟、欧元怀、颜任光、颜福庆、罗家伦
中央研究院研究所所长	马寅初、丁燮林、唐 钺、李四光、余青松、周 仁、陶孟和、傅斯年、姜立夫
学会发起人或负责人	李书华、秉 志、郑贞文、顾颉刚
商务印书馆或其他出版机构编审	王云五、李权时、周昌寿、傅运森、郑振铎、李圣五、陈可忠

资料来源：王寿南：《王云五先生年谱初稿》，台湾商务印书馆1987年版，第291—292页。

在组建“大学丛书”委员会的过程中，《大学丛书目录》的拟定工作也在同步进行。1932年末至1933年初，商务印书馆根据征得的国内外各大学一览及课程表等资料，先行草拟了一份《大学科目草案》。1933年1月，王云五在致“大学丛书”委员会各委员函中，将此份草案附呈给各委员并敦请其审查指正。函发不久，“旋接李湘宸（即李建勋——笔者注）、许叔玑（即许璇——笔者注）、蔡孑民（即蔡元培——笔者注）、刘湛恩、竺可桢、姜立夫、唐擘黄（即唐钺——笔者注）、黎照寰、孙贵定、丁燮林、任叔永（即任鸿隽——笔者注）、秉农山（即秉志——笔者注）、吴经熊、刘南陔（即刘秉麟——笔者注）、朱经农、欧愧安（即欧元怀——笔者注）、吴泽霖、徐诵明、王雪艇（即王世杰——笔者注）、马寅初、翁之龙诸委员陆续来函，对于科目草案，多所指示”[19]。商务印书馆依照各委员的指示，并参照了吴文藻、瞿菊农的意见，对《大学科目草案》进行增删、修改，并将之定名为《大学丛书目录》。同年4月，王云五又将《大学丛书目录》函呈各委员“作最后之审定”，各委员收到后纷纷复函，“对于一般编辑方针、科目增减、科名更动等仍多有指正之处”[20]。商务印书馆再度根据各委员的指导意见，对《大学丛书目录》进行修订。修订后的《大学丛书目录》按现代大学学科体系及组织建制分为文、理、法、教育、农、工、商、医8个学院，各学院下分列不同学系及相关课程；两系或两系以上共有的课程只列于一系之中，以免重复。《大学丛书目录》在此后数年中又做过几次修订，每次修订时各个院系下所列的课程虽偶有增删，但目录的基本框架无大改动，从而为“大学丛书”稿本的征集、编辑并渐次出版奠定了基础。

二、“大学丛书”稿本的征集与审查

根据《印行大学丛书条例》的规定，“大学丛书”委员会委员除了负责审定《大学丛书目录》外，还要依照各自的学术专长对“大学丛书”稿本进行征集与审查。“大学丛书”稿本主要有三个来源，其一是商务印书馆早先出版的著作和丛书，其二是由商务印书馆向国内学者约稿，其三是通过各位委员的征集和推荐。在与国内学者约稿方面贡献颇多的是时任编译所所长兼“大学丛书”委员会委员的何炳松，他曾不辞辛劳地奔赴南京，会同罗家伦、陈裕光两位校长兼“大学丛书”委员会委员一起，与中央大学、金陵大学的诸位教授商谈“大学丛书”的约稿事宜。在稿本的征集和推荐方面，“大学丛书”委员会委员们各出其力。有的出于师生关系，推荐弟子的作品，如李四光便两次致函王云五，力荐何作霖的《光性矿物学》一书，认为其“极合现今各高等及大学程度”[21]；有的则基于同行关系，推荐业内专家的著作，如丁绪贤的《化学史通论》一书作为“大学丛书”出版，便与郑贞文的推荐有莫大关系[22]；还有的缘于好友关系，推荐身边友人的著作，如干仙椿因晨练而与马寅初结为好友，遂将译著《方程式论》手稿交其审阅，马寅初阅后觉得通俗易懂且有助于学生学习，便将之推荐给商务印书馆[23]。

所有依照《大学丛书目录》选定的稿本，无论是业已出版的，还是推荐征集的，抑或约定编著的，在作为“大学丛书”出版之前皆需经过至少一名委员的审查，审查通过方能出版，否则便不能列入“大学丛书”当中。经过这一审查过程，许多原已列入《大学丛书目录》中的稿本，或因不适合用作大学教材，或由于主题相同、内容重复等原因，最终未能作为“大学丛书”出版。由于审查过程决定着整套丛书的水平与质量，十分重要且关系重大，因此，有学者要求“一书既经收入丛书里面，便应该使那位担任审查的委员，单独负责，并揭示其姓名于书的封面”[24]；身为委员之一的吴经熊也曾向蔡元培提议，“大学丛书”中的“每一书须载明审查人姓名，以示责任”[25]。尽管限于资料现已无法完整了解当时“大学丛书”审查的全貌，但从若干尚存的审查稿本来看，商务印书馆“大学丛书”的审查仍呈现出某些明显的特征（见表2）。

表2　商务印书馆“大学丛书”审查人及其审查稿本

审查人	审查稿本
丁燮林	萨本栋《普通物理学》
王云五	彭学沛《欧美日本的政党》、钱穆《先秦诸子系年考辨》
王世杰	吴昆吾《条约论》
何炳松	钱端升《英国史》、魏野畴《美国史》、梁思成《世界史纲》
吴经熊	陈允《罗马法》
胡　适	郭绍虞《中国文学批评史》
李权时	马寅初《中国经济改造》

续表

审查人	审查稿本
马寅初	刘絜敖《经济学方法论》
郑贞文	李乔苹《有机化学工业》《无机化学通论》
蔡元培	傅统先《心理学》
邹　鲁	顾实《中国文字学》、蒋善国《中国文字之原始及其构造》
罗家伦	何炳松《通史新义》
钱宝琮	邹尚熊《图解法》
谭寿田	何作霖《光性矿物学》
李书田	刘仙洲《机械原理》、顾康乐《净水工程学》、陶葆楷《给水工程学》等10部
姜立夫	吴在渊《数论初步》、萧君绛《群论》、干仙椿《方程式论》
吴定良	艾伟《高级统计学》

资料来源：王云五：《王云五文集5·商务印书馆与新教育年谱》，江西教育出版社2008年版；肖民：《钱穆：先秦诸子系年》，《中国学术》2003年第3期；房鑫亮：《忠信笃敬——何炳松传》，浙江人民出版社2006年版；冯双：《邹鲁年谱》，中山大学出版社2010年版；钱永红：《一代学人钱宝琮》，浙江大学出版社2008年版；李书田：《审查本院刘前校长仙洲所著大学丛书中"机械原理"一书报告》，《北洋周刊》1935第53期；李书田：《本院谭寿田教授审查何作霖著商务印书馆大学丛书矿物光性报告审查结果》，《北洋周刊》1935第59期；李权时：《评马著中国经济改造》，《经济学季刊》1934第4期；卓永：《姜立夫与〈大学丛书〉》，《籀园》2011第2期；等等。

首先，"大学丛书"稿本秉持专家审查的原则，基本上根据各个委员的学术专长分送他们审查，或委托给"大学丛书"委员会委员以外的学科专家来审查。例如，丁燮林、郑贞文、姜立夫和李书田分别为物理学家、化学家、数学家和工程学家，他们所审阅的便分别为物理学、化学、数学和工程学方面的稿本；王世杰、吴经熊为法学家，马寅初、李权时为经济学家，何炳松、胡适、罗家伦为历史学家，他们所审阅的稿本则分别属于法学、经济学和历史学领域。当然，由于"大学丛书"稿本数量多且涵盖面广，仅靠55位委员自然不可能完全按照其学术专长来完成审稿任务，因而难免存在审查委员的学术专长与稿本所属学科无法完全相符的情况。例如，商务印书馆总经理王云五在收到钱穆送来的《先秦诸子系年考辨》书稿后，便亲自对其进行了审阅，并准其列入"大学丛书"；而身为国民党党史专家和著名书法家的邹鲁，则审阅了顾实的《中国文字学》和蒋善国的《中国文字之原始及其构造》等文字学书稿。针对这种情况，王云五曾给出明确解释与弥补办法，他说："大学丛书委员会人选，所以侧重于大学校长或学术团体之主持者，实以便于介绍可征集稿本之故。至审查书稿，固可由委员各就专长，分别担任，然亦得另行委托他人，实际上已不乏其例。"[26]事实正如王云五所说，商务印书馆确实将不少书稿的审查工作委托于其他专家。例如，邹尚熊译的《图解法》，便是委托浙江大学数学系教授钱宝琮审查的；再如，何作霖的《光性矿物学》虽指定由李四光审查，但最终还是委托给北洋工学院教授谭寿田审查。

其次，各委员及学科专家对稿本审查工作总体而言非常认真和严谨，充分体现出近代学人尊重学术、坚持真理的科学精神和态度。1939 年，蔡元培审查傅统先的《心理学》一书时，已届 73 岁高龄，当他接到商务印书馆寄来的书稿后，仍然一丝不苟地详加审阅，并"发现清样中误字数十"；审阅完书稿，他认为："此书材料丰富，叙次明晰，集实验心理学之大成，而不为一派所拘束，堪备大学生参考。"[27]正是由于得到了蔡元培的肯定，《心理学》一书当年便作为"大学丛书"出版。胡适对郭绍虞《中国文学批评史》一书的审查意见被著者收录于自序当中，其中一条指出：该书"第二篇中引《礼记·表记》中孔子语'情欲信，辞欲巧'，因说孔子'尚文之意固显然可见了'。孔子明明说：'辞达而已矣'。作者不引此语，却引那不可深信的《表记》以助成孔子尚文之说，未免被主观的见解影响到材料的去取了"[28]。由此可见，胡适对书稿的审查可谓字斟句酌、严谨有加，尤其重视史料的取舍问题。郑贞文曾因《无机化学通论》一书白话过多而束之高阁，后来随着白话文的普及方才对其认可，此书作为"大学丛书"出版时郑贞文在序文中承认：原著者李乔苹"以浅显语文，解释深奥学理，以求适合于高中以上学生参考之用，是诚有心人也"，"李子以是书问世，其有裨于士类者实多，书成吾知其必不胫而走也"[29]。姜立夫曾先后审阅了《数论初步》《群论》《方程式论》等多部稿本，但在收到《高级统计学》书稿后，却因非其专业所长而将原稿奉还，要求商务印书馆另觅专家，后来此书经蔡元培转托吴定良审查。李书田在审查完《机械原理》《净水工程学》《给水工程学》三部书稿后，分别撰写了三份详细的审查报告刊于《北洋周刊》，对书名、目录、例言、正文、注释等部分需加修改之处一一给出明确意见，反映了其严谨的科学态度。

当然，问题和批评也是有的。"大学丛书"出版计划实施不久，梁实秋就对《诗之研究》与《近世文学批评》中的部分内容提出质疑，并进而认为“商务的‘大学丛书’有的仅仅是在名义上经过‘专家’的审查，事实上仅是以旧版充数”[30]。当时，《诗之研究》一书已作为“大学丛书”出版，《近世文学批评》一书也被列入《大学丛书目录》中，等待审查出版。梁实秋的批评文章在1934年的《图书评论》第二卷第九期上发表后，是否被商务印书馆编辑或“大学丛书”委员会委员披阅虽不得而知，但后来的结果是《近世文学批评》一书未能通过审查，自然也未作为“大学丛书”出版。其实，没有通过审查的稿本很多，仅以教育类稿本为例，最初列入《大学丛书目录》中处于待审查状态的教育译著共有31部，后来通过审查并作为“大学丛书”出版的却只有20部。《近世文学批评》以及11部教育译著最终并未作为“大学丛书”出版的事实进一步表明，“大学丛书”委员会委员及国内许多审稿专家的严格把关的确对丛书质量的保证做出了很大的贡献。

三、“大学丛书”编辑出版的意义与影响

依照《大学丛书目录》进行收录、征集及编著的书稿，经“大学丛书”委员会审查后，开始以教本和非教本两种形式逐年出版。“大学丛书”原计划分五年出版，但1937年后商务印书馆并未终止原计划，而是继续“大学丛书”的出版工作。关于1932—1937年“大学丛书”的出版数量，相对而言王云五的说法比较一致，也较为可信。在《商务印书馆与新教育年谱》中，王云五列出1937年9月1日的“大学丛书”宣传广告，据此统计，截至1937年9月实际出版的“大学丛书”总计260种；其中，文学院44种，理学院44种，法学院63种，教育学院37种，工学院35种，商学院13种，农学院13种，医学院11种[31]。在《新目录学的一角落》中，王云五也称1932—1937年“大学丛书”共出版265种，“平均每年出版五十余种，较原计划每年出四十种尚有超过”[32]。1938—1942年，“大学丛书”“又续出51种，平均每月一种”[33]。从1942年起，由于国民政府教育部委托国立编译馆编译的“部定大学用书”已达相当数量，商务印书馆在分担官方统编大学教材印行工作的同时，便逐渐减少了“大学丛书”编辑出版的数量。总体而言，“大学丛书”堪称商务印书馆与国内各学科专家、学者共同努力的结晶，也可谓对民国时期大学科研及教学成果的一次成功总结与开

拓。这样一套高质量、高水平的大学教材的编辑出版，在近代中国高等教育及学术发展史上有着不可忽视的重大意义，也产生了重要的影响，其意义和影响大致可归纳如下。

其一，“大学丛书”的编辑出版有助于近代中国大学的课程建设，从而为大学教学工作正常而有序地开展提供了重要支撑。1929 年，国民政府教育部出台《大学组织法》，并重新颁布了《大学规程》，与民国初期的《大学令》及《大学规程》相比，新的《大学规程》不仅在原先的文、理、法、商、医、农、工七学院的基础之上增设了教育学院，而且就具体的学系设置而言也渐趋合理、规范。《大学规程》颁布后不久，国民政府教育部便组织大学课程及设备标准起草委员会，“征集国外各著名大学课程一览，并调集国立省立及已立案私立大学课程说明书，分别延请专家，依据国内外各大学课程，分别院系，草拟各项课程草案。期于二十年度以内，起草完竣，延请专家，分门整理；二十一年度，颁布全国，一律试行”[34]。然而，由于当时国内大学的课程设置各自为政、纷繁复杂，整理课程的计划并未如期完成，未能形成统一的大学课程标准。有鉴于此，商务印书馆在实施“大学丛书”出版计划之初，便只好重新搜集国内外各大学课程一览，以作为其拟定《大学丛书目录》的重要参照依据。在《大学丛书目录》拟定的过程中，商务印书馆又反复函请各位专家、委员对其进行审查、指正，力求整个目录的体系完备。将《大学丛书目录》与《大学规程》中所规定的大学院系设置进行对比可知，《大学丛书目录》形成了一套以当时的大学院系设置为基础的更为细化的大学课程体系。由此可知，“大学丛书”的汇集出版并非随意搜罗、杂乱无章，而是与民国时期的大学课程建设紧密相连的，商务印书馆以满足近代中国大学课程建设的需要作为其编辑出版“大学丛书”的重要目的之一，并依此来策划、组织和构建“大学丛书”体系的。从这个意义上来说，“大学丛书”的编辑出版不仅加速了中国大学教材的现代化进程，而且还对民国时期的大学课程建设起到了十分重要的推动作用。

依照民国大学课程建设需要而编辑出版的“大学丛书”，较之先前出版的其他大学教材，在数量规模和结构体系上的优势也较为明显。在“大学丛书”出版之前，商务印书馆、中华书局等民营出版机构便与国内一些著名大学合作出版了若干套大学教材，这些教材被冠以“某某大学丛书”之名，多则 10 余种，少则仅数种，不仅数量规模较小，而且大多结构单一，未成体系。例如，1923—1926 年出版的“东南大学丛书”共有 7 种，多为文史类教材；1924—1928 年出版的“北京师范大学丛书”共有 10 种，多为教育、体育类教材。这样的教材自然难以应对高等教育快速发展所导致的日益增长的教材需求，更无法打破外文教材在近代中国大学长期所处的垄断地位。而“大学丛书”则不然，与上述教材相比，它不仅规模庞大，而且体系也较为完备。就规模而言，“大学丛书”出版达 300 种以上，在民国时期出版的大学丛书类教材中名列榜首；就体系而言，“大学丛书”囊括了 8 个学院 25 个学系相关科目的课程教材，这种完备程度除日后国立编译馆出版的“部定大学用书”可勉强与之抗衡外，其他丛书类教材均无法与之比肩。正因为如此，“大学丛书”出版后，国内各大学纷纷采用，国立北京大学、国立武汉大学、国立四川大学、省立安徽大学、省立云南大学、私立厦门大学、私立之江文理学院，等等，均不同程度地采用“大学丛书”作为相关课程的教本或教学参考书。仅抗战初期的省立云南大学一家，便采用了 40 余种“大学丛书”中的教材。据《云南大学一览》（1926 年度）统计，该校文法学院与理工学院的 7 个系中，除中国文学系外，其余 6 个系均采用了“大学丛书”作为许多课程教本或教学参考书，以“大学丛书”作为教材的课程数占 6 个系总课程的五分之一。在教材使用各自为政且又长期为外文教材所垄断的民国大学中，“大学丛书”能有如此之高的使用率，是非常难能可贵的。由此不难发现，“大学丛书”基于自身的优势，确实在很大程度上打破了长期以来外文教材“一统天下”的局面，为近代中国大学的教学及人才培养提供了有力的支撑。

其二，“大学丛书”的编辑出版提升了近代中国大学教材的学术质量，并极大地促进了近代中国学术事业的发展。经历“一·二八馆难”后复兴的商务印书馆，提出了“贡献整个大学用书，促进我国学术独立”的口号，在此口号下编辑出版的“大学丛书”，不仅旨在推动近代中国高等教育的发展，更将促进学术事业的繁荣作为自身的重要目标。“大学丛书”虽以大学课程教本或教学参考书的形式问世，但注重学术性与专业性始终成为其突出的特点。商务印书馆召集专家组建“大学丛书”委员会，又在《印行大学丛书条例》中特别写明丛书稿本“须经委员一人以上审查”的规定，主要就是为了保证“大学丛书”的学术质量与专业水平。本着上述宗旨和目标，委员们在进行审查时对于那些学术性不强、专业水平不高的稿本，均拒绝将其纳入“大学丛书”出版。例如，姜立夫在审查德国学者柯劳·什著、李协翻译的《简要实用微积分》时，因其原是为工场助手补习数理之用，体例与大学教材相去甚远，便建议将其作为“算学丛书”出版，而不宜收入“大学丛书”中[35]。正是由于专家学者们的严格把关，才从源头上保证了“大学丛书”的较高学术水准。以“大学丛书”之名出版的著作，有的早已名噪一时，如梁启超的《清代学术概论》，王世杰、钱端升的《比较宪法》，胡适的《中国哲学史大纲》上册，萨本栋的《普通物理学》等。众所周知，《清代学术概论》旨在论述中国学术的转型，“自属稿至脱稿，费十五日”[36]，但却凝聚了梁启超多年研究的心得体会，它突破了中国传统学术史的“学案”体例，而以“思潮”为纲来阐述有清一代的学术思想及其转型，并通过中西比较的方法揭示了清代学术思想的特点。《比较宪法》是我国宪法学的奠基之作，它以宪法所规定的基本问题为主线，全面客观地对西方国家的宪政实践及理论进行了比较研究，更通过深入系统的分析而尽得宪政理论之精髓。《中国哲学史大纲》上册被誉为“近代史学革命的典范之作”[37]，全书以实用主义哲学作为分析评判先秦哲学思想的理论基础，运用考证的方法对老子、孔子以降各家各派思想的主要特点与相互关系展开论述，并力求系统地展现历史的关联性及其发展的内在逻辑。《普通物理学》是我国自编大学物理教材的开山之作，其最突出的贡献在于吸收了当时世界物理学界的最新知识并努力使之本土化，同时其体例编排也具有开创性的意义，力、声、光、热、电的内容划分一直沿用至今。还有一些著作作为“大学丛书”出版后不久，即凭其较高的学术水准而享誉学界，如孙本文的《社会学原理》、冯友兰的《中国哲学史》、吴俊升的《教育哲学大纲》等。具体来说，《社会学原理》是近代中国社会学理论研究的代表性作品，它综合了欧美各社会学主要流派的观点来研究社会现象，重点介绍了欧美社会学的最新思想，即文化学派的主要理论和观点，并在全书中努力追求本土化，“凡可得本国材料者，即用本国材料”[38]。《中国哲学史》是以中西比较法研究中国哲学通史的首创之作，该书用西方哲学的理论与方法梳理中国传统哲学，对先秦以降直至清末的中国哲学史中可与西方哲学相通的问题做了系统的研究，凸显了中西哲学的某些普遍问题和共同特点。《教育哲学大纲》是构建近代中国教育哲学体系的创新之作，与以往那些着眼于教育哲学的派别揭示其对教育的影响，或者从教育根本问题入手探讨其哲学基础的教育哲学著作不同，该书从哲学问题本身出发，对不同哲学派别在与教育密切相关的哲学问题上的观点，以及对教育所产生的影响进行考察，遂在近代中国开创了以哲学问题为分析框架来构建教育哲学体系之先河。

上述高水平的学术著作在作为“大学丛书”出版之前，大多在个别大学用作课程教材或讲义，如《比较宪法》是王世杰早年在北京大学开设比较宪法课程时编就的教材，《社会学原理》是孙本文在中央大学多次讲授社会学原理课程而写成的讲义，《教育哲学大纲》也是吴俊生在北京大学教育学系首开教育哲学课时撰写的讲义。这些教材或讲义虽具引领学术发展之价值和意义，却因局限于某一大学而未能得到大范围的推广和使用，待其收入“大学丛书”中，借助商务印书馆的出版网络，方才贡献于全国大学的课程教学与学术研究。从这个意义上来说，商务印书馆编辑出版“大学丛书”，一方面从整体上提升了近代中国大学教材的学术水准，另一方面也对民国学术的发展起到了推动作用。应该说，“大学丛书”中的许多著作既是近代中国高水平、高质量的大学教材，也是近代中国的学术精品，它们大多成为近代中国自然科学和人文社会科学各分支学科的奠基之作，成功地实现和促进了高等教育与现代学术的沟通与互动。

其三，商务印书馆通过编辑出版“大学丛书”在中国近代史上首创大学教材联合编审的方式及机制，从而为其他出版机构和组织编辑出版大学教材提供了可资借鉴的模式和经验。20 世纪 30 年代以前，由于北京政府和成立初期的南京国民政府均未对大学教材实行统一的规划和管理，近代中国大学教材的编辑出版一直处于由各大学自主掌控的状态。从局部来看，少数高水平大学编辑出版的教材虽不乏精深之作，对大学的课程教学及学科建设也曾做出重要的贡献，但就整体而言，30 年代以前我国在大学教材的编审出版上缺乏大学之间以及大学与学术团体之间的联系与合作，乃属不争之事实。从 30 年代起，在民营出版机构的参与和组织下，大学及学术团体在大学教材的编辑出版方面开始联合起来，原本局限于各个大学内部的教材编辑出版工作，逐渐扩展其运作范围，形成了大学与出版机构及学术团体间的合作机制，作为民营出版机构中的翘楚，商务印书馆可谓这种合作机制的始作俑者。如前所述，在实施“大学丛书”编辑出版计划的过程中，商务印书馆首先组织国内各大学校长、各研究所所长、各学会会长等成立编审委员会，然后凭借各委员在教育界和学术界的影响力，进一步组织全国的高校教师和研究人员来共同完成“大学丛书”的编辑出版工作。从客观情况来看，商务印书馆通过“大学丛书”不仅有效地促成了大学与学术团体在大学教材编辑出版方面的精诚合作，而且以其表率作用对其他民营出版机构乃至官方出版机构均带来了十分重要的影响。

继商务印书馆之后，中华书局、世界书局、贵阳文通书局等民营出版机构，也相继编辑出版了“大学用书”“大学丛书”等。1936年初，中华书局出于与商务印书馆竞争出版市场的考虑，决定编辑出版大学教材，以“使人知道我非无大学用书”。中华书局在编辑出版“大学用书”的具体运作层面上几乎完全模仿商务印书馆的做法，即先“就已出版书中选取或加改编”，并“补充必备之书目”，同时“向局外专家接洽，组织委员会，请其选择书目”，继而“向各大学调查现用书书目，再择要约稿”[39]。历时十余年，中华书局“大学用书”规模也达百余种①“多为各大学教授学者，就试教多年的教本讲义及翻译的东西方名著、著名大学的教本编撰而成”[40]。从组稿的方式、编审人员的组织及整套教材的构成等方面来看，中华书局“大学用书”在编辑出版方面明显受到商务印书馆的影响，而世界书局亦然。世界书局向来以商务印书馆为榜样，不仅局中元老多从商务印书馆招来、机构组织也多仿照商务印书馆来设置，而且在大学教材的编辑出版方面也紧随其后。比如，世界书局的“大学用书”也按学院及学系进行编排，其体系结构与商务印书馆“大学丛书”颇为相似，只是在数量规模和完备程度等方面不及后者。据《世界书局图书目录》所载，截至1935年世界书局出版“大学用书”共132种，其中哲学系12种、中国文学系10种、外国文学系12种、政治学系11种、法律系22种、经济学系21种、社会学系7种、教育系12种、心理学系3种、数理系9种、地理学系3种、农业社会学系10种[41]。由上述数量分布可以看出，世界书局“大学用书”在整体结构上相对偏重文法类教材，从而导致文法类教材与理工类教材比例的失衡，这成为它难与商务印书馆“大学丛书”相媲美的主要原因之一。与商务印书馆、中华书局和世界书局相比，贵阳文通书局则是近代中国出版界的后起之秀，其编辑出版“大学丛书”的时间较晚，规模也较小。1942—1948年，贵阳文通书局编辑出版“大学丛书”35种，对抗战时期西南地区高等教育的发展产生了重要影响，但从整个出版过程来看，受商务印书馆的影响同样十分明显。贵阳文通书局先是趁抗战期间许

---

① 据中华书局编《中华书局图书总目：1912—1949》（中华书局1987年版）统计，中华书局出版“大学用书”103种。

多大学内迁黔省之机，聚集112位各学科专家、学者组成编审委员会，其后又在其编辑初步计划中提出了“访求国内各大学及专科学校教授之名著，辑成大学丛书，以增加适合国情的中国人自编之大学用书，以为我国发展高等教育之一助”的宏愿[42]。中华书局、世界书局是与商务印书馆鼎足而立的两大民营出版机构，贵阳文通书局也是抗战时期西南地区首屈一指的民营出版社，这三家都在民国出版事业中享有重要的地位和声望，但在大学教材的编辑出版方面几乎无一例外地受到了商务印书馆的影响。通过“大学丛书”的编辑出版，商务印书馆不仅促成了教育界、学术界、出版界合作开展文化教育出版事业的新局面，而且激荡起一股编辑出版大学教材的热潮。当时，除商务印书馆、中华书局、世界书局、贵阳文通书局四家外，钟山书局、黎明书局、启智书局、言行出版社、中华文化服务社等多家出版机构也分别以“大学文库”“大学用书”“大学丛书”之名出版大学教材，它们在数量、规模等方面虽远不及商务印书馆的“大学丛书”，但不可否认的是均不同程度地受到了后者的启发和影响。

随着民营出版机构纷纷加入编辑出版大学教材的行列，国民政府教育部也开始关注和重视大学教材的编辑出版。1940年，教育部鉴于大学课程业已厘定而教材尚未遍及所有科目的状况，决定以政府之力编辑出版“部定大学用书”。据《第二次中国教育年鉴》统计，从1940年提出出版计划时起，截至1947年，教育部责成国立编译馆编译出版的“部定大学用书”共计250种[43]，就数量规模而言，仅次于商务印书馆出版的“大学丛书”。“部定大学用书”的出版有如下特点。(1) 在组稿方式上，“部定大学用书”所采取的也是征集成书、公开征稿和特约编著三种方式。一方面从已印行的商务印书馆“大学丛书”、中华书局“大学用书”中进行甄选，另一方面对各学院必修、选修科目所需教材进行征求，同时如遇特殊情况或必要之时也可向国内专家约稿。(2) 在人员组成上，教育部同样要求聘请“各校教授及曾为教授而于某一科目学有专长，素受社会推重者”[44]，成立“部定大学用书”编辑委员会，并通过召开全体委员大会来决定“部定大学用书”的编辑体例与审查办法，以及各科目教材的撰稿人选与审校人选。(3) 在稿本审查上，“部定大学用书”的审查程序同样十分严格，“须经初审、复审及校订三步手续”方能出版印行[45]。以王力《中国音韵学》一书的审查为例，1941年该书被选作“部定大学用书”拟再版时，“部定大学用书”编辑委员会先将该书送交罗常培审查，又转请黎锦熙做最后审校；黎锦熙在复审时，将初审者与原著者意见不合之处一一列出，并通过分析论证进而做出自己的结论[46]。（4）在体系结构上，“部定大学用书”也是根据文、理、法、师范、商、工、农、医八学院进行分类，又按照各学院共同必修科目、学院必修科目、学系必修科目和学系选修科目的先后次序编辑出版。由上述特点可以看出，“部定大学用书”虽是国民政府教育部主导下编辑出版的一套官方大学教材，但其编辑出版程序和方式总体上仍未脱商务印书馆“大学丛书”的模式及其影响。

诚如著名教育学家钟鲁斋所言：“商务印书馆刊印‘大学丛书’，出版许多专门的书籍，于中国文化很有贡献，功劳不小。”[47]概而言之，其贡献和功劳主要表现在下述两个方面。其一，从内容方面来看，“大学丛书”为近代中国大学贡献了一套体系较为完备、学术性较强的教材，也为民国政府大学课程整改提供了一份参考方案，同时它有力地推动了中国现代学术事业的发展。其二，从形式方面来看，商务印书馆通过编辑出版“大学丛书”而首创大学教材联合编审的方式及机制，在一定程度上为其他民营及官方出版机构编辑出版大学教材提供了可资效法的模式和经验，并由此而掀起了民国后期大学教材规模化出版的热潮。著名历史学家周谷城曾用一句简短的话准确地概括了商务印书馆“大学丛书”的特征及其意义，即该丛书“形式、内容都是现代化了的”[48]。

参考文献：

[1][6][7] 王云五. 岫庐八十自述［M］. 台北：商务印书馆，1967：212，212，212.

[2] 郭太风. 王云五评传［M］. 上海：上海书店出版社，1999：20.

[3][48] 商务印书馆. 商务印书馆九十年：我和商务印书馆［M］. 北京：商务印书馆，1987：420-421，415.

[4][24] 梁鋆立. 对于商务印书馆大学丛书目录中法律及政治部分之商榷［J］. 图书评论，1933（2/3）：3，7.

[5][8][9][10][14][19][31] 王云五. 王云五文集5·商务印书馆与新教育年谱［M］. 南昌：江西教育出版社，2008：126，141，141，141，141，413，709-727.

[11] 蒋复璁. 王云五先生与近代中国［M］. 台北：商务印书馆，1987：220.

[12][13] 蔡元培. 国化教科书问题［N］. 申报，1931-04-27.

[15] 商务印书馆. 最近三十五年之中国教育［M］. 上海：商务印书馆，1931：6.

[16][17][18][20] 商务印书馆. 大学丛书目录［M］. 上海：商务印书馆，1935：147，152，153，158.

[21] 李四光 1928 年 1 月 6 日致王云五书信手稿［DB/OL］. http://www.cp.com.cn/ht/script.cfm.2007-07-27.
[22] 中国科学技术协会. 中国科学技术专家传略——理学编·化学卷 1［M］. 北京：中国科学技术出版社，1993：75.
[23] 夹江县编史修志委员会. 夹江县志［M］. 成都：四川人民出版社，1989：688.
[25]［27］高平叔. 蔡元培年谱长编：下（2）［M］. 北京：人民教育出版社，1999：195，476.
[26] 王云五先生来函［J］. 图书评论，1933（2/3）：127.
[28] 郭绍虞. 中国文学批评史［M］. 上海：商务印书馆，1937：自序.
[29] 李乔苹. 无机化学通论［M］. 上海：商务印书馆，1936：序.
[30] 杨迅文. 梁实秋文集：第 7 卷［M］. 厦门：鹭江出版社，2002：276.
[32] 王云五. 新目录学的一角落［M］. 重庆：商务印书馆，1943：176.
[33] 汪家熔. 商务印书馆馆史及其他——汪家熔出版史研究文集［M］. 北京：中国书籍出版社，1998：162.
[34] 黄季陆. 抗战前教育与学术［M］. 台北：中央文物供应处，1971：99.
[35] 卓永. 姜立夫与《大学丛书》［J］. 籀园，2011（2）：58-59.
[36] 梁启超. 梁启超论清学史二种［M］. 上海：复旦大学出版社，1985：2.
[37] 余英时. 重寻胡适历程——胡适生平与思想再认识［M］. 上海：上海三联书店，2012：221.
[38] 孙本文. 社会学原理［M］. 上海：商务印书馆，1935：2.
[39] 舒新城. 舒新城日记［J］. 出版史料，1987（2）：47.
[40] 钱炳寰. 中华书局大事纪要［M］. 北京：中华书局，2002：151.
[41] 世界书局. 世界书局图书目录［M］. 上海：世界书局，1935：20-27.
[42] 何长凤. 贵阳文通书局［M］. 贵阳：贵州教育出版社，2002：204.
[43] 教育部教育年鉴编纂委员会. 第二次中国教育年鉴［M］. 上海：商务印书馆，1948：1484.
[44] 黎东方. 部定大学用书之编辑情形［J］. 出版界月刊，1944（6）：3.
[45] 滕大春. 教育部大学用书编辑委员会工作概况［J］. 教育通讯，1941（18）：15.
[46] 黎锦熙. 对于王力著《中国音韵学》审校及修订意见之意见［J］. 汉字文化，1949（2）：48-52.
[47] 钟鲁斋. 改进我国教育几个当前的问题［J］. 教育杂志，1937（1）：9-14.

（选自《高等教育研究》2013 年第 12 期）

整合：未来初中课程编制的一种思维范式*

——基于朱经农初中课程编制原则思想的启示

张传燧[1]　李　卯[2]

（1. 湖南师范大学　教育科学学院，湖南　长沙　410081；
2. 安徽师范大学　教育科学学院，安徽　芜湖　241000）

【摘要】：课程编制的指导思想为课程编制活动提供了明确的原则导向，在课程构建及变革中起着主导性作用，是课程编制的价值准则。作为中国近代著名教育家的朱经农曾针对民国初期关于初中课程编制的争论，提出初中课程编制应遵循科学与人文统一、兴趣培养与严格训练并重、分科与混合结合、必修和选修协调、普通教育与职业指导兼顾等原则的独特思想，对当下及未来初中课程编制有着宝贵的理论与实践借鉴价值。

【关键词】 朱经农；初中课程；编制原则

【作者简介】 张传燧，1956 年生，贵州石阡人，湖南师范大学教育科学学院教授、博士生导师，中国教育学会教育史分会常务理事，主要从事课程与教学论、中国教育史研究。李卯，1987 年生，安徽亳州人，安徽师范大学教育科学学院讲师，教育学博士，主要从事课程与教学论、中国教育史研究。

---

* 本文系湖南省教育科学规划“十一五”规划重点课题“湖湘教育名人及其教育思想研究”（XJK08AJB003）的阶段研究成果之一。

朱经农（1887—1951）是中国近代著名教育家，江苏宝山（现属上海）人。他是1922新学制初中课程标准的主要起草人之一，发表了多篇关于初中课程的文章，详细地阐述了关于初中课程编制的思想。1922年学制颁布前后，关于初中课程编制的争论很多。朱经农从新课程标准的征求意见、开会讨论到最终定稿颁布，全程参与了这一过程，并发表了一系列独到见解。他从哲学的高度指出世界上的许多学说，表面看似绝对不相容，其实是相辅相成的，不可偏废某一方面。初中课程编制的争议其实有“相容”的地方。课程编制采用的各种原则要遵循“合二为一”的辩证思维，尽量做到“双方兼顾”，“我们编制课程所采各种原则，也有貌似分道扬镳，实则并行不悖的”[1]。在这种整合性的理念指导下，朱经农提出初中课程编制应遵循科学与人文统一、兴趣培养与严格训练并重、分科与混合结合、必修和选修协调、普通教育与职业指导兼顾等原则，至今仍有宝贵的理论与实践借鉴价值。

一、科学与人文统一

朱经农总结了当时初中教育在培养学生人生观问题上两种截然不同的认识。一种是以提倡科学教育的教育家为代表，认为初中课程的编制应该多给学生一种科学的训练，教给他们科学的研究方法，养成正确的科学观念，培养学生用科学的眼光看待人生的各种问题，用科学的思维处理各种复杂的关系。另一种认为科学的方法只局限于自然环境中，“人类生活的原动力是超自然的，超科学的，想用科学方法支配他，无论如何不可能”[2]。科学的威力再大，“爱先生”与“美先生”也依然会保持“上不臣天子，下不友诸侯”的身份。故我们编制初中课程的时候，应该更多地考虑学生的情感态度（“爱”和“美”），而不是偏重理智的科学。

朱经农明确批评了上述把科学与超自然（人文）看作截然对立的两个方面，只偏重一方面的错误认识。他并不认为科学与人文之间是非此即彼的截然对立关系。他主张，初中课程的编制既要极其注重科学知识和方法的训练，“科学的知识，是经过严格的方法的整理和许多经验的证明的，可以作为格物穷理的本源，也可以作为利用厚生的根据”[3]，又不能忽视“爱”和“美”等超自然（人文）的东西。如同一个瓷器要想取得更大的销路不但要求质地的细致坚实，并且要有精美的图案和巧妙的着色，才能引起更多人的欣赏一样，初中课程编制对于“‘爱’和‘美’的修养，也不能忽视”[4]。科学方法与情感态度之间有着相通之处。科学本身就是“爱”和“美”的，科学研究中需要加入活泼的人生乐趣。而情感等“超自然”的元素不仅仅是随性的，有时也是理性的，将科学方法与人文精神有机地统一起来，是我们编制初中课程的重要原则以及寻找真理的合理途径。

即使在今天看来，朱经农在20世纪20年代初就提出科学与人文统一的初中课程编制原则，也是具有前瞻性的。“学校课程结构的最大问题仍是科学与人文的关系问题”[5]，关于基础教育课程编制中科学与人文孰占上风的争辩始终存在，力量彼此消长。一方面，现代科学给人们带来了物质文明和理性化的知识，科学课程不能有丝毫忽视；另一方面，越来越多的人开始认识到“人不能只有‘理性’，人还应是‘情感的人’‘游戏的人’‘艺术的人’”[6]。培养完整的人逐渐成为现代课程目标的核心，课程内容也应更加突出完整性。这种完整性要求在初中课程编制中要注意科学知识与人文知识的整合，使科学知识人文化，人文知识科学化。当前，人们对科学与人文也有了更深刻的认识，两者“不相同，但相通，相关切，相联系”[7]，是促进人的理智、审美、精神等全面发展的双翼。科学与人文相统一的课程内容开始被更多的人所接受与倡导，是未来初中课程编制中需要着重考虑的问题。

二、兴趣培养与严格训练并重

兴趣主义与严格训练主义之争是民国初期初中课程编制原则的争议之一。持兴趣主义观点的教育者主张初中课程应当以培养学生的兴趣为主，促使其主动学习。学生有了兴趣才肯努力学习课程知识，没有兴趣就会敷衍了事。提倡严格训练的教育者观点与之不同，认为学生在校学习知识才是最重要的。初中课程应更加侧重知识的严格训练，国文反复背诵才会熟练，算数多练习才会精通，写字勤练习才会好看，等等。“要下苦功，就不顾得他们有兴趣没有了。”[8]

朱经农不赞成将兴趣培养和严格训练看成是对立两面的观点。他指出，兴趣培养与严格训练是并重的，“重兴趣而轻训练，有训练而乏兴趣，都是不对的”[9]。一方面，在基础教育阶段，兴趣是保持儿童学习积极性，获得最大教育功效的关键因素。开发“兴趣之所在，性情之所近”的儿童课程内容成为课程编制者的重要任务，各种课程知识经验的排列组合要尽可能引起儿童足够的好感，“所取教材，亦力求平易，引起兴趣”[10]。因为年纪偏小的儿童有了一定的兴趣，才会专心进行某种学习活动，产生较强的行为力量，从而在他们自己的世界里发挥更大的自由，释放出独特的个性，在课程学习中获得愉悦。另一方面，开发兴趣性的课程，并不意味着要忽视知识的严格训练，两者应是共存的，“切不可减少努力以谋维持兴趣”[11]。因为单一地培养学生兴趣，可能导致教师避难就易，迎合学生个人爱恶之情，刻意降低课程知识的真实难度，放松对学生努力学习的要求。这样学生学习的兴趣倒是有了，但可能收不到教育的功效，学生学不到真正的知识。只有将兴趣培养和严格训练结合起来，兴趣培养过程中不忽视知识的学习训练，严格训练中又能注意兴趣的培养，才会增加教育的实际功效。朱经农因此强调，初中课程编制“对于兴趣和努力两项应该并重，使学生于严格训练中发生兴趣，于浓厚兴趣中得着训练”[12]。

朱经农提出兴趣培养与严格训练并重的观点，与他始终认为“心理学对教育学有着重大的贡献”分不开。从现代心理学理论与课程编制原理来看，朱经农关于兴趣培养与严格训练并重的初中课程编制原则思想也是十分科学、先进的。现代心理学理论认为，知识的严格训练对学生认知能力的发展起到一定的促进作用，兴趣培养则有利于学生非认知心理品质的发展。现代课程理论强调，知识的严格训练不再是课程关注的唯一，兴趣的培养也逐渐被重视。“兴趣不应当只被看作课程开发中的一个辅助物，它应当是课程的组成部分。……兴趣是应当从课程的编制到课程的实施中均予以实实在在考虑的。”[13]培养学生认知能力和关注学生非认知心理品质的改善共同成为现代初中课程编制中需要着重考虑的问题，知识严格训练与兴趣培养在现代课程编制中同等重要，是未来初中课程编制逻辑的重要指标。

三、分科与混合结合

按照逻辑学的次序（logical order），严密分科与顺应儿童心理生活（life project）设计课程，是当时初中课程编制中存在争议的两种不同原则。朱经农认为，两种原则之间的争议表现在初中课程编制中实际上就是严密分科与混合设科的争论。当时，严密分科派主张初中课程要根据分科后的学科内容分别编制教材，比如，算学一科可以分为算术、代数、几何、三角四门，编制课程时就要编制算术、代数、几何、三角四门不同的单科教材，以方便个别教授。混合设科教授派主张将四门合成一种科目，课程编制时要注意内容的难易程度，另排次序，尽量合并各科之间的相同点，避免重复教授，耽误时间。严密分科派还主张将英文分为语法、读本、作文、会话，科学概论分为动植矿物、物理、化学、生理卫生，等等。而混合设科教授派则认为这些内容都可以混合成一门功课来编制课程进行教授。朱经农指出，中学课程使用精密分科与混合教授要根据不同层次学生的需要、不同的学科课程来决定。“精密分科便于专精”[14]，能让学生更深入地学习具体领域的内容，保持单门学科知识结构的完整性。“混合教授便于贯通融会”[15]，能有效地指导学生掌握学科之间的联系性，“确实可以节省时间，增加兴趣，适合实用”[16]。初中以上的学生对细密研究的要求更高，因此学习的科目会越分越精。初中以下的学生必须先知道各科的大意，实现联络贯通。“故初中采用混合教授法，而高中则主严密分科。”[17]我们在编制课程时要考虑到这一点，根据不同层次学生对课程的实际需求将严密分科与混合教授有机地结合起来，灵活地处理两者的关系。

朱经农强调严密分科与混合教授结合的初中课程编制原则，实际上体现了分科课程与综合课程相结合的观点，在当时无疑是很有远见的，对当下初中课程编制仍具有重要的借鉴意义。现代课程论认为，分科课程和综合课程分别反映了人类认识世界的两种基本思维方式——分析和综合，是不可或缺的两种课程形态。“两类课程之间是彼此独立不可替代的，但又存在内在联系。”[18]分科课程反映的是科学世界的要求，注重学科内在的逻辑结构、知识的相对独立性以及学生智力因素的培养；综合课程反映的是生活世界的要求，强调学科之间的普遍联系性、知识的丰富性以及学生各种非智力因素的发展。两种课程各有独特的优越性，功能互补，对学生的全面发展有着不可替代的作用。“课程结构只有包括二者才能保证学生基础知识和思维结构的全面性”[19]，分科课程与综合课程应当共存于教学环境中。新课程改革中更是明确强调：“初中阶段设置分科与综合相结合的课程，积极倡导各地选择综合课程。”[20]再从学科本身的发展看，课程发展也呈现出既分化又综合的趋势，分科课程与综合课程相结合的观点已经成为现代课程论的基本内容，是未来初中课程发展的必然趋势。

四、必修和选修协调

民国《新教育》杂志曾这样形容："民国十年最新的中学教育便是选修制。"[21]1922新学制颁布后，宣扬个性解放的课程选修制度成为当时中国基础教育课程改革的亮点之一。但是许多学校不顾教育经费、师资状况、学生年龄等客观因素盲目滥设选修课程的现象也大量存在。作为新学制课程标准起草委员会的成员，朱经农认为，协调好必修课程与选修课程的关系不仅是初中课程编制的重要问题，也是基础教育课程改革的当务之急。

首先，必须夯实必修课程在初中课程体系中的基础地位。朱经农认为必修课程，其一是养成学生共同观念的保证。拥有共同观念能促进人们之间相互谅解、合作、互助，打破狭隘的地方主义，是特殊的社会国情对人民提出的基本要求。所以他说："要想培养这种共同的观念，必须使人民受一种共同的教育，在学校里面设一种共同的科目，使人人都去学习"[22]，"初级中学里面不能不多设共同的必修科目"[23]。其二是学生选修其他课程的基础。必修课程能使学生避免接受狭隘的教育，它能把各种科目的大意全面地介绍给学生，让学生预先知道一些基本内容，对各科有个大致的了解，免得在将来选习其他课程时胡乱地、盲目地去选不适合自身个性的功课。其三能指导学生选择未来职业。朱经农认为，必修课程具有"介绍"(introductory) 和"探测"(exploratory) 的性质，可以探测学生的天资、性情、兴趣和理想等，也就是能够观察学生的个性特长，"以便各依其性之所近，指导他们选习职业"[24]。基于上述认识，他强调："初级中学里面多设必修科目是应该的。"[25]

其次，在强调基础性必修课程的同时，朱经农并不反对注重培养儿童个性的选修课程。他认为，民主社会下的教育应是因材施教、因地制宜的教育，绝对不能专用完全一致、整齐划一的课程阻碍特殊人才的成长。特殊人才需要特殊的教育，需要为他们设置更灵活的课程。初中课程编制中为顺应个性的选修课程留有余地，将有利于培养出各种出类拔萃的人才。"经费充裕、人才众多的初级中学，于必修科目之外，酌设选修的功课是可以的。"[26]

再次，必修课程与选修课程相互协调。朱经农认为，基础教育既要培养学生的个性，也要注重学生个性的养成。"养成共同观念和发展学生个性，在教育上是并行不悖，并且不可偏废的。”[27]初中学生年龄大致只有十二三岁，其个性发展需要建立在共性基础之上，不能因为注重学生个性的发展而忽视共性的培养。必修课程侧重共性的培养，选修课程则有利于养成学生的个性。所以仅有必修课程不行，还必须开设一定的选修课程。但选修课程的开设应当有一个“度”，如果超过了一定的“度”，会缩小学生的知识面，局限学生的视野，最终会影响基础性课程目标的实现。他认为，选修课程比重不应超过全部课程的百分之三十。另外，选修课程的开设还需要有师资力量作保证。师资不足或不合格都会影响选修课程开设的质量。所以，朱经农主张不具备师资力量的学校不应照搬其他学校采用选修制。

朱经农在20世纪初期提出的必修课程与选修课程相互协调、不可偏废，以必修课程为主选修课程为辅的思想完全符合现代课程论的观点，是十分深刻和先进的。现代课程论认为，必修课程与选修课程作为两种课程类型是现代学校课程的两个重要组成部分。《基础教育课程改革纲要（试行）》明确提出：“（初中）学校应努力创造条件开设选修课程。”必修课程为学生提供较为全面的基础性知识，有利于学生形成共同的素质；选修课程为学生提供体现个性差异的知识，有利于学生形成特色鲜明的个性。基础教育阶段强调教育的“共同基础性”，必修课程的比重应偏大些，更高层次的教育则侧重“个别差异性”，相应地选修课程的比例也应大些。初中教育属于基础教育，因此必修课程只能加强不能削弱，但也必须考虑到初中学生个性差异的实际适当开设选修课程。必修课程与选修课程相协调的初中课程编制思想合理地解决了初中学生“共性发展”和“个性发展”的难题，指导着未来初中课程的编制活动。

五、普通教育与职业指导兼顾

朱经农针对我国当时初中学生只能小部分继续升学而大部分需要就业的实际状况，主张初中应当进行职业指导教育。他具体论述了初中开设职业指导课程的必要性及其实施办法。

首先，朱经农认为，普通中等教育在开设普通教育课程的同时，有必要设置不同层次的职业指导课程。他把初级中学的毕业生分成两大类：预备参加工作者和准备升入高中者。预备就业的初中生接受职业指导教育自不待言，“凡不升学的学生都应该受一点职业上的训练”[28]。准备升入高中的初中生也必须接受一定的职业指导，因为新学制规定高级中学设置农、工、师范等职业选修科目，学生在选择过程中其实已经有选择职业的意思。“故于初中毕业以前，必须略受（职业）指导。”[29]准备升学的人未必人人都能升学，预备就业的人也有对自己的职业再继续深造学习和选择的可能，所以要留有“伸缩余地”。社会对人才多样性的需求也使得从事某一种职业的人对其他职业要“略窥其内容”。因此，准备升学的人和准备就业的人学习不同层次的职业指导课程很有必要。

朱经农主张，普通中等教育应根据不同年龄、不同层次学生的实际需要设置有针对性的职业指导课程，使学生对职业课程、职业规划等方面有个大致的了解。首先，教师应对社会上各种职业进行详细的研究比较，根据各种职业的实际需求传授给学生相应的课程知识，使学生基本了解各个职业的特性、优点、缺点、疑难问题及其发展前途，以及在从事这项职业之前应该做的各种准备。其次，职业指导课程的内容要体现出灵活性和针对性，以适应准备升学的人和准备就业的人都能学到他们各自需要的职业知识。比如，对预备入商界的人应该设置一些簿记、会计、打字、商业尺牍、商业礼节、买卖学的课程内容并组织他们到商店实习，对预备入工界的人应该设置一点工界实用技术、制图、工业实用算学和工场中实用的科学课程知识，对预备从事农业的人应该设置一些农业概论、农田实用机械学、农业算术、农业会计等农业课程知识等[30]。再次，普通中学的职业指导课程要加强与社会的联系，关注“对生产或于社会有益”“能解决生计问题”“对实际生活有用”的职业技能知识。最后，职业指导课程的实施可以不局限于固定的课堂教学中。应特别注重见习、实习等实践环节，这是与社会沟通、了解社会的重要途径。学校既可以邀请职业领域的社会名流给学生介绍当今职业发展趋势和社会需求，又可以不定期地组织学生参观各工厂商店及其他职业机关，让他们熟悉就业的形势和工作地形。学校还应经常与学生家长联络，熟悉学生家境状况、身体状况、兴趣爱好、品行志愿等，有针对性地加强学生的家庭职业指导；可以利用暑假组织学生亲赴各种职业机关做工，让学生获得实际经验，为以后选择职业提供有益的参考。

普通教育课程编制提倡普通课程与职业指导课程兼顾的观点，是朱经农为解决当时“学生升学与就业之间的矛盾”提出的重要课程编制思想。

这种课程编制思想对我国当前普通中等教育的课程编制仍具有一定的借鉴价值。普通中学教育，既不是单纯为升学做准备，也不是单纯为就业做准备，而是肩负着双重任务。即使对升学的学生而言，通过职业指导课程的学习对社会职业有一定了解，这对他们的长远发展也是有益的。当前，普通中学完全以升学为目标，各种升学必考的普通教育课程几乎占据了课程的全部空间，职业指导课程被严重忽视，显然不利于学生的长远和全面发展。因此，在普通中等教育中开设一定的职业指导课程仍然显得很有必要。

课程编制的指导思想为课程编制活动提供了明确的原则导向，在课程构建及变革中起着主导性作用，是课程编制的价值准则，对深化与推进新课程改革有着重要的影响。以往初中课程编制往往固执一元论的原则，遵循非此即彼的线性思维方式，拒斥互融，把课程理论原理的某一要素唯一化，在从这一要素到另一要素的钟摆波动中陷入主义化的色彩（如科学主义的课程编制观、人文主义的课程编制观、片面强调分科课程的分科主义或者片面强调综合课程综合主义的课程编制思想等），很难达成培养完整人的目标。而“教育问题是如此复杂，以至它容不得半点简单化和僵化……内容改革的成功在很大程度上取决能否把一些看起来相对立的品质辩证地结合在一起”[31]，朱经农从培养完整人出发，在初中课程编制中提出的整合性观点为当下及未来初中课程编制提供了一种新的思维范式，对其建立合理的内在整合机制有着重要的启迪价值。

参考文献：

[1] [2] [4] [8] [9] [11] [12] [14] [15] [17] [27] 朱经农. 关于编制初中课程原则之争议 [J]. 教育杂志，1925 (6).

[3] [10] [16] [23] [24] [25] [28] [30] 朱经农. 唯实主义与科学教育 [J]. 湖南教育月刊. 1940 (3).

[5] [6] 郭晓明. 课程结构论 [M]. 长沙：湖南师范大学出版社，2002：184，203.

[7] [13] 张楚廷. 课程与教学哲学 [M]. 北京：人民教育出版社，2003：223，138.

[18] 张传燧，纪国和. 课程与教学论 [M]. 北京：人民教育出版社，2008：153.

[19] 基础教育课程改革通览：通识部分，上 [M]. 北京：中央民族大学出版社，2002：27.

[20] 教育部. 基础教育课程改革纲要：试行 [Z]. 2001.

[21] [22] 陆殿扬. 民国十年中等教育 [J]. 新教育，第4卷 (2).

[26] 郑宗海，朱经农. 初级中等教育 [M]. 上海：商务印书馆，1925：33.

[29] 朱经农. 职业指导与中学课程 [J]. 教育杂志，1928 (3).
[31] S. 拉塞克，G. 维迪努. 从现代到 2000 年教育内容发展的全球展望 [M]. 马胜利，译. 北京：教育科学出版社，1996：248-249.

（选自《河北师范大学学报（教育科学版）》2014 年第 6 期）

国家意志与我国乡土教育的三次勃兴

胡金平

（南京师范大学　教育科学学院，江苏　南京　210097）

【摘要】纵观整个20世纪，作为“地方性知识”的乡土教育在我国经历过三次勃兴，即以民族文化传承为特质的清末民初的初次兴盛、以“民族精神复兴”相号召的30年代前后乡土教育地位的提升以及以探索中国化社会主义教育发展道路为旗帜的50年代后期乡土教育工具性价值的勃兴。当我们转向乡土教育兴替的背后，不难发现国家、政府的身影。它们依然是国家意志的体现，国家对于“本土化”“中国化”“民族化”的价值取向、行政干预的方式等均引领甚至左右着乡土教育的发展路向和盛衰状况。

【关键词】国家意志；乡土教育；三次勃兴

【作者简介】胡金平，1962年生，江西南昌人，南京师范大学教育科学学院教授、博士生导师，中国教育学会教育史分会理事，主要从事中国教育史、教育社会学研究。

乡土教育是一种“地方性知识”，但由于“乡土”一词的模糊性，致使对其确切的内涵长期以来并无一致的看法。大致而言，乡土教育就是指让学生了解、认识其所居住地的历史、地理、经济、人文等文化，使他们能认同与热爱自己的乡土，以激发他们改善家乡的意愿及能力。当一个完全异质的文化教育体系被移植于中国近代社会的土壤之后，如何处理外来文化知识与本土文化之间的关系，便不仅是个理论问题，更是个实践问题，如此一来，象征着传统的乡土文化与代表着现代的西方课程体系之间的矛盾便被凸显。纵观整个20世纪，我国将乡土教育“嵌入”现代教育制度曾出现过多次沉浮，如果以国家介入的强度和深度而论，大致出现过三次勃兴：清末新教育制度建立时期、20世纪30年代前后的国民政府时期、20世纪50年代后期的社会主义建设初期。在这些沉浮的背后，均可见到国家、政府的身影。

一、民族文化的传承与清末民初地方性知识的初次勃兴

我国现代教育制度移植于国外，在复制西方现代教育制度的同时，也将包括“乡土教育”在内的教育理念带入国内。一则被普遍征引并被作为概念来源证据的史料，是修于1907年的江西《新修建昌县乡土志》中由该县知事所写的序言，文中提及自身“丙午（1906）春遣小儿光藻游学东瀛，万里邮函，得询悉日本小学校儿童教授要法，皆从乡土入手为多”，由此一些研究者推定：“德国和日本是清末‘乡土教育’概念的重要来源。”[1]虽然这种推定有孤证之嫌，但虑及我国清末学制蓝本源自日本，故笔者认为这种结论仍有一定的可信度。恰是由于这个原因，注意到地方性知识在现代教育知识体系中的一席之地，也是始自我国1904年颁行的近代第一个学制《癸卯学制》。在该学制的《奏定初等小学堂章程》的“学科程度及编制章第二”中，提出在诸如历史、地理、格致等普遍学科知识教学中注意对乡土内容的渗透，以历史科目为例，“其要义在略举古来圣主贤君重大美誉之事……尤当先讲乡土历史，采本境内乡贤名宦流寓诸名人之事迹，令人敬仰叹慕，增长志气者为之解说，以动其希贤慕善之心”[2]。然而，对于仓促而成、囫囵吞枣式移植而来的这个近代学制，学制制定者们是否在设计之初便敏锐地意识到地方性知识的价值则是值得怀疑的。不过，学制的有意无意之举，引发了一些教育界人士对于乡土教育的热情，如在1904年便有《锡金乡土历史》《锡金乡地理》等乡土教材的编写[3]。

虽然《奏定初等小学堂章程》开启了我国现代教育体系下对于乡土教

育关注的传统，但对于学校中如何进行乡土教育，该学制最初并无详细规定。为此，1905年，担任京师编书局监督的著名学者黄绍箕根据《癸卯学制》要求编订而成《乡土志例目》一书，并由学部下发各地，要求“各省督抚发交各府厅州县，择士绅中博学能文者按目考查，依例采录”[4]，并规定各地在接文后的一年之内将编纂完成的乡土志提交学部审核。《乡土志例目》发行的目的是企图以官方名义为全国各地编纂小学教学用乡土教材提供一个明确的指导方案，即乡土教材编写内容的采录范围、编写框架等，毕竟在清末新政之前，全国大多数教育工作者并未真正了解西方课程体系更遑论参与编辑新式的教科用书。然而值得注意的是，该书所提供的乡土教材框架格局并未采用西方近代教科书所惯用的课目体例和知识分类方法，而是沿袭中国原有方志编纂体例和内容分类方式，一方面将乡土（“本境”）的区域范围确定划分为本府、直隶州、州、县四层，另一方面将乡土内容分类为历史、政绩录、兵事录、耆旧录、人类、户口、氏族、宗教、实业、地理、山、水、道路、物产、商务15门，并对各门之下具体所含内容均有明确提示。

乡土教材编写“模板”的提供以及国家的强势推进，带动了我国地方性知识教育的发展，以1905年《乡土志例目》下发为标志，形成了我国近代编写地方乡土教材、实施乡土教育的第一次高潮。

清政府借助行政力量大力推进乡土教育的目的，虽然不排除某些研究者所提出的，乃是企图通过爱乡进而达到爱国教育情感的培养，但更重要的目的恐怕是与其确定的“中学为体，西学为用”的教育宗旨的价值取向是一致的。清末“西学”已成显学，而“中学”的地位倒是岌岌可危，在清政府看来，“中学”地位的沉浮既关乎对中国传统文化价值的认同，更影响对政体合法性的认可。而按照张之洞等人的观点，所谓“中学”，既包括语言文字、四书五经、中国历史、政治制度，还涵盖山川地理、风俗习惯，等等。因而，强化乡土教材的编写和教学其实便是强调“中学”在现代教育知识体系中的应有价值和地位，提升中西文化冲突中中国传统文化的应有地位和价值，它与开设读经、讲经课程的目的有着共同之处。正因如此，作为一次自上而下的教育改革，清政府需要牢牢把握教育“新政”路径方向的权力，尤其要控制中小学各类教材的编写，使其成为国家意志的体现，乡土教材的编写当然也不例外。故学部当时明确规定无论官编还是私修均需经过学部从内容、结构、编排等方面进行严格审核，如学部对由广东南海县附生蔡铸编纂呈送的“广东乡土地理教科书”，便以该书存在“多随意掇拾，或漏或伪，不可枚举”等问题，裁定“毋庸审定”，不予批准采用[5]；而对于浙江东阳县吴允让编辑的乡土历史地理教科书，学部以该书“多叙事实，少所发明，以之训授儿童微嫌干燥少味”为由，要求修改后再行送审[6]。可见，官方掌控乡土教材的审核权，既有把握教材质量的考虑，同时也不排除政府通过掌握教材话语权以充分体现国家守护传统文化意志的意图。在1904年1月清廷发布的《学务纲要》中便提出：“戒袭用外国无谓名词，以存国文，端士风。古人云：‘文以载道。’今日时势，更兼有文以载政之用。……大凡文字务求怪异之人，必系邪僻之士。文体既坏，士风因之。夫叙事述理，中国自有通用名词，何必拾人牙慧。”[7]因此，在清末编写的大量乡土教材中，官方主编的教材多以“乡土志”名之，而外来语“乡土教材”则多为民间教育界人士编纂地方教材的名称。

1909年，学部颁行《改订初等小学堂章程》，取消了历史、地理、格致课程设置，而要求将其相关内容编入《中国文学》读本中教之，这对乡土教材的编写和实施产生一定消极影响，我国地方性知识在西方化的课程知识体系中的首次“勃兴”旋即陷入低潮。不过，第一次的短期“勃兴”，使得地方性知识的价值几乎为教育界人士普遍认可，乡土教育也成了我国一个教育传统而被后世承袭，一些学校的有识之士甚至开设专门的“乡土教育”课程传播地方性知识。例如，费孝通曾忆及民国初年在苏州吴江一所初等小学读书时，四年级开设有“乡土志”的课程，由当时的校长亲自执教，他讲的“都是些有关我们熟悉的地方，想知道的知识。他讲到许多有关我们常去玩耍的垂虹桥和鲈鱼亭的故事”[8]。

二、以“复兴民族精神”相号召的地方性知识地位提升的高潮

1929年，国民政府教育部召开第一次全国教育会议，在通过的“改进全国教育方案”中，有“各县市可在课程中，斟酌本地状况，编制乡土教材以代替课本之某部分，呈准教育厅施行”的规定。1932年10月，教育部公布《幼稚园小学课程标准施行办法》，其中第五条要求各县市教育行政主管机关承担起编写地方性补充教材的组织工作，“组织地方教材搜集委员会，依据本标准各科作业要项，搜集各地方实际应用的乡土教材，作为补

充教材，呈请主管教育行政机关审核后，加入于具体教材要目中”[9]。抗战爆发后，乡土教育更被视为实施爱国主义教育、增强民族自信心的重要途径。1938 年 4 月，在国民党临时全国代表大会通过的《战时各级教育实施方案纲要》中，将“本国之历史不重，乡土之教材不谈”视为以往我国办理新教育过程中出现的智育脱离实际弊端的三大表现之一，为此，改革教育的要点之一便是对各级学校各科教材彻底进行整顿，“尤宜尽先编辑中小学公民、国文、史地等教科书及各地乡土教材，以坚定爱国爱乡之观念”[10]。据此精神，教育部于同年订定的《战时各级教育实施方案》中，提出“乡土教材与国家教材应视为同等重要，而地方需要与国家需要应为施教之根据”，并“令各省市教育厅局编辑各地乡土教材，以为中小学及民众学校之补充教材”[11]。

在中央政府确定乡土教材的价值和地位的同时，各省市县也相继制定了有关实施乡土教育的具体政策和规定，组织专门机构加以落实。例如，江苏省教育厅从“如果儿童于平时训练之中，能知所生本乡土优良风俗，丰富出产，及以往可资模范之名人史迹，必能引起爱护乡土之心，亦即将来可养成爱护民族之志”的认识出发，认为“欲厉行民族教育之推进，平时小学各科教授，必须尽量采用乡土教材，使儿童充分认识本乡土之可贵，辗转以达爱护民族之目的[12]。”为此，特制定小学编纂乡土教材办法 9 条，要求各县统一遵照执行。1932 年，山东省教育厅发布训令，要求各县市组织地方教材搜集委员会，“依据幼稚园小学课程标准各科作业要项搜集各地方实际应用之乡土教材，作为补充教材，呈请主管教育行政机构审核后，加入于具体教材中”[13]。1933 年，云南省昆明县组织小学乡土教材编辑委员会，明确其宗旨为“编辑乡土教材，补充现用教材之不足，使学生明晰乡土情况，以谋生活之改进”[14]。广东省教育厅也于同年通令各县市教育局组织地方教材搜集委员会，负责搜集各地实际应用的乡土教材汇呈审核。

总体而言，自民国建立以来，乡土教育一直未曾断续，但由于受各种教育思潮、理念、立场等影响，各方人士对于乡土教育的目的和价值认识并不一致：既有持主知主义的，如史学家柳诒徵认为，中小学讲授乡土历史有助于克服历史学科局限于“书本历史”的毛病，以拓展实物的历史[15]；也有持直观主义的，如新史学派何炳松认为乡土知识能使历史教学使过去“活现”起来[16]；而有的学者更是将乡土教育作为开展单元教学、设计课程的重要材料；当然，地方性知识的情感陶冶作用也为许多学者注意到。不过，在国民政府的官方话语中，乡土教育与“复兴民族精神”之间关系更被强调。在1928年5月全国教育会议议决的教育宗旨中，提出“恢复民族精神，发挥固有文化”。次年国民政府正式公布的教育宗旨和实施方针，依然沿袭了这个精神，提出在小学教育中“以史地教科，阐明民族之真谛”[17]。1932年，蒋介石在长沙面对各界代表会议所做的一次讲演中更是明确认为：“现在救国与复兴民族的途径，唯有第一注重教育，第二注重经济……现在国家虽然危急存亡的程度已是十二分迫切，但看我们中国民族的历史，我们却可以很安心，晓得日本人无论怎样强横，他也亡不了我们中国。”[18]正是由于政府的强势引导和社会面临的形势变化，乡土教育的价值和目的被视为复兴民族精神的有力武器，几乎成为当时所有论及乡土教育的主流话语，尤其是“九一八事变”后和全面抗战爆发前后，“乡土”突破了狭义的空间地理概念，而更做心理、精神层面的解释，甚至认为“乡土即民族”。地方性知识的传授被赋予了提高民族文化认同感、激发民众的爱国爱乡之心和民族自信心的政治意涵。例如，“九一八事变”爆发不久，学者彭以异便发表《国难期间吾人对于乡土教育应有的认识》一文，便认为真正的乡土教育应用以民族主义为目的，“从积极方面来讲，在养成儿童特有的民族精神，合理的国民道德，敬虔的团体情操，牺牲的社会意识”[19]。教育家钱希乃同样认为：乡土教育是民族教育的基点，乡土教育的目的首先是引起乐乡爱乡之观念，引起民族意识，提供民族自信力，振发民族精神[20]。在乡土教育研究方面颇有建树的学者蔡衡溪发表《复兴民族精神必先提倡乡土教育》一文，认为：“乡土内容与民族精神之关系极深，民族精神之形成，大半须根据于乡土之习惯及观念，如不谋乡土习惯及观念之维护及发展，而只图民族精神之唤起，只不过等于空洞的口号。”[21]简言之，正是政府以“复兴民族精神”为号召，引发了国难当头时期中国许多知识分子的积极响应，形成了注重地方性知识教育的第二次高潮。

其次，国民政府实行以“地方自治”为特征的社会管理体制试验的政治需求，也成为政府重视乡土教育的重要推手。根据孙中山先生的“主权在民”的思想，国民党“革命”的最终目的，是实现全民民主。但由于中国的特殊情况，其完成的路径是军政→训政→宪政，而训政时期“唯一之要政”，就是“地方自治”，而“地方自治之范围，以一县为充分之区域”[22]，即以县为基本单位“分县自治”。国民政府成立后，开始落实孙中山的民治构想，将推行地方自治作为国家建设的基本工作，1929 年 3 月，国民党三大通过了《确定地方自治之方略及程序以立政治建设之基础案》，标志着国民政府自上而下开始以建设新县制为特征的地方自治政策正式确立。按照当时政府确定地方自治推行办法，培训训政人才、调查户口、清丈土地、修筑道路等是实行地方自治的先决条件。着眼于当地政治、经济、历史、地理、文化等知识传授的乡土教育，显然有助于帮助人民了解家乡、热爱家乡，参与家乡建设，即有益于地方自治的开展。

此外，强调乡土教育事实上还内隐着政府“纠偏”新教育发展过程中过于“西化”的企图。大致而言，以蒋介石为代表的国民政府对于中国传统文化多持较为“保守”的态度，如历史学家蒋廷黻就曾批评“国民政府在精神上所依赖的力量仅民族主义”[23]。由于新教育理论强调现代一般性、普适性知识，以及注重个性教育、个人本位的等自由主义教育取向更是引起政府的不满，1938 年由教育部长陈立夫主持制定的《战时各级教育实施方案纲要》中，便对新教育进行了抨击。同年，蒋介石在一次会议上，更是指责新教育“在表面上似乎是理论方法应有尽有，实际上这个‘新教育’只是盲从、粉饰、凌乱、空乏、无计划、无目的的教育，……这种无目的的无方针的教育，简直就是亡国的教育，灭种的教育”[24]。从国家意志考虑，乡土教育被赋予了抵制过度洋化教育、保存中国传统文化的政治功能。

毫无疑问，20 世纪 30 年代前后对于地方性知识的重视，推动了我国在乡土教育实施、乡土教材编写在理论与实践层面的有益探索，但一个不可回避的问题是，这个时期的地方性知识地位的提升并不完全源于文化多样性的认识，而是更多地出自政治的需要。

三、中国化社会主义教育发展道路探索与地方性知识的工具性价值的勃兴

1949 年中华人民共和国成立之后，以重视乡土教育为标志的地方性知识的价值依然成为一个重要教育传统被认可，这其中虽然有着苏联教育体系中重视乡土教育的经验佐证，但更重要的是不排除以毛泽东为代表的中国共产党人在夺取政权过程中因依靠本土经验所取得的成就所带来的自信。不过，真正高潮的兴起是在 1958 年前后。

1957年3月，毛泽东在与7省市教育厅局长谈话时，就中小学教材问题发表了重要讲话，提出“教材要有地方性，应当增加一些地方乡土教材。农业课本要由本省编。讲点乡土文学。讲自然科学也是一样”[25]。根据毛泽东有关教育改革的指示精神，1958年9月，中共中央和国务院颁行了《关于教育工作的指示》，其中关于教材编写的问题，放弃了新中国成立初期确定的中小学教科书完全“国编”的立场，规定“中小学教科书，由各省、自治区、直辖市组织力量编写，编写时应当结合当地具体情况”[26]。受该指示精神的“鼓舞”，更是因应教育“大跃进”的社会形势，结果引发了一场全国性的自编教材运动，同时各地乡土教材的编写也进入数量的狂涨时期。

这个时期在自编教材和乡土教材的编写高潮中有两个特别值得关注的现象：一是关于乡土教材、乡土教育研究的理论性文章少，而编写的乡土教材数量多；二是参与各类教材编写的队伍成员多为普通教师，甚至包括学生，真正的教材专家并不多见。这种现象的背后凸显了地方性知识地位急速提升背后的“反权威主义”政治意识形态的作用。而“反权威”所反的权威，首先是指所谓旧教育制度下形成的教育权威。自1951年5月间对电影《武训传》的批判开始，在教育思想领域便相继开展了对杜威、晏阳初、梁漱溟、陶行知、陈鹤琴、胡适等人教育思想的批判。这些民国时期声名显赫海内外的教育大家被批，其主要目的之一便是对民国教育制度的彻底否定和对过去那些教育权威们的祛魅、其学术地位的消解，“资产阶级学者”甚至成了当时教育权威的代名词。

伴随着1958年全国开始“多快好省地建设社会主义”的“大跃进”运动，教育领域也开始实行“大跃进”。由于毛泽东等中共高层领导料定这种超常规甚至违背教育规律的“大跃进”的发展模式势必会招致被视为“小脚女人”的教育专家们的反对，故在教育“大跃进”之初便确定了所谓的“群众路线”的改革方略。《关于教育工作的指示》提出：“办教育需要依靠专门的队伍，没有强大的专门队伍是不行的。但是，教育工作的专门的队伍必须与群众结合，办教育更需要依靠群众。把教育工作神秘化，以为专家才能办教育……那都是错误的。”[27]为此要求在制订学校教育计划、教学大纲以及课程教学工作中均应采取党委领导下的教师与学生相结合的群众路线方法。同年，中央宣传部部长陆定一在《红旗》杂志发表《教育必须与生产劳动相结合》一文，对《关于教育工作的指示》精神进行阐释，尤其对群众路线办教育的可行性和必要性进行了阐发，而文中一个较为鲜明的论述主题是将教育专家、权威斥为资产阶级教育家，并被置于教育“大跃进”的对立面，明确认为：“多快好省地发展教育，在资产阶级的教育家看来是不可能的。今年年初以来教育事业的大发展，证明了采取群众路线来办教育，就可以使教育事业多快好省地发展。”[28]

20世纪50年代初期，因冷战影响，我国在政治上采取了“一边倒”的“以苏为师”政策，教育领域同样邀请大批苏联教育专家来华指导工作。然而，教育实践中亦步亦趋照搬苏联教育模式所带来的弊端，以及20世纪50年代年中后期因中苏意识形态领域开始出现的罅隙，更加大了对于包括苏联“洋权威”在内的教育专家、教育权威的怀疑。

基于“反权威主义”的政治意识形态，通过政治动员方式自上而下推动的地方性知识地位的“勃兴”，虽然其中包含着以毛泽东为代表的中国共产党人及其领导的政府试图在摆脱对旧权威、洋权威之下，依靠群众路线探寻一条建设中国特色的社会主义教育发展道路的努力，然而政治口号毕竟不等于专业知识，国家意志也不能取代教育规律，在“权威”与“全民”对立下“多快好省”编写出的各种地方教材，地方性知识“繁荣”的泡沫是在所难免，但“许多教科书编出来即成为废纸，象征意义远远高于实际意义”[29]。

四、余论

进入20世纪80年代，虽然我国乡土教材编写曾一度出现“繁荣”，例如，1987年国家教委转发的《全国乡土教材工作会议纪要》中曾宣传：“目前，全国多数省、自治区、直辖市都编写了本省份的地理、历史教材，有些省、自治区、直辖市还组织编写了县级乡土教材，如浙江省有85%的县、湖北省有32%的县、云南省有22%的县编写了乡土地理教材，江苏省有14%的县编写了乡土历史教材。”[30]但残酷的现实是，伴随教材编写“繁荣”的却是教育实际的“冷漠”，这其中既有高考制度下“应试教育”所带来的功利性选择的结果，同时它也与我国人口流动的加速而导致本土之根断裂有着密切的关系。

1992年，国家教委颁布的《九年义务教育全日制小学初级中学课程计划（试行）》，把中小学课程从管理权限上分为国家安排课程和地方安排课程两大类，这是“地方课程”的概念在政府文件中首次提出。1999 年，《中共中央国务院关于深化教育改革全面推进素质教育的决定》中又指出，要“试行国家课程、地方课程和学校课程”。2001 年，在党中央、国务院的领导下，教育部正式启动了新一轮基础教育课程改革，颁发了《基础教育课程改革纲要（试行）》等一系列政策文件，其中关于课程管理方面，提出：“改变课程管理过于集中的状况，实行国家、地方、学校三级课程管理，增强课程对地方、学校及学生的适应性。”由于地方课程所具有的区域性、文化性、实践性等特征，以及相对于乡土教育更具有的现实性、开放性、探究性等特点，在官方和民间的教育话语中，地方性课程（含校本课程）已基本取代乡土教材、乡土教育而成为地方性知识的代名词。目前，除在部分民族地区仍然关注乡土教育外，“乡土教育”逐渐淡出人们的视野而成为一个历史名词。

回顾整个 20 世纪乡土教育地位的沉浮，它从一个层面折射出学校课程知识的确立与国家、社会之间的密切关联。按照知识社会学的观点，学校教育的知识不仅涉及斯宾塞经典命题“什么知识最有价值”，而且更关涉其背后的富有争议性问题“谁的知识最有价值”，而这个“谁的”首先应是指国家（政府）的。乡土教育虽然只是一个小传统、一个凸显地方特色的教育，但它依然是国家意志的体现，国家对于“本土化”“中国化”“民族化”的价值取向、行政干预的方式等，均引领甚至左右着乡土教育的发展路向和盛衰状况，20 世纪中国乡土教育常常扮演救国强国的政治角色和民族文化化身，正是这个判读的最好注脚。当然，国家意志的真正落实，仍然需要考虑社会发展的趋势和教育发展的规律，需要取得广大教育工作者的认可，否则在官方理解的“繁荣”背后，依然存在着教育现实的冷漠。

参考文献：

[1] 程美保. 由爱乡而爱国：清末广东乡土教材的国家话语 [J]. 历史研究，2003 (4).

[2] [7] 张百熙. 张百熙集 [M]. 长沙：岳麓书社，2008：144-145，45-46.

[3] 王兴亮. 清末民初乡土志书的编纂和乡土教育 [J]. 中国地方志，2004 (2).

[4] 学务大臣奏据编书局监督编成《乡土志例目》拟通饬编辑片 [J]. 东方杂志，1905，2 (9).

[5] 学部审驳广东南海县附生蔡铸呈编辑广东乡土地理教科书批 [J]. 浙江教育官报，1910 (19).

[6] 学部审驳浙江东阳县附生吴允让呈乡土教科书批 [J]. 浙江教育官报，1910 (21).

[8] 费孝通. 忆小学乡土教育 [M] //傅国涌. 过去的小学. 北京：同心出版社，2012：219.
[9] 宋恩荣，章威. 中华民国教育法规选编：1912—1949 [G]. 南京：江苏教育出版社，1990：224.
[10] [11] 中国第二历史档案馆. 中华民国史档案资料汇编：第五辑，第二编，教育 [G]. 南京：凤凰出版社，1997：14，16-38.
[12] 苏教厅规定编纂乡土教材要点 [J]. 教育周刊，1934，189.
[13] 山东省政府教育厅训令第 1372 号 [J]. 山东教育行政周报，1933，234.
[14] 云南省教育厅指令第 174 号 [J]. 云南教育行政周刊，1933，2 (46/47).
[15] 柳诒徵. 中小学历史教学的意见 [J]. 史地学报，1922，2 (1).
[16] 何炳松. 历史教授法 [J]. 教育杂志，1925，17 (2).
[17] 陈侠. 近代中国小学课程演变史 [M]. 福州：福建教育出版社，2007：50.
[18] 中国第二历史档案馆. 中华民国史档案资料汇编：第五辑，第一编，教育 [G]. 南京：凤凰出版社，1994：139.
[19] 彭以异. 国难期间吾人对于乡土教育应有的认识 [J]. 江西教育行政旬刊，1932，1 (2).
[20] 钱希乃. 乡土教育之意义与目的 [J]. 浙江教育行政周刊，1934，5 (49/50).
[21] 蔡衡溪. 复兴民族精神必先提倡乡土教育 [J]. 河南教育月刊，1934，5 (2).
[22] 孙中山. 地方自治开始实行法 [M] //孙中山全集：第 5 卷. 北京：中华书局，1985：220.
[23] 蒋廷黻. 民族主义不够 [N]. 大公报，1935-09-15 (2).
[24] 蒋中正. 二十七年八月廿八日重要训练团第一期毕业典礼训词 [J]. 教与学，1938，3 (9).
[25] 毛泽东. 毛主席论教育革命 [M]. 北京：人民出版社，1967.
[26] [27] [28] 华东师大教育系教育学教研室. 教育学参考资料：上册 [M]. 北京：人民教育出版社，1980：42，42，59.
[29] 杜成宪. 共和国教育 60 年：第 1 卷 [M]. 广州：广东教育出版社，2009：57.
[30]《中国教育年鉴》编辑部. 中国教育年鉴：1988 [M]. 北京：人民教育出版社，1989：335-336.

（选自《南京师大学报（社会科学版）》2014 年第 2 期）

教育史研究：应当增强一定的解释力

——基于教育史研究一些基本问题的思考

郭法奇

（北京师范大学　教育学部，北京　100875）

【摘要】教育史研究需要对一些基本问题进行反思，反思的目的是为了增强教育史研究的解释力，用一种新的解释超越以往或者现有的解释。教育史研究应当在叙事研究的基础上加强问题研究，在宏观研究的同时加强微观研究，在寻求真相的基础上坚持客观性原则，在坚持“本土化”研究的同时加强“国际化”研究。教育史研究是否具有较强的解释力，应该是判断什么是“好的教育史研究”的重要标准之一。

【关键词】教育史研究；解释力；创新

【作者简介】郭法奇，1955 年生，吉林公主岭人，北京师范大学教育学部教育历史与文化研究院院长、教授、博士生导师，主要从事西方教育史学、西方近现代教育史研究。

一、教育史研究：需要关注一定的解释力

目前，教育史学科总体上处于弱势地位的情况并没有完全改观，但是

教育史研究本身并不甘沉寂，出现了一些新的变化。例如，一些教育史博士论文以专题的形式结集出版，国外教育史专著和教材新一轮的引进和翻译，一些研究者注重教育史学的研究，以及在研究中运用新史学方法和尝试新的研究范式，等等。这些新的变化不仅给教育史学科发展带来了希望，也给教育史研究提供了新的动力。但是，教育史研究还需有进一步的思考。

本文认为，通过分析批判和阐释，增强教育史研究的解释力，是促进教育史研究发展的动力之一，对于提升教育史研究水平具有重要的意义。下面结合四个基本问题做进一步的分析。

二、关于叙事研究和问题研究

长期以来，受史学传统的影响，教育史研究主要是叙事研究。叙事研究被看作教育史研究的基本功和主要的研究方法。叙事研究强调教育史研究应当如实地描述过去的教育事件，尽可能客观地把教育史实叙说清楚。一般来说，叙事研究在教育史研究中是非常重要的，特别是在史实不清的情况下，能够发现、揭示新的史实，或者纠正以往的错误。不过，有两种情况需要注意。一是不应为了叙事而研究。叙事研究一般比较重视历史事件的分期、时段和发展过程。比较典型的范式是：事件是“如何产生的，如何发展的，如何结束的”，强调只要把这个过程描述清楚就达到了研究的目的。但是，这种长时段的叙事研究是有一定要求的，仅仅描述是不够的，必须注重历史事件因果关系的探讨。目前，这方面的研究还比较薄弱。二是叙事研究只是提供了教育事件发展的基本线索或过程，更重要的是要根据描述叙事进行问题研究。叙事研究必须以问题研究为前提，单纯地强调叙事研究不一定能够很好地解决问题，很可能使问题研究淹没在叙事研究中。

需要说明的是，指出教育史研究中叙事研究的不足，并不是否定其研究的价值，而是在这一基础上需要有新的认识和解释。目前，教育史研究采取叙事研究与问题研究结合起来的范式可能是一个较好的选择。美国哥伦比亚大学教授埃伦·C. 拉格曼关于美国教育史研究采用的“叙述＋主题”的框架反映了教育史研究的这一特点。拉格曼美国教育史的研究内容包括“殖民地时期的家庭、教会和学校，教育模式和地方教育，新国家的宗教与教育，公共学校教育的发展，19 世纪的高等教育，成人教育，种族、阶级、少数民族和性别问题，近代美国的宗教与教育，知识政治学，杜威及其同时代的人，进步主义与学校教育，高等教育，都市文化”[1]。这一研究范式在一定程度上表明：如果说教育史研究早期注重描述叙事的话，那么随着社会和教育的不断发展，人们对教育史研究的不断深入，在叙事研究的基础上开展问题研究已经成为教育史研究的一个重要趋势。

当然，如何开展问题研究也需要讨论。目前的教育史研究似乎有一个不成文的规定或者强调一定的研究模式，认为这样的研究才是教育史研究，这种模式一般被表述为：历史事件是“如何产生的，如何发展的，如何结束的”，或者研究一个事件“是什么，为什么，怎么样”的问题。其实，从这一研究模式可以看出叙事研究的影响。但有两点需要注意。一是研究模式与问题研究的关系。一般来说，当对一个教育史问题还不清楚的话，按照这一模式进行研究还是必要的，因为它可以对这个问题有一个基本的认识。但是研究模式是为问题研究服务的，而不是相反。教育史研究不管什么问题都要按照这一模式进行，并不见得合适。二是如果要采用这一模式的话，首先要对这一研究模式所涉及的问题进行分析，看这些问题是否有需要进一步研究的必要，别人是否已进行了研究，自己还可以进行哪些研究。如果回答是肯定的，则研究是必要的；但如果没有对这些问题进行评估，就认定要按照既定的模式进行，则研究的结果是令人怀疑的。教育史研究的目的是要解决问题，但是解决的问题应该是新问题，或是别人没有研究过的问题，或者是对老问题的新解释。

总之，教育史应当增强一定的解释力，需要将叙事研究与问题研究结合起来，在叙事研究的基础上加强问题研究，使教育史研究更具有针对性。

三、关于微观研究和宏观研究

目前，教育史研究出现了两种趋势。

一种趋势是受微观史学的影响，强调教育史研究应该进行微观研究或者个别的研究。其主张关注个别、具体的教育史实，或者地方性的教育事件，从人的心态和实际生活状况方面对与社会精英群体不同的小人物、小事件等进行考察。强调微观研究的主要理由是：它贴近生活，具体细致，以小见大，可以为深入研究整体结构提供帮助。应该说，微观研究在史料的拓展、研究方法的多元、研究视角的独特、情节叙事的生动等方面对教育史研究产生了重要的影响，如目前出现的社会教育史、教育活动史、学生生活史、教师生活史等。

另一种趋势是坚持史学传统，强调教育史研究应该进行宏观研究或者整体的研究；主张运用整体的、有机联系的和相互作用的观点或者方法研究教育史，注重教育的过去与现在、教育的内部与外部、不同国家民族与教育的联系等，以获得对教育的全面、系统的理解。强调宏观研究的主要理由是：它不仅有利于从总体上把握研究对象，也有利于对各个具体问题的深入认识。

从对微观研究和宏观研究的依据看，二者似乎存在互补的关系。微观研究可以为宏观研究提供帮助，宏观研究可以弥补微观研究的不足。但是进一步分析，教育史研究应当重视微观研究的作用，主要理由如下。首先，微观研究是宏观研究的基础。史学研究中“以小见大”的观点就是这个道理。这也是宏观研究的学者承认的。需要指出的是，如果微观研究也包括对个别的、具体的事件进行研究的话，那它一直就是教育史研究的传统；而且微观研究虽然重点在于一些小的或者个别的具体的事件，但它仍关注这些事件的某些特定的性质或者某些方面，使其呈现一个有组织、有序的结构。其次，宏观研究也不可能研究事件的全部或全部的事件。虽然宏观研究试图从总体上把握研究的对象，但是它很难对一个事件的全部性质或者事件方面的总和，尤其它的各部分之间的全部关系的总和进行研究。不用说一个国家大的事件或者大的运动，就是某地一天的最新发生的事件也很难全部把握。以世界史来看，目前的全球史研究也是有一定重点的①。再以教育史研究为例，外国近代教育史通常研究的国别教育是英国、法国、德国、俄国、美国和日本六个国家的教育，但是在近代有影响的国家还有西班牙、荷兰、葡萄牙、意大利等，那这些国家的教育是不是也要纳入研究的范围？如果不把这些国家的教育包括进去，是否能形成对近代教育全面的和整体的认识呢？再次，无论是微观研究还是宏观研究都是一种选择性的研究。不用说一些大的事件，即使是一些小的事件，只能是选择研究它的某个方面，而不是或者不可能描述它的全貌；而且某个小的方面的研究也是有选择性的，如教育史研究中强调的视角问题。即使是从某个视角

① 美国学者斯塔夫里阿诺斯在《全球通史》（上海社会科学院出版社 1999 年版）中指出，历史研究需要关注世界各国历史的发展，但是要有重点，应该关注不同时期、各个国家有影响的事件和重要的内容。

出发，也不可能对视角内的所有问题都进行研究，还会有一个研究维度的选择问题。可见，教育史研究要进行全面的或者整体的研究是非常困难的。

因此，强调教育史研究应当增强一定的解释力，需要在重视宏观研究或者整体研究的同时，加强微观研究，使教育史研究更加丰富和生动。

四、关于发现规律和接近真相

关于教育规律的问题也曾是教育史研究中比较关注的问题。一般来说，教育规律的发现与对教育史实的把握是密切联系的。如果教育史研究是发现规律的话，那么教育史研究需要做的主要是大量地收集和分析史实，进行描述、归纳和概括。但是这里也有一个问题，即使占有了大量的史实和资料，如何把握规律呢?

如果规律是一个客观存在的话，那就是一个可以认知和把握的东西。一个可以认知和把握的东西，也是可以言表的东西。也就是说，规律是可以对其加以说明和阐释的。既然是阐释，由于认识对象随着环境（或者条件）的变化，这种阐释也可能是变化的。以自然科学为例，“水在100摄氏度时沸腾”，人们会认为这个阐释是一个客观规律。但是，当发现水的沸腾是在海平面大气压环境下有效，而在高海拔的环境下无效时，就必须寻找一个新的解释，使其能够说明为什么对“水的沸腾”的认识在有的环境里起作用，而在另外的环境里不起作用①。这种新的解释就是对原有“水的沸腾”认识的一种丰富和升华。在自然科学的领域里，随着人类对自然现象认识的不断深入，对自然知识的获得也会越来越多。对规律的认识实际上是知识不断增长的过程。

这种情况同样适合对人类教育的认识。由于教育史研究是与人类社会及教育密切联系的，人类社会和教育的变化无疑会通过各种条件影响和制约教育史研究。因此，希冀通过研究可以获得高度概括的、统一的人类教育的规律也是非常难的。一个明显的例子就是，关于“教育规律”是否存在，有哪些内容，到目前为止并没有统一的认识。这在一定程度上说明，

① 这部分观点可以参考英国学者布莱恩·马吉所著的《“开放社会之父”——波普尔》（湖南人民出版社1988年版）一书的内容。布莱恩·马吉用通俗易懂的语言较好地解读了英国科学哲学家波普尔的一些基本思想，对于理解人的解释在认识自然科学和社会科学方面的作用及其不断更新是非常重要的。

人们对教育规律的认识是人们对社会和教育现象进行解释的结果，而且这种解释是随着条件的变化而变化的。人类对社会和教育规律认识的过程实际上是人的解释，特别是新的知识不断增长的过程。

那么，是否也有不会增加新知识的教育史研究呢？答案也是肯定的。例如，为了论证现代某个教育家观点的进步，常常在当代教育实践中收集大量的材料来加以证明。其实，这种论证与为了证实“水在100摄氏度沸腾”的道理而在各地收集大量的例子是一样的。布莱恩·马吉指出，这种研究不会增加新的知识。因为这些例子都不会超过这一认识。要想超过这一认识，那就要看是否有与研究对象的认识不一致的地方。如果存在这种情况，那就是新的发现，就有可能产生新的知识。知识的增长应该是在发现不一致和解决新的问题的尝试中实现的。

目前，教育史研究比较强调通过对史实的研究逐步接近事件的真相。其实，接近真相的观点与兰克史学思想是一致的。由于受到后现代主义史学的冲击，与对规律的认识一样，这一观点也在很长时间内一度被质疑和批判。批评者认为既然历史都是由人来认识和解读的，由于每个人的认识和解读都是不同的，因此也就没有统一和一贯的东西，对于历史的真相是把握不了的。甚至有人干脆认为，一部人类的历史就是一部文学史。但是随着对后现代主义史学局限的反思，以及新“叙事史”研究的兴起和对历史“客观性”的重视，人们又开始重视对客观性东西的探究和历史真相的把握。强调历史研究的目的是为了更好地解释历史。当然，这种解释并不是一种“什么都可以”的主观任意的解释，而是通过文本的形式表现出来，强调文本的客观性、可检验性和批判性。这种文本的客观性通过人们不断纠错或者证伪，促进其发展。

教育史研究是一个不断接近历史真相、探究事物和获得新的解释的过程，它不仅需要研究者尊重史实，按照文本进行解读，也需要对研究结论进行客观的批评和检验，从而增强教育史研究的解释力。

五、关于“本土化”与“国际化”研究

教育研究的“本土化”与“国际化”问题是目前学界关注的问题。当然，反映在教育史研究上有不同认识。有人认为，如果对教育史研究进行分析的话，中国教育史研究可能较多的是“本土化”的问题，外国教育史

研究可能较多的是“国际化”的问题。

也有人认为，教育史研究的“国际化”问题主要是中国教育史研究的“国际化”问题，因为对外进行交流，中国教育史研究更具有优势。西方很少有人关注我们的外国教育史研究。这话听起来有一定道理，但也有问题。这实际上等于削弱了外国教育史研究。外国教育史研究也需要交流，交流的目的是为了更好地认识和比较各国外国教育史研究的水平。

这里简要分析教育史研究的“本土化”和“国际化”含义。教育史研究的“本土化”主要包括两方面内容：一是教育史研究借鉴的本土化，即把引进来的东西进行消化，以利于适应本国教育研究的需要；二是教育史研究对象的本土化，即以自己为对象研究问题，以产生对别人的影响。教育史研究的“国际化”主要是指从现实需要出发，强调教育史研究的开放性，扩大研究视野，积极参与交流，在获取他人教育资源的基础上，改进本国的教育。需要指出的是，教育史研究的“国际化”并不是一开始就有的，而是教育发展到一定时期，先从教育研究开始，再到教育史研究，不断发展的过程。在这个过程中，研究者通过交流，扩大视野，获取他国教育资源，以改进本国的教育。

教育史研究的“本土化”与“国际化”是密切联系的。它不仅需要把外来的东西通过引进、消化、吸收，变成适合自己的，还通过研究好自己的东西，对他人产生影响。当然，从长远发展来看，强调教育研究的“本土化”可能更为根本。因为没有“本土化”研究的丰富多彩，就很难有教育史研究“国际化”交流和沟通的必要。

不过，从目前的情况来看，教育史研究的“国际化”问题是我们急需解决的问题。因为，无论是外国教育史研究还是中国教育史研究，都面临一个“开放”和“走出去”的问题。教育史研究“国际化”的途径主要有两个：一是“国际表达”，包括鼓励教师在SSCI上发表论文，支持教师参与国际会议发表自己的观点，在国外出版社出版外文著作等；二是“国际合作”，包括合作发表论文、合作举办研讨会、合作出版著作等。这里，“国际表达”可能属于初级阶段，“国际合作”属于高级阶段。

有人可能会问，教育史研究有必要与外国人进行交流和合作吗？这个问题其实就像关起门来研究一样，我们可以不与国外学者交流，也不进行合作研究。但结果是什么呢，我们不知道别人在研究什么，也不知道自己的研究在国际同行中处于什么样的水平。如果进一步提问：近年来我们与国外合作研究的有多少，与国外合作研究国外教育问题的有多少，与国外合作研究中国教育问题的有多少，与国外合作研究教育问题时，是别人来找你，还是你去找别人等，恐怕是存在许多问题的。

目前来看，我们的教育史研究“国际化”还处于初级阶段。虽然有一些交流，但是交流后也发现存在一些问题，一是研究的题目过大，二是方法和理论落后，三是规范化不够。不仅如此，可能还要面对西方知识霸权挑战的问题。

关于“西方知识霸权挑战”的问题，有学者认为，其中突出的问题是我们与西方学者关于“知识关怀”和“有意义的问题”的双方认同问题。西方学者的“知识关怀”主要指西方特定的学术与知识氛围下从事研究的文化和知识基础。“有意义的问题”是指在“知识关怀”基础上提出的，并由提出者特定的“知识关怀”所决定的研究问题。由于西方学者基于自己的“知识关怀”形成了根深蒂固的优越感，因此，他们对于非西方学者所陈述的“有意义的问题”往往缺乏敏感与兴趣[2]。

从教育史研究“国际化”的角度看，进行“国际表达”可能存在一个两难的困境：一是如果以自身的“知识关怀”为基础参与时，往往不为西方学者所重视；二是如果是以非自身的“知识关怀”为基础参与时，又失去了表达自身“知识关怀”的权利。这也就是说，“国际表达”首先要面对的是西方知识霸权的挑战。

面对这一挑战，这些学者的建议是：在界定“有意义的问题”时，要以诚实的、不急功近利的态度来面对自己的“知识关怀”，并同时以一种开放的心态来对待别人基于他们的“知识关怀”而产生的“有意义的问题”。

显然，这一建议是试图把双方由过去一个不平等的地位放在一个平等交流的地位。这一观点与中国传统强调的“和谐相处”“各美其美、美人之美、美美与共、天下大同”，寻求“大同美”思想是一致的。但是，对待自己的“知识关怀”要“以诚实的、不急功近利的态度”，对待西方学者的“知识关怀”要“以一种开放的心态”。这种“抑己扬人”的态度，是否是教育史研究“国际化”的过程中必然要付出的呢？

从教育史研究“国际化”的角度进行思考，加强“国际表达”和“国际合作”，理解西方学者的“知识关怀”和“有意义的问题”是必要的。虽然“国际表达”和“国际合作”，既可以是研究一国的教育，也可以是多国的教育。但是，在这两个方面我们都存在不足，尤其是第二个方面。现在的问题是，如果两个方面都急需解决，又不能直接从第一阶段进入第二阶段，这就给教育史研究“国际化”带来了新的挑战。也就是说，教育史研究的“国际化”要同时面对两个全新的问题。不过，在这个基础上，我们还可以有一种选择，即在现有文化认同存在差异的基础上，坚持“大历史”的视野，既不是中国完全向西方学习，也不是西方完全向中国学习，而是在相互学习的基础上，遵循共同的规则，研究人类教育共同面临的问题。用林语堂先生的话说，“两脚踏东西文化，一心评宇宙文章”[3]，在这个过程中，逐步提高教育史研究的解释力。

强调教育史研究的“大历史”视野，需要把西方和中国的教育史实当作个案，运用恰当的研究方法，不断接近历史的真相。这里以社会学和国际史的研究为例。法国思想家伏尔泰在研究“宗教宽容”问题时，不仅以法国为案例，也把中国作为案例。他认为中国的传统精神就是一种普遍的宽容精神。在他看来，中国人对于宗教的态度，就是最理想的宗教宽容的态度。显然，伏尔泰的目的不是要研究中国文化，而是要找到实例来论证他的观点——普遍的宽容精神[4]。同样，教育史研究仅仅以一国的观察或者案例恐怕是不够的，也需要把不同的案例作为自己观点的证据，把中外教育史实都当作教育史研究的资料。按照这个逻辑推论，在进行教育史研究时也可以使用各种理论，不管是中国的还是西方的。

六、教育史研究：应当增强一定的解释力

总之，强调教育史研究需要增强一定的解释力，目的是增加关于教育史的新的解释和新的知识。

首先，教育史研究是一个不断继承和累积、认识教育和增进新知识的过程。教育史研究需要借助前人的研究，需要依靠别人的资料或者方法，需要站在别人研究的观点上进行分析，但是必须有自己的研究和创新，哪怕是一个观点、一个视角、一个方法、一个补充、一个纠错。正是这种对教育问题的不断解释和对新知识的不断追求才能推动教育研究的发展。

其次，在教育史研究中，当我们接受某一种观点或者放弃某一种观点时，实际上意味着我们思想上的一次更新。为什么接受这种观点而放弃那种观点，这反映了在我们的思想深处有一种对已有研究和解释力的不满足感，而这种不满足感需要我们对以往的研究有一种新的解释。当以往的解

释力不足或者无能为力时，寻求一种新的更好的解释，增强研究的解释力就成为必然。

再次，任何一种知识或者认识都是暂时的一种解释，都可能被新的知识或者新的解释所取代。教育史研究可以描述事件，可以进行问题研究，可以通过较为客观的研究接近真相，但最终的目的是获得对教育的新的解释。这种新的解释就是用一种比较好的解释来替代目前有限的和不足的解释，用一种新的解释超越以往的或者现有的解释，最终促进教育史知识的发展。这恰恰是教育史研究不断创新的动力所在。

最后，历史（无论史料还是史实）是已经固化的和客观的东西。虽然教育史研究的解释多是主观的和人为的，但是教育史研究还是应有一个标准，这个标准就是看其解释的内容是否更丰富、更具体、更能说明历史真相，能传达更多的东西，而且是否具有客观性和可验证性等。

因此，教育史研究者应当经常问的问题是："你的研究是否有新的解释?""你的解释是否比别人的解释更好?"从这个意义上说，教育史研究是否具有较强的解释力，是否能够创新，应该是判断什么是"好的教育史研究"的重要标准之一。

参考文献：

[1] [2] 陈兼，余伟民."冷战史新研究"：源起、学术特征及其批判 [J]. 历史研究，2003 (3).

[3] [4] 乐黛云. 中国文化面向世界文化的几点思考 [EB/OL]. http://www.chinainnovations.org/Item.aspx id=36776.

（选自《首都师范大学学报（社会科学版）》2014 年第 1 期）

西方大学教学方法变革考

贺国庆

（宁波大学　教师教育学院，浙江　宁波　315211）

【摘要】西方大学教学方法的历史几乎和大学的历史一样久远。从中世纪大学的讲授和辩论，到近代大学的研究班、实验法和导师制教学，再到高等教育大众化时期并存的各种各样传统的及现代的教学方法，西方大学教育方法的变革反映了时代的要求，其内涵日趋完善，其作用日益受到重视。西方大学教学方法的改革体现了大学传统与变革的辩证统一。

【关键词】西方大学；教学方法；变革

【作者简介】贺国庆，1961 年生，湖南桑植人，宁波大学教师教育学院院长、教授，博士生导师，中国教育学会教育史分会副理事长，主要从事外国教育史、高等教育史、职业教育史研究。

教学方法指“师生为完成一定教学任务在共同活动中所采用的教学方式、途径和手段”[1]。主流观点认为，教学方法应该包含教师的教和学生的学两个方面。

教学方法是课程学习的核心。大学教育的中心任务不仅在于教什么，更在于怎么教，如何教得更好[2]。哈佛大学前校长博克认为，教学内容固然重要，但对于大学生影响更深远的是教学方法。“不管今天的授课内容有多么重要，教师也不能假设学生只要来到了课堂，就一定会记住大部分的教学内容。学习结束后学生能记住多少知识、能形成怎样的思维习惯，并不取决于他们选修了哪些课程，而取决于这些课程是如何讲授的、讲授的质量如何。”[3]

从历史的发展看，大学教学方法是不断与时俱进的。数百年来，起源于中世纪大学的传统教学方法与当今大学盛行的教学方法相比已发生根本性变化，但两者间的传承关系也是难以割断的。西方大学教学方法的演变历史体现了传统与变革的冲突和融合。

一、中世纪大学的教学方法

现代大学起源于中世纪，如教学组织、课程、考试、学位等都是直接从中世纪大学继承而来。就教学方法而言，中世纪大学占主导的教学方法是讲授（lecture）和辩论（disputation）。

（一）讲授

讲授是人类最古老的教学方法之一，它源于亚里士多德时代，至今已有两千多年的历史。中世纪大学的讲授不是系统地阐述学科内容，而是由教师讲解一些选定的经典原文并对原文进行注释和评论。一般程序是先由教师向班级诵读古典作家的原文，接着对原文详细说明，再是评论某些特别有兴趣的段落，最后提问题进行讨论。在书籍匮乏的年代，学生主要根据自己的记录或笔记来理解讲授的内容。讲授的目的“在于使学生认识‘权威’，并通过权威使学生掌握所学学科的全部内容。”[4]。

中世纪大学的讲授分为普通讲授和特殊讲授两种。普通讲授是学校制度中规定的正式讲授，通常由大学中已取得正式教学证书的教师，如获得博士或硕士学位的教师主持，一般安排在上午进行，时间为一个半至两个小时；特殊讲授是非正式性的，一般安排在下午进行，由已经取得学士学位但尚未取得正式教学资格证书的实习教师担任。所有讲授一律用拉丁语。

从13世纪博洛尼亚大学教师奥德弗雷德斯对其《旧法理汇要》授课的陈述中，我们可以大致了解中世纪大学运用讲授法的情况。“关于教学方法，以下的通则一直被古代和现代的法学博士尤其是我自己的老师所遵循，我也将遵循这一方法：其一，在讲解原文之前，我将概述每一个标题；其二，我将尽我所能清楚、明确地讲述每一项法律（包含在标题里面）的含义；其三，我将以校正为目的通读一遍课文；其四，我将简短地重复每一项法律的内容；其五，我将竭尽上帝所赋予我的能力解释一些显而易见的自相矛盾之说，附带补充法律的一般原理（从段落中提炼）——统称为‘简短法规’——并解释法律解答中出现的差异或一些精妙而有用的问题。”[5]

（二）辩论

辩论是讲授的必要补充，两种方法是紧密联系的。辩论的目的是使师生扫清修业中遇到的困难，即通过实际运用的知识来解决问题。它“对于教师来说，是比文献评述更为自由地深入探讨某些问题的方法；对于学生，是实践辩证法原则的机会，也是检验其思维敏捷和推理合理状况的时机”[6]。

中世纪大学的辩论有严格的规则，一般安排在下午进行，须忠实地遵循亚里士多德《工具论》中所包含的逻辑规则。在各个学院，辩论由教师组织实施，大体有两种类型。一种是普通辩论，每周一次或每两周一次，由一位教师选定辩论主题，指派一位学士陈述问题并回答听众的反驳，必要时主持辩论的教师将以指导者的身份介入争论，并最终做出定论。如在13世纪的巴黎大学，辩论的题目由教师每两周提出一次，作为班上同学的训练之用。然后教师试图解答或“裁定”这些问题，具体做法是对学生的不同论据及其论证的正确性与否做出结论。另一种辩论是自由辩论。一年中有两次，一次是在圣诞节，一次是在复活节，教师也要当着许多学生的面举行大的辩论。这些辩论的主题可以是任何想辩论的内容。巴黎大学所建立的标准化的辩论程序由大多数大学所遵循。教育史学者莫里森（S. E. Morison）说：“中世纪大学的学生在读完一年级后，就开始不停地练习这一辩论艺术，并且在其学院生活的每一个重要阶段，他都得参加公开辩论，要么作为答辩人，要么作为反方辩手。”[7]辩论一直是大学的一个基本训练项目，不参加一定数量辩论的学生很少能毕业。如果教师在这方面有所疏忽，就要受到惩罚。德国学者鲍尔生说：“辩论对于提高学生的警觉性，增强对新观念的领悟力，以及迅速而准确地将这些新观念转化为自己思想的能力，无疑是非常适合的。”[8]

经院哲学家阿奎那在两度执教巴黎大学期间，至少主持了518次辩论，每周大约两次。这些辩论大多被记录在《论真理》一书中，内容涉及哲学、神学及道德等诸多问题。“这种集体的智力训练形式，很可能是中世纪大学对于欧洲教育最具创造性的贡献。”[9]

中世纪大学的辩论到后来越来越偏向形式上的技巧，以致出现了诸如针尖上能够站多少个天使这样一些无聊的辩题。16—18 世纪，随着自然科学的发展和科学方法的巨大变革，辩论作为大学的一种教学方法逐渐消亡，因为“现代科学的探索都致力于事实的确立，而事实是靠发现却不是靠辩论所获取的东西”[10]。

中世纪大学的讲授和辩论适应了中世纪经院哲学和基督教文化的要求，经验哲学崇尚权威、强调思辨的特征正是中世纪大学教学方法所致力的目标。

二、近代大学的教学方法

近代大学是从中世纪大学发展而来的，然而其在许多方面又不同于中世纪大学。中世纪大学弥漫着基督教及其经院哲学之风，近代大学则是近代科学发展的产物。科学对大学的变革产生了决定性的影响，也极大地推动了经院哲学主导的大学教学方法的革新。

（一）新的教学方法的出现

德国是近代大学的发源地，18 世纪的哈勒大学和哥廷根大学基本完成了中世纪大学向近代大学的过渡，19 世纪初创办的柏林大学则成为近代大学发展的里程碑。柏林大学高举学术自由的旗帜，“教学与研究相统一”的原则成为世界大学发展的楷模。

早在 18 世纪末，由于哈勒大学和哥廷根大学之功，德国大学教学方法发生了重大变化。“旧日根据标准教材照本宣科的方法已被学术报告所代替，所谓学术报告就是系统地讲述科学的知识，因为教授要讲述具有创见性的科研成果，就非如此不可。传统的论辩方法也被淘汰，逐渐由各种有关学术的课堂讨论所代替，这种课堂讨论不像辩论会那样专为肯定某项‘既定真理’的教条——因为这样的教条，至少在哲学上，已不复存在——而是启发人们对于学术研究进行独立探索，其最后解决的办法是靠首创性的研究。”[11]

经过 19 世纪柏林大学的发扬光大，近代德国大学教学方法的变革到 19 世纪后半期已基本完成，德国大学形成了自己特有的教学方法体系，并对其他国家产生了持续影响。

1. 研究班

研究班又称研讨班或习明纳（seminar），是指学生组成研讨小组，在教授的指导下，就某些专题展开研讨，以培养学生的分析和研究能力。一般认为，研究班始于哥廷根大学的格斯纳，他于1757年在哥廷根大学创办了哲学研究班，旨在培养从事教学的神学家。1778年，沃尔夫在哈勒大学创办了著名的语言学研究班。

研究班在19世纪获得了长足发展，并成为德国大学除讲授之外的第二种重要的教学形式。研究班制度由最初的人文学科扩展到了大学教学的所有系科，首先是哲学院的各个分支学科，包括历史学、自然科学、数学和社会科学等；然后进入到神学院和法学院，医学院则以所谓的研究所(institutes)、实验室和临床诊所代替研讨班。虽然因学科性质的不同，各学科工作方法有差异，但"学生个人以自己的方法，在教师的指导下解决重大科学问题的情况，在所有研究班中都是很普遍的。这些在研究班里工作的点点滴滴，往往构成了博士论文的基础，成为独立学术工作的最早样本"[12]。

柏林大学历史学家兰克举办的研究班举世闻名。"兰克的伟大成就和世界范围的影响并非来自讲课，而是他在柏林首创的历史研究班（即习明纳）里当导师的天才。这个研究班直接、间接地为德国各主要大学培养出一百多位卓越的学者。这些学者又根据兰克的传统培养学生，不只为德国而且还为美国培养了不少历史家。"[13]兰克"教导学生的原则可以简单归纳成：弄清史实真相并深钻资料来源。兰克对他的学生说，每篇文献都包括一些主观因素；历史家的职责就是从主观的东西里把客观的东西找出来，换句话说，即追溯其实质。他总是要求学生记住进行工作的三条准则：批判、准确、透辟"[14]。兰克的学生聚贝尔说：兰克的"'学术讨论班'是为那些选择史学为其职业的人创设的。他允许自由选择研究课题，但随时愿意提供建议，他对于违反批判原则的过错给予严厉的评判，但措辞则婉转。老师鼓励每人按自己的才能发展专长"[15]。

19世纪下半叶研究班和研究所经德国传播到美国、英国、法国等西方国家，成为西方大学普遍采用的教学方法之一。

以美国为例，研究班最早由留德历史学家亚当斯（C. K. Adams）在密歇根大学的历史课中采用。19世纪70年代，曾在柏林大学学习的历史学家亨利·亚当斯（H. Adams）将研究班引入哈佛大学。1876年，约翰·霍布金斯大学得以创办，历史学家亚当斯（H. B. Adams）在历史和社会科学教学中实施研究班方法，影响深远。19世纪90年代，心理学家霍尔在克拉克大学建立著名的心理学研究班，至此，研究班已成为美国大学最常用的教学方法之一。1892年哥伦比亚大学一位学者说："研究班是轮中之轴，是现代大学真正的具有生气的中心，是激动人心的和富有创造性的力量。没有研究班，大学教学就不是完整的；有了研究班，且加以正确实施，任何大学都能够实现其主要目标。"[16]在他看来，研究班是"教师和许多经挑选的优秀学生的集合地，在这里，创造性的研究方法被阐明，有创造能力的人员被训练，科学独立的精神被灌输"[17]。

2. 实验法

实验法也称实验室教学，它是随着近代科学的发展而出现的。在实验课上，教师通过讲课并演示实验，学生通过自己动手进行实验以掌握科学知识。人们普遍认为，实验室教学在让学习者直接接触各种现象，帮助他们理解新知识的建构方式等方面具有重要意义[18]。

实验室最早源于17世纪的意大利。18世纪，在荷兰、英国、法国等国家陆续出现了一些私人性质的实验室，而实验室与教学相结合则始于德国。1824年，德国化学家李比希在吉森大学创办与教学相结合的化学实验室，被认为是史无前例的创举。在教学中，李比希一改以往大学只讲授教材并根据教材进行实验的做法，而是建立一个专门的教学实验室，使所有学生都能亲自参加实验。从1824年到1852年，李比希使他的实验室和讲堂成为化学学习和研究的中心，年轻人在这里受到化学研究方法的系统训练。有学者认为："李比希创造了一种现代化大学化学教育法。那就是与学习讲义同时进行学生实验……从此以后，不但在化学方面，世界各大学的其他自然科学学科也都开始仿效这种培养科学人才的方法。"[19]

在吉森大学的李比希实验室里，有来自欧洲各地的学生，每个学生都要独立思考[20]。李比希实验室为许多德国和欧洲大学所效仿。实验室教学成为培养科学人才的主要途径。到19世纪末，"所有科学学科都建立了至少大体相似的研究和教学组织体制"[21]。大量科学发现出自大学实验室，1890—1914年，组织优良的学术实验室成为独创性的系统研究的基地[22]。

剑桥大学卡文迪什实验室创建于1871年，起初只有19个理科学生和两位教授，后来聚集了许多卓越的科学家和研究生，取得了举世瞩目的研究成果，该实验室共计培养出了25个诺贝尔奖获得者。

实验法也是德国影响美国的重要方法之一。虽然早在殖民地时期后半期，美国有些教授即在教学中使用实验室实验法，但人们公认的实验室研究与教学相结合始于德国吉森大学李比希实验室。李比希培养了许多来自世界各国的学生，其中包括美国学生。1848 年，美国人诺顿（E. Norton）和霍斯福特（Horsford）在哈佛大学劳伦斯理学院创建了美国第一个教学实验室，霍斯福特曾在吉森大学李比希实验室学习两年，两者的渊源关系毫无疑义。继哈佛大学之后，美国其他大学也相继建立了实验室。实验室教学成为培养科学家的摇篮。

（二）传统教学方法的变革

1. 讲授

讲授也称讲座，曾是经院哲学占主导的中世纪大学最主要的两种教学方法之一。近代以来，随着科学的发展并进入大学殿堂，大学传统的讲授不断受到挑战，其内涵已发生明显的变化。

从根本上说，中世纪大学的讲授是对经典文本的内容作一系列的说明和解释，而近代大学的讲授则是通过系列讲授对某门科学进行系统探索。由于完成了从诠释权威到科学探索的转变，讲授“作为有别于背诵体系的大学教学的基本和独特形式，已经将自己古老的地位保持了下来”[23]。

然而，人们对大学讲授的非议声一直不绝于耳。各种非议中有的客观指出了讲授的不足，有的则是对讲授的误解或误用。早在 1896 年历史学家贝恩赫姆就说：“讲座制度将听者置于被动姿态，将其活动限制在聆听和记录当中，很容易使他们屈从于记笔记的需要，而这些笔记学生最多回家看一看（实际上很少有人会看）。科学的不断扩展以及劳动分工的进步，导致了专门化；而由于专门化使得讲座的数量不断增加，学生处在了被完全淹没在大量系统讲座课程里的危险之中。由于经常参加讲座，学生陷入了一种愚蠢被动的状态，他只有通过逃课才能将自己从这种状态中拯救出来。”[24]鉴于此，贝恩赫姆建议彻底变革教学方法：“重点应该放在独立使用文献资源和引导学生进入这种工作的练习上。讲座应该限制在少数几门1—2 学时的课程上面，这类课只是帮助学生找到方向，这样，就可以把时间留出来用于阅读和参加研究班的工作，仅凭后者就能够真正把学生引入学科的门槛。”[25]

鲍尔生较为公允地为讲座进行了辩护：“从亚里士多德时代以来，它（指讲座）经历了许多世纪被保留下来，仅从这一事实就使我们相信它具有合理之处。我深信，系统的讲座课程将作为一个基本的、不可或缺的科学教学形式被世代保留下来。”[26]重要的是要正确理解讲座的目的是什么。鲍尔生将讲座的目的概括为：“在一系列相关的讲座中，通过活生生的人物，为听者试图进入某一科目提供一个关于该领域的生动概览。关于这门科学的基础性问题和基本概念，关于获取知识的方法和储存，最后是关于它与整个人类知识及人生基本目的的关系等，讲座都应该为听者起到点拨的作用，并通过这种方式引起听者对科学的积极兴趣，并引导他们获得对科学的独立见解。”[27]

鲍尔生还认为：不仅绝对有必要打破中世纪注解规范课文的习俗，而且绝对有必要摒弃按照教科书进行讲座的方法。他反对教师“满堂灌”的方法，认为这种方法是建立在一种完全脱离现实、脱离科学的积极进步的思想方式基础之上的。在鲍尔生看来：“真正好的讲座洋溢着旺盛的生命力：它比书本更容易也可以更有把握地让学生获得对学科的兴趣和对科学的信心。”[28]

德国大学的讲座从19世纪中后期开始逐渐影响到世界各国。德国大学讲授法传入美国之初，曾遭到异议。有学者认为，美国大学学生在知识水平上远逊于同年龄的德国学生，直到学习中期甚至四年级时，他们才逐渐达到德国大学新生的水平，因而美国推行讲授法效果不佳；此外教授必须具有学术成就作为授课的基础，在这方面美国教授更逊于德国同行，即使曾留学德国的美国教授在运用讲授法时也远不像德国教授那样熟练自如[29]。然而，讲授法最终在美国大学取得了成功，它冲击了美国原有的落后的教学方法，促进了新的研究风气的形成。

尽管英国大学盛行导师制教学，但19世纪下半期以后讲授法还是被英国大学普遍接受。英国著名学者贝尔纳指出：“把一个学期中每天的整个上午都用于听科学讲演是一种毫无用处的违背时代精神的错误和一件浪费时间的事件。”[30]但“在不少情况下，讲演的确起了有益的作用。特别是在新的发展迅速的学科中，讲课能代替还没有写出的教科书……维持讲课制度的另一个理由是：它可以使学生有机会看到复杂的实验，而学生自己去进行这种实验是有困难的”[31]。

2. 导师制教学

导师制是英国大学古老的传统之一，如牛津大学14世纪就出现了导师制，导师负责学生在学院中的经济支出、品行和学业。甚至在整个19世纪前半期，牛津大学的教学方式还是由一位导师负责对所选定的一些学生培养三年，全部课程由导师一人讲授。他的品德和人生观，跟拉丁文课本和希腊哲学，在课程中占同等重要的地位[32]。英国现代导师制形成于19世纪后半期，其特征是以学生所在的学院为依托，以本科生教学为主旨，以导师个别辅导为主要教学形式。19世纪末，导师取得了学术性的职业地位，开始兼顾教学和科研。虽然近代以来，受德国大学影响，讲授和实验室教学逐渐被大学普遍采用，但导师制教学一直是英国大学的核心方法。1922年，针对牛津大学和剑桥大学的皇家专门调查委员会发现，导师制的教学方法已作为两所大学的主要特色深深植根于其所属各学院的教育之中，“这种由导师对学生进行面对面教学的方案，使牛津和剑桥的教育具有其他地方的教育所少有的内涵和品质”[33]。

牛津大学圣约翰学院院士和导师威尔·G. 摩尔（Will G. Moore）曾这样描述导师制的教学情形：“概而言之，导师制教学就是在学生和他所跟从的导师间进行的例行周会。但这并未取代其他的教学形式，如授课或研讨课。它也显然不能取代个人的自主学习。事实上，导师制教学肯定所有这些教学方式的存在，并且将它们的成效应用于每周导师制教学所要求的论文准备之中，该论文是由学生与导师见面的周会上口头陈述，导师听完后就立即进行讨论。整个导师制教学的过程，包括了阅读论文、讨论问题、安排下周任务等，持续的时间略多于一个小时。”[34]导师制被誉为牛津大学（应该也包括剑桥大学）“皇冠上的宝石”。20世纪初，英国导师制及导师制教学传入美国，最先为哈佛大学、普林斯顿大学、麻省理工学院、加州大学等多所大学所仿效，产生了良好的效果。

三、大众化时期的大学教学方法

就教学方法而言，大众化时期基本延续了近代以来的大学教学方法，与此同时，由于二战后科学技术的突飞猛进，传统教学方法与现代技术的联系日益紧密；又由于二战后教育民主运动的影响，大学教学方法由以“教”为主逐渐向以“学”为主转变。此外，教学方法也呈现出多样化趋势。

（一）传统教学方法的改进

当代美国教育史学者科恩（A. M. Cohen）认为，高等教育大众化时期“虽然产生了一些新的教学方法，但更多的是对早期教学方法的改进，讲授和实验室方法仍然是主要的教学方法，但也围绕它们进行了许多革新”[35]。

作为历史最为悠久的教学方法，讲授仍是现今西方大学最普遍使用的方法。有大量的研究将讲课的效率与其他教学方法进行比较，其结果是在一门课程结束后，讨论法在学生记忆知识、迁移知识至新环境、解决问题、思考或改变态度的能力的提高，以及进一步学习的动机等方面，均优于讲授法。甚至印刷品在某些方面也优于讲授。为什么讲授能经久不衰呢？有学者认为，讲授法是具有个性的，能影响到大量的学生；它迫使教师获得广泛的学科概观知识并把握研究进展，在题材和陈述之间寻求平衡，同时将知识和个人评价结合起来[36]。美国密歇根大学教学法专家威尔伯特·J. 麦肯齐认为，在现在大学的教学中，讲课者的任务不是去概括各种知识，而是教学生学习和思考[37]。这可视为讲授法在高等教育大众化时期最重要的变化。

自 19 世纪以来，研究班即成为欧美大学常用的教学方法之一，在高等教育大众化时期，研究班的价值不降反升，成为高等学校最受推崇的教学方法。其根源就在于研究班适度的规模、提倡合作研究和学习以及对创新的重视等。

长期以来，研究班一般是为大学高年级开设的。1959 年，哈佛大学在大学一年级率先创建研究班，经过几年的教学实验，一年级研究班教学实现常态化。1984 年，美国高质量高等教育研究小组发表题为《投身学习：发挥美国高等教育的潜力》的报告，建议教师采用研究班等多种多样积极有效的教学方法，“要求学生不但要成为知识的接受者，还要成为知识的探索者、创造者”[38]。1998 年，博耶研究型大学本科生教育委员会发表题为《重建本科教育：美国研究型大学发展蓝图》的报告，建议大学构建探究式的一年级教学，由资深教授向所有一年级学生开设研究班，从而为他们提供合作性探索学习的机会[39]。2001 年，博耶研究型大学本科教育委员会对美国 123 所研究型大学的本科教学改革的调查显示：83.5%的美国研究型大学开设了一年级研究班，其中八所大学的全部一年级学生、12 所大学的绝大多数一年级学生参加了一年级研究班[40]。

1997—1998 学年度，斯坦福大学为一、二年级学生提供了 175 个初级研究班课程，旨在使学生一入学就有机会与教授以小组的形式接触和工作，在师生之间建立长期的指导关系[41]。

英国大学导师制教学在大众化时期曾受到严峻挑战。有学者认为，在高等教育大众化体制下，导师制已经落伍[42]。由于入学人数大幅增加，加之政府对高等教育财政投入的减少以及教师科研压力的增大，各校维持导师制已深感力不从心，导师制教学甚至有向“小组教学”转变的趋势。如牛津大学迫于经济压力，导师制教学从“一对一”朝“一对二”“一对三”甚至“一对多”的方向发展。1997 年诺斯委员会的报告表明，17.3%的牛津大学本科生的导师课是四名或更多的学生一起参加的，而在 20 世纪 60 年代，四名学生同时上导师课的比例仅为 2%[43]。

然而，导师制的支持者认为牛津大学和剑桥大学应不惜一切代价对这种最好的教学方法予以保留。因为导师制教学的目标是教会学生思考，培养学生的创新精神，这是导师制特有的价值所在。“在本质上导师辅导课完全能适应现代教学的需要，并且与讲授课和研讨课等教学形式配合良好（而且不是它们的一种替代形式）。如果我们不是已经拥有了这种教学制度，那我们现在也应该将其创设出来。”[44]牛津大学大卫·帕尔菲曼乐观地预测：“导师制的灵活性能够使其延续下来。它一直在适时地重新定义自身以满足不断变化的新条件和新需要，并且，它也会以这样或那样的方式在 21 世纪坚守下来。”[45]

（二）新的教学方法的探索

1. 现代教育技术对教学方法的影响

高等教育大众化时期，由于科学技术的发展，教育技术突飞猛进。二战前，电影和收音机曾作为大学教学的手段而影响了教学方法的革新。20 世纪 50 年代，电视课程进入大学，随后教学机器风靡一时，再后来出现了计算机辅助教学和以计算机为主要手段的多媒体教学，近年则是电子邮件和因特网被引入课程教学之中。“技术的不断发展，尤其是在信息储存、获取和传输领域，预期在每个教育层次和想象到的各个方面都将改变教学手段和教学方法。”[46]

2. 问题学习

问题学习（problem-based learning）是“教师负责制作和选择材料，然后将案例交给学生，让他们去发现教师所期望得到的结果，以此作为课程的基础”[47]。问题学习的渊源可追溯至 19 世纪哈佛大学医学院的案例应用，并通过杜威哲学、布鲁纳的发现学习以及 20 世纪 60 年代出现的模拟试验发展而来。麦肯齐认为，当今人们对问题学习的关注，其原因部分来自麦克马斯特大学，该大学医学院 1969 年在一年级基础科学课教学中，用从病例分析开始的课程，取代了传统的讲课，时间不长，全世界的大学都开始在各科教学中采用了类似的问题法[48]。问题学习最典型的方式有案例法、教育游戏和模拟教学三种。有关研究表明，接受问题学习法教学的学生，最终在记忆、应用和动机方面普遍优于采用传统教学方法教学的学生[49]。

3. 合作学习

合作学习（cooperative learning）是根据某个项目或实验，将学生分为若干小组，由几个学科的教师联合指导，最终让学生通过合作去完成该项目或实验。通过这种方法，学生不仅提高了认知水平，也培养了团队协作的精神。合作学习常常也被称作同伴学习或教学、小组学习、学习团队、工作团队等。大量证据表明：对于多种目标、内容以及不同层次和不同性格的学生来说，同伴学习与同伴教学都极其有效[50]。学习同样的内容，无论什么主题，学生在小组学习中学到的东西比接受其他教育方式学到的东西要多，记忆也会更持久。而且那些参与小组学习的学生对课程也会感到更加满意[51]。

除上述新方法外，其他如设计作业、探究学习、“三明治课程”和分组研究班等，都是大众化时期教学方法变革的有益尝试。此外，远距离学习、英国开放大学、美国虚拟大学也对固有的教学方法造成了不小的冲击。

四、结　语

（一）西方大学教学方法的历史体现了传统与变革的辩证统一

西方大学教学方法的历史几乎和大学史一样久远，数百年来，大学教学方法经历了数次重大变革，但无论怎样变化，都没有离开对传统的继承和发扬。每次变革几乎都是渐进的，是承继传统和适应变化的辩证统一。如古老的讲授法就从来不是亘古不变的，尽管名称未变，但中世纪大学的讲授与近代大学的讲授已有根本的区别，当代西方大学的讲授与近代大学的讲授也有了迥然不同的内涵和形式。有更多学者认为讲课的目的不是概括多种知识，而是教学生学习和思考。讲授法如此，其他方法亦是如此。英国学者阿什比说：“大学的变革必须以固有的传统为基础。”[52]大学变革如此，大学教学方法的变革何尝不是如此。

（二）西方大学教学方法从以教为主逐渐转向以学为主

教学方法包括教师的教和学生的学两个方面，中世纪大学以教为主，学生处于被动接受的地位，近代大学在教的同时，开始重视学。无论是讲授、研究班还是实验室教学，让学生主动学习已成为教学方法的目标之一。大众化时期，以学为主的方法迅速发展，甚至呈现出超越以教为主的方法的趋势，美国人称之为“以学习者为中心的教学”。教的终极目标是为了不教，“教师传授给学生的最宝贵的本领，不是事实和原理，而是精神状态和思想方法”[53]。

（三）西方大学教学方法从以知识为目标到以培养学生能力为主要目标

教学方法最初的目的是传授给学生知识。近代以降，单纯传授知识的方法已经过时，于是多种方法纷纷涌现。研究班方法旨在培养学生的研究能力，实验室教学旨在培养学生的创新能力，导师制教学旨在教会学生思考。近年来，“关于学生学术成就、智力发展、学习理论以及认识发展的研究已经证明，那些强调积极学习、合作活动并鼓励学生进行努力探索的教学模式是有效的。根据这种观点，教育工作者的任务就是与学生在方式方法上互动，以便他们获得新的信息，锻炼新的能力，重新组织并扩充已有的知识”[54]。

（四）西方大学教学方法呈现出多样化和综合化发展趋势

中世纪大学主要的教学方法是讲授和辩论，近代以来，研究班、实验室教学等新方法相继出现，古老的讲授法和导师制教学也进行了与时俱进的改革。进入 20 世纪以后，随着教育技术的发展以及心理学等社会学科的发展，新的教学方法层出不穷。

大学教学方法呈现综合化趋势，多种教学方法并用，取长补短。“没有哪一种方法是最好的教学方法——教学的有效性取决于学生、环境、话题以及学科。”[55]能够根据具体情况灵活运用多种教学方法，成为优秀教师的基本功。

（五）新的教育技术将持续影响教学方法的变革，而传统的师生面对面的教学也将长久地延续下去

20 世纪以来，随着科学技术的发展，新的教育技术给传统的教学方法带来了持续的冲击，教学方法或与教育技术相结合，或产生主要依赖教育技术的新方法，可以预料，教育技术对教学方法的影响仍将持续下去。然

而，无论技术如何发展，大学教学方法的传统核心要素将得到保存和坚守。无论是有近千年历史的大学讲授，还是数百年之久的研究班、实验法和导师制教学，都离不开师生面对面的指导、交流和影响，甚至在高等教育大众化的今天，师生交流的方法仍被反复强调，其意义越来越受到重视。正如美国教育史学者科恩所说："虽然所有能够买到或可以采纳的技术手段在课程中都得到了运用，但总的来说大学的本质没有改变，学生来大学上课，教授与学生相互交流，图书馆提供图书。对每个人来说，大学都是让人们想起理智生活的美好地方。"[56]

参考文献：

[1] 顾明远. 教育大辞典［M］. 上海：上海教育出版社，1998：713.

[2]［35]［56］亚瑟·科恩. 美国高等教育通史［M］. 北京：北京大学出版社，2010：33，209，212.

[3] 德雷克·博克. 回归大学之道——对美国大学本科教育的反思与展望［M］. 上海：华东师范大学出版社，2008：29.

[4]［6］雅克·韦尔热. 中世纪大学［M］. 上海：上海人民出版社，2007：48，48.

[5] 查尔斯·霍默·哈斯金斯. 大学的兴起［M］. 上海：上海人民出版社，2007：36.

[7] Willis Rudy. The Universities of Europe，1100-1914：A History［M］. Canbury，N. J.：Associated University Presses，1984：34.

[8]［10］［12］［23］［24］［25］［26］［27］［28］鲍尔生. 德国大学与大学学习［M］. 北京：人民教育出版社，2009：25，26，213，189，190，190，191，191-192，314.

[9] 希尔德·德·里德—西蒙斯. 欧洲大学史：第1卷［M］. 保定：河北大学出版社，2008：253.

[11] 弗·鲍尔生. 德国教育史［M］. 北京：人民教育出版社，1986：84.

[13]［14］W. 汤普森. 历史著作史：下卷，第3分册［M］. 北京：商务印书馆，1992：240-241，242.

[15] 乔治·皮博迪·古奇. 19世纪历史学与历史学家：上册［M］. 北京：商务印书馆，1989：229.

[16] Laurence R. Veysey. The Emergence of the American University［M］. Chicago：The University of Chicago Press，1996：154.

[17]［29］贺国庆. 德国和美国大学发达史［M］. 北京：人民教育出版社，1998：163，161-162.

[18]［37］［47］［48］［49］［50］麦肯齐，等. 麦肯齐大学教学精要［M］. 杭州：浙江

大学出版社，2005：174，42-43，176，146，150，139-140.
[19] 原光雄. 近代化学的奠基者 [M]. 北京：科学出版社，1986：164-166.
[20] [32] [52] [53] 阿什比. 科技发达时代的大学教育 [M]. 北京：人民教育出版社，1983：8，9，20，43.
[21] 米歇尔·布莱. 科学的欧洲 [M]. 北京：中国人民大学出版社，2007：175.
[22] Walter Rüegg. A History of the University in Europe：Volume III，Universities in the Nineteenth and Early Twentieth Centuries [M]. New York：Cambridge University Press，2004：514.
[30] [31] 贝尔纳. 科学的社会功能 [M]. 桂林：广西师范大学出版社，2003：91，91-92.
[33] [34] [42] [44] [46] 大卫·帕尔菲曼. 高等教育何以为“高”——牛津导师制教学反思 [M]. 北京：北京大学出版社，2011：33，36，28，190，45.
[36] Walter Rüegg. A History of the University in Europe：Volume IV，Universities Since 1945 [M]. New York：Cambridge University Press，2011：190.
[38] 吕达，等. 当代外国教育改革著名文献：美国卷，第1册 [M]. 北京：人民教育出版社，2004：38.
[39] [40] 单中惠. 外国大学教育问题史 [M]. 济南：山东教育出版社，2006：202，202.
[41] [45] 朱清时. 21世纪高等教育改革与发展 [M]. 北京：高等教育出版社，2002：298，98.
[43] 杜智萍. 19世纪以来牛津大学导师制发展研究 [M]. 呼和浩特：内蒙古大学出版社，2011：259-260.
[51] [54] [55] 巴巴拉·G. 戴维斯. 教学方法手册 [M]. 杭州：浙江大学出版社，2006：114，Xi，Xi.

（选自《教育研究》2014年第8期）

穷人教育学：裴斯泰洛齐乡村教育思想诠释

王保星

（华东师范大学　教育学部，上海　200062）

【摘要】瑞士民主主义教育家裴斯泰洛齐毕生致力于乡村穷人的教育事业，为实现通过教育改善乡村贫民生活状况和社会地位之目的，构建起独特的“穷人教育学”体系：在确立基于乡村和服务乡村的乡村教育实施空间的基础上，把依据自然和遵循自然确定为乡村教育的基本原则；通过爱心和信仰的教育，培育乡村民众的自信和尊严；通过“要素教育”简化教学方法，改革教学内容，提高乡村教育的实效性与针对性；通过劳动教育，提升乡村民众的劳动与就业技能，养成热爱劳动的品质。裴斯泰洛齐“乡村教育思想”对城市化与工业化加速发展背景下的当代中国乡村教育发展具有多方面的启示意义。

【关键词】乡村教育；自然教育；要素教育；劳动教育

【作者简介】王保星，1968年生，河南民权人，华东师范大学教育学部教授、博士生导师，中国教育学会教育史分会副秘书长、常务理事，主要从事外国教育史研究。

瑞士著名教育家约翰·亨利希·裴斯泰洛齐（Johann Heinrich Pestalozzi，1746—1827）“一生致力于具有普遍适用性的教育构想，尤其是探索一种普遍适用于穷人的教育模式”[1]。为改善穷苦人的生活处境，他不惜身陷贫困之境。“他的心是如此同情穷人的痛苦，以致自己也时常陷入贫困之中。”[2]裴斯泰洛齐“焚膏油以继晷，恒兀兀以穷年”，终生献身于穷人的教育事业，被世人誉为“穷人的救星”。裴斯泰洛齐“穷人教育学”体系的构建与实践，在奠定其世界教育史中“高山仰止，景行行止”崇高地位的同时，也为其赢得全世界人民的爱戴和敬仰。

一、基于乡村与服务乡村的教育：穷人教育学的实施空间

裴氏生活的时代，瑞士正处于封建式农业社会向资本主义工业社会的转制时期。裴氏眼中的瑞士乡村，经济凋敝，村民生活艰辛，陷于苦难和无望的煎熬之中。乡村的破败和乡民的苦难激起裴氏深深的思考和无限的同情。为改变瑞士乡村的命运，裴氏着手从两个方面开展自己的工作：“（1）通过教育（从其最完满的意义上说）；（2）通过将一两种新工业（如棉纺）引入农村。”[3]

第一，将“基于乡村与服务乡村”确定为穷人教育学的建构空间，直接源于裴氏对瑞士乡村教育的透彻观察。对于饱受工业化潮流冲击的瑞士乡村教育的破败与空疏景象，裴氏做出了切实而具体的描述：“我越是观察人们，就越发现在乡村或学校教室里所看到的情景：从书本倾泻给他们的洪流般的东西，都消逝在迷雾之中了，那湿乎乎的阴暗的迷雾，给人们的既不是湿润，也不是干燥，带给人们的既没有白天的优越，也没有黑夜的好处。……这种学校教学对于绝大多数和最下层阶级的人们来说，是完全无用的。”[4]包括瑞士在内的整个欧洲民众教育是一种最破旧、最脆弱和最无用的教育体系：“欧洲用其特殊的艺术和科学的金色头顶接触到云端，但是应当作为其金顶的基础的民众教育，却好像巨大塑像的脚，是最破旧、最脆弱、最无用的泥土。”[5]因而，裴氏决意构建一种基于乡村并服务于乡村的穷人教育学体系，并在年轻时代宣布：“怎样依靠简陋的贫民院既安全又方便地把穷人教育成人，探索这方面的路子，将作为自己终生的事业。”[6]

第二，将“基于乡村与服务乡村”确定为穷人教育学的建构空间，还奠基于裴氏改变乡村教育不平等现象的民主主义立场之上。裴氏充分信任

乡村民众运用知识改善自身命运的能力："要真正地解决贫困除非我们能更普遍地确信在人身上——因而也在穷人身上——隐藏着种种能力，这些能力对那些知道如何使用它们的人来说是用之不尽的财富。"[7]裴氏决意以自身的行动致力于改善村民生活的伟大事业。

裴氏对于广大的乡村贫民百姓不能接受相应的教育以及教学实践中的不平等现象深怀不满，曾巧设"教学大厦"喻，形象生动地表达自己的立场：大厦的上层宽敞明亮，但为少数人居住；中层居住的人就多得多，但却不得登上顶层；大厦的底层住着的是无数的贫民百姓。"本来他们与最上层的人们有享受阳光和新鲜空气的同等权利，但是，他们住在没有星光的小屋里，不仅不能摆脱令人难受的黑暗，而且视线受限，双眼变盲，使他们甚至都不能仰望大厦的上层。"[8]裴氏认为，就整体而言，"穷人的孩子比富人的孩子需要有更为精致的教学方法"[9]。裴氏深感自己有责任通过教育发展穷人天性，减轻穷人困苦。"我对穷人的真实状况看得愈清楚，我就愈加感到有责任应以一种适合于穷人的状况与需要的方式帮助穷人。在明了教育穷人应发展其自身天性的巨大力量之后，我必须首先致力于在这种力量中寻找减轻其困苦的手段。"[10]

第三，裴氏穷人教育学建构空间的确定，还是其乡村教育实践逐步推进的结果。始于1767年的新庄（Neuhof）农场试验，是裴氏以实际行动改善乡村村民命运、建构其穷人教育学的最早尝试。裴氏的初衷在于把新庄创办成为一个示范性农场，通过引导村民改进生产技术，进而实现提高生产和改善生活的目的。新庄农场试验失败之后，裴氏将自己的精力集中在新庄孤儿院的事业中。裴氏与孤儿们同生活，同劳动，在劳动实践中向儿童提供基本的阅读、写作和计算教育。虽然，经费上的捉襟见肘最终中断了裴氏旨在改善乡村民众生活命运的新庄试验，不过，这十几年的乡村农业生产和教育改革，为裴氏穷人教育学体系的构建提供了最初的社会实践基础，1781—1787年陆续出版的《林哈德和葛笃德》即是其系统总结自身关于乡村社会发展和教育改革的结果，是裴氏对于工业化进程中瑞士乡村教育发展命运关注与思考的结果，也成为裴氏"基于乡村与服务乡村"穷人教育学建构空间意识确定和实施的出发点。

对乡村教育发展的关注和穷人教育学的构建还一直贯穿于裴氏斯坦茨（Stanz）孤儿院、布格多夫（Burgdorf）市立幼儿师范学校和伊佛东（Yverdon）学院的实践之中，贯穿于裴斯泰洛齐一生的事业之中。"穷人可以受教育”“村民应该接受教育”的信念支撑着裴氏在极端艰难的境况下思考和完善穷人教育学体系：“人的教育，整个人民的教育，尤其是穷人的教育，在我脑海里萦回。”[11]裴氏将知识和理性确定为解决一切社会问题的得力手段，将教育普通民众，使其掌握必要的知识，拥有改善自身社会生活的能力作为乡村教育的目的。具体来说，乡村教育的目的在于实现两个层面的理想：社会层面上，为社会造福，使高尚的穷人和自己思想上渴望的天下得以造就和实现；在个人层面上，把每个儿童培养成为掌握实用知识，能独立思考、体格健康、道德完善的个人。

二、造就自尊与自信村民的教育：穷人教育学的目的性追求

真正促使裴氏献身于乡村民众教育的直接动力，并非乡村物质生活的贫困，而是瑞士贫民卑微的生活状态和精神追求。“他们胸无大志，缺少目标和主动性，完全缺乏人类尊严等种种情况刺痛了他。”[12]裴氏决心以教育手段帮助人民实现自助，教导民众体味到诚实劳动的价值和尊严。为实现这一使命，裴氏把实施爱心和信仰教育，造就自尊自信村民作为其穷人教育学的目的性追求。

关于穷人教育学的目的性，裴氏借助于三个维度关系的分析，确证了自尊自信村民的基本要义，诠释了爱心与信仰教育在乡村建设实践中的重要价值。

从个人与上帝的关系来看，裴氏认为，一个自尊自信的村民，首先是一个对上帝心怀虔诚信仰的人。在裴斯泰洛齐看来，信仰上帝是乡村教育的基础，就此而言，“教育的目的是要使孩子们心甘情愿地、积极地和机灵地履行对上帝、对同代人和自己的一切责任，并承担因此而需要的艰难困苦”[13]。

从个人与社会的关系来看，裴斯泰洛齐主张，一个自尊自信的村民，还应该是具有智慧，可以以自己的实际行动为社会谋取福利的人。

从个人与自己的关系上来看，裴斯泰洛齐提出，一个自尊自信的村民，还应该是一个既能领悟高尚人生的要义，又能对人类的整体利益表现出关切，同时又保持着宁静生活状态和健康生活情趣的个人。

在裴斯泰洛齐看来，这三个方面的发展应该彼此结合，互相促进，最

终实现一种整体式的和谐而均衡的发展。这三方面的发展对应于作为一个整体的儿童的道德、身体和智慧的发展。“他将儿童视为一个整体，构成儿童发展的道德、身体和智力才能应该借助于教育实现和谐而均衡的发展。”[14]

具体到瑞士的乡村教育实践，裴氏主张：“对老百姓的教育应当以恢复他们的善良无邪与温柔安静的纯洁天性为主，再在这个基础上培养人们的博爱，引导他们面向切身有关的现实东西，留心与自己利益相关的事务。”[15]个人信仰不仅决定着人生发展的方向，而且还为个人成功适应现实社会生活提供了基础。

自尊自信村民的培养需要借助于爱心与信仰教育的实施，而爱心与信仰教育又始于对母子之间自然关系的继承、延续与升华。鉴于家庭在个人成长历程中所处的特殊地位和发挥的特殊作用，裴氏主张，爱心与信仰教育的实施须以家庭作为起点与场所。作为人生起点的家庭，同时也是教育的起点。建立在父母之爱与亲情之爱基础上的家庭生活是养成个人爱的情感的基础，其中，基于人伦天性的儿童对母亲的情感是人世间最自然、最基本、最纯真的情感，同时也是裴氏实施教育的基本动力。“母亲和婴儿之间的天然关系，孩子心头萌发的母子情，有如人类对我们的创世主那样亲密的感情。”[16]

不同于卢梭，对于家庭生活的教育价值，裴斯泰洛齐给予充分的肯定。“裴斯泰洛齐在始于《林哈德和葛笃德》等系列教育著作中，表达出自己对那些贫穷和饱受苦难的社会成员，对家庭生活和母爱在教育中的核心意义表达出充分的关注。”[17]为在家庭中营造浓浓的爱和信仰的氛围，裴氏主张父母亲应首先致力于唤醒儿童身上所潜隐的人性元素，要通过向儿童释放爱，培养其对爱的理解和感悟。父母对子女的关心和呵护本真、自然、纯净，借助于父母爱的释放与儿童爱的接受，在家庭中营造爱的氛围，若引导得法，父母之爱可以成为儿童形成感恩、尊重、信任等品质的基础与源泉。“由母爱所产生的欢乐，使孩子产生不可磨灭的、更高级的内心世界。这种刺激唤醒了孩子的整个心灵，使他也报之以爱、感激、信赖，以及与这些感情息息相关的内在的和外在的活动。”[18]

随着儿童的成长，源于母爱的爱与信仰在不断获得兄弟、姐妹、伙伴及其他社会成员的快乐与交往强化的同时，其爱与信仰的陶铸环境也从家庭扩展到学校乃至更大的社会环境中去。儿童也就把基于母亲的呵护、抚育和养护所产生的尊敬、信任、感激等情感扩大延伸到兄弟、姐妹、同伴和其他社会成员中去。

裴氏主张，在人类所拥有的一切关系中，人与上帝的关系是最根本的。对上帝的信仰是人类所拥有的最高形式的情感，这是人类所有自尊与自信的根源，是所有快乐、平静和力量的源泉。“正如人类的正误感无法被摧毁一样，信仰上帝是人类教育的无法变更的基础，它隐藏在人类本性的最深处。对上帝的信仰始终是人的一部分，不管他的处境如何卑微。”[19]教导孩子们对上帝和世人常存感激之心，“一生确实地爱上帝，爱人类”[20]。

在信仰与爱的基础上，裴氏主张乡村教育最终目的还在于培育乡村民众的意志，并致力于最终达至意志自由的境界。“教师要以纯洁的慈母心，着手把孩子对自身能力的感觉同他对道德的感觉结合起来，唤起孩子对上帝的爱慕之心。”[21]

三、依据自然与遵循自然的教育：穷人教育学的原则性设计

裴斯泰洛齐穷人教育学的构建与实施，还以依据自然和遵循自然为基本原则。作为生活于大自然万千世界中的一个群体，人类的成长与发展也处处体现出对自然法则的尊重。人类的教育活动，也须以遵循自然法则为基本原则。“人类发展的自然进程是不可改变的。在这方面，没有也不可能有两种好的教育方法，只有一种——这就是那种完全建立在自然的永恒法则基础上的教育方法。”[22]

为彻底体现人类教育活动对自然法则的体现与尊重，裴斯泰洛齐运用简化的方法，提出乡村教育的实施需要考虑如何使人的才能和能力的培养与大自然的顺序保持一致。其思考的结果便是“要素教育论”的提出。

裴斯泰洛齐“要素教育论”的基本主张在于：教育的实施应从最简单的要素开始，然后逐步过渡到较为复杂的要素，最终实现个人的和谐发展。这既是人类教育遵循自然法则的产物，同时也是人类对所接触事物成分认识和分析的结果。作为人类认识对象的客观事物，无论其如何复杂，都是由简单的要素所构成的。人类对外部事物的认识和学习也须体现这一特点，即体现由简单到复杂的认识顺序。

在德育方面，裴斯泰洛齐将“儿童对母亲的爱”作为最简单的要素。

个人高尚道德品质的培养，始于“儿童对母亲的爱”这一情感的发展和升华。健康自然的亲子关系往往在儿童的心中引发爱戴、信任、感激、快乐等积极情感。随着儿童在成长过程中生活空间的扩大，儿童的此类情感若引导得法，将会扩充并推及自己所有的亲人，并延伸到邻里同伴和社区成员，并最终指向对人类的信任和对上帝的信仰，裴斯泰洛齐将此过程概述为：“我的教学方法的全部精神实质，与萌生宗教和道德的基本情感同出一源。它完全是从存在于母子之间的自然关系开始的，根本上依赖于把从婴儿期开始的教学与这种自然关系联系起来的艺术，并且用循序渐进的艺术把它建筑在好似我们人类依赖于造物主的那样的心理状态之上。”[23]

在智育方面，裴斯泰洛齐主张智育的任务在于向学生传授知识，同时发展学生的思考、调查研究和判断能力。为了应对个人所面临的越来越繁重的知识学习任务，裴斯泰洛齐主张简化知识和发展学生智力。“我的目标是要在人类技能和人类知识的所有科目中打下坚固可靠的基础；我努力于增强儿童对每一种艺术都能给以简化与概括的能力。”[24] 裴斯泰洛齐将人类知识简化为“数”“形”“词”，数目、形状和词一起，就是教学的基本手段。在裴斯泰洛齐看来，任何对象的外部特征的总和，就是由它的轮廓和它的数目组成的，并通过语言为我们的意识所掌握。

在体育方面，裴斯泰洛齐主张儿童身体的健康发育和成长在其综合发展中处于基础地位，并构成其综合实践能力发展的重要内容。基于对人类活动的考察和分析，裴斯泰洛齐将“各种关节的活动”作为儿童体育的要素，虽然人类身体活动的表现形式各不相同，但其中都包含着构成人类各种职业的最复杂的行动的基础，即自然所赋予的关节活动的能力。在儿童的体育活动中，正是借助于各种关节活动，儿童的体育训练才逐步完成从简单活动向复杂精细动作的过渡。

四、面向实际与追求实用的教育：穷人教育学的实效性阐释

改变乡村贫民生活的迫切性和村民对一种简单实用的乡村教育的需求，决定了裴氏穷人教育学的实效性追求。这一追求全面体现在裴氏穷人教育学的知识观、教育目的观和乡村学校教学内容等基本层面的理解之中。

在知识观问题上，裴斯泰洛齐反对脱离实际的书本知识，反对死抠字

眼的真理[25]。裴氏明确提出：“一切知识都是为着拿来实行的。倘若只注重拿知识来饶舌炫耀，知识对人准就无益了。知识和实践就像做手艺一样，两者必须结合”；“实践和行动是人生的基本要务；学问和知识不过是手段、方法，通过这些才能做好主要工作。”[26]

关于教育目的，裴氏借政府部长毕立夫斯基伯爵之口做出这样的表述：“为人在世，可贵者在于发展，在于发展各人天赋的内在力量，使其经过锻炼，使人能尽其才，能在社会上达到他应有的地位。这就是教育的最终目的。发展人的内在力量，不得不利用社会与人生相结合的教育办法，从而使其得到人的品德、家庭幸福、工作能力，直到能实现社会上的需要。”[27]

基于乡村民众生活实际和对教育的需求，裴氏将穷人教育学理解为普通教育与职业教育两大层次：“每个人，即便是最低下的人，都应当获得这起码的、最朴素的人类智慧，这便是普通教育的宗旨。通过实践训练，使这种智慧有益于特殊的生活环境，则是职业教育的目标。”[28]借助于这两类教育的实施，人们便得以在参与社会活动和履行职业责任的生涯中创建属于自己的社会功绩。

因而，在裴氏的穷人教育学体系中，教育与教学的实施必须追求实际与实用，必须与村民的生产劳动实践紧密结合起来。乡村教育既以改善村民的实际生活为宗旨，那么村民的学习就须与手工劳动紧密联系起来。上述裴氏所设计的包括德育、智育和体育教育在内的乡村学校要素教育体系，全面体现了其穷人教育学的实效性与针对性追求。

五、裴斯泰洛齐乡村教育思想的当代中国意义诠释

相对于城市，尤其是大城市日益现代化的城市面貌和不断提高的教育服务水平而言，处于工业化与城市化快速推进背景下的当代中国乡村，教育发展相对落后，城乡教育差距日益扩大。中国乡村教育发展面临合格师资数量不足、课程资源适应性缺乏、乡村文化生活匮乏和乡村教育发展表现出严重的“轻农”和“离农”倾向等诸多问题。借鉴裴斯泰洛齐的穷人教育学思想，展示与阐释裴氏乡村教育思想的当代中国意义，对于思考中国当下乡村教育发展的基本路径和必要对策不无助益。

首先，结合我国当下乡村社会改革与教育发展的根本任务，从根本上确立基于乡村和服务于乡村的乡村教育理念。乡村的经济发展以及整体生活水平的改善，从根本上是源于对乡村物质资源和精神资源的充分开发和利用，其中包括对乡村文化传统的充分利用和对乡村人力资源的有效开发，最终实现乡村建设的目的。为实现此目的，乡村教育必须从乡村实际出发，以乡村当前实际为基点，充分利用乡村教育资源，开发服务于乡村经济发展需要的实用化、生活化课程。将乡村教育仅仅定位于服务于乡村，自然已不适应我国目前社会发展的现实需要。但一味地将走出大山、离开乡村和融入城市作为乡村教育的目标，将势必使得乡村教育因“失血过多”而陷于不断的衰败之中。为体现基于乡村和服务于乡村的乡村教育理念，可以考虑在主要由国家负责服务于乡村儿童的义务教育体系之外，构建主要面向乡村成年农民、以实施适应乡村地方经济发展的职业技术教育为主要内容的乡村教育体系，以造就致力于地方经济发展、适应新农村建设和城镇化发展的现代农民。

其次，中国乡村教育的发展还需要充分汲取绵亘数千年的中国乡土文化的滋养，结合新农村道德建设的具体开展，培育农民的自尊与自信品质，在新农村建设与城市化进程中以自己的劳动赢得社会的尊重。

再次，裴斯泰洛齐注重实效、遵循自然和追求简化的乡村教育思想，对于促进我国当下农村教育的发展，也具有多方面的现实启示意义。如何从农村实际出发，从农民希望尽快提高物质生活和精神生活水平出发，从农民希望从乡村教育中获得致富技术的愿望出发，建构一种为农民易于理解、乐于接受的乡村教育学体系，探索一种运用农民的语言和符合他们生活习惯的教育教学方式，切实提高乡村教育的实效和功能，成为我们思考当下中国乡村教育发展必须直面并做出回答的问题。

参考文献：

[1] 弗兰克·M. 弗拉纳根. 最伟大的教育家：从苏格拉底到杜威［M］. 卢立涛，安传达，译. 上海：华东师范大学出版社，2009.

[2] 阿图尔·布律迈尔. 裴斯泰洛齐选集：第1卷［M］. 尹德新，组译. 北京：教育科学出版社，1994.

[3]［4］［7］［8］［9］［12］［18］［19］［22］［23］［24］［28］裴斯泰洛齐. 裴斯泰洛齐教育论著选［M］. 夏之莲，等，译. 北京：人民教育出版社，2001.

［5］［6］阿·布律迈尔. 裴斯泰洛齐与当代教育［M］. 顾正祥，译. 北京：中央编译出版社，2012.

［10］［11］［13］［16］［21］［25］阿图尔·布律迈尔. 裴斯泰洛齐选集：第2卷［M］. 尹德新，组译. 北京：教育科学出版社，1996.

［14］Freeman R. Butts. A Cultural History of Western Education：Its Social and Intellectual Foundations［M］. McGraw-Hill Book Company，Inc.，1955.

［15］［20］［26］裴斯泰洛齐. 林哈德与葛笃德：上卷［M］. 北京编译社，译. 北京：人民教育出版社，2005.

［17］W. A. Stewart and W. P. McCann. The Educational Innovators，1750-1850：Vol. I［M］. NewYork：St. Martin's Press，1967.

［27］裴斯泰洛齐. 林哈德与葛笃德：下卷［M］. 北京编译社，译. 北京：人民教育出版社，1984.

（选自《湖南师范大学学报（教育科学版）》2014年第2期）

美国当代进步主义取向教育改革的坚守与变通

——“要素学校联盟”研究

洪　明

（福建师范大学　教育学院，福建　福州　350007）

【摘要】“要素学校联盟”是美国当前进步主义教育取向的学校改革组织，它试图坚守传统进步教育的儿童中心、综合课程、社会适应等种种重要主张及其在实践中的大力推行，体现了进步主义教育思想和实践的当代发展，展示了其坚守的一面。同时，作为在保守主义执政时代的生存和发展着的学校联合组织，其思想主张也要迎合美国当前主流改革的需要，在多方面进行调整和变通。“要素学校联盟”在教育改革问题上的23条建议，涉及目标与评价、课程与教材、教学与管理、学生与教师、教育资源利用五大领域，充分体现了其既坚守又变通的灵活姿态。

【关键词】美国；要素学校联盟；进步主义教育；要素主义教育

【作者简介】洪明，1964年生，安徽黄山人，福建师范大学教育学院教授、博士生导师，福建省基础教育与教师教育研究中心常务副主任，中国教育学会教育史分会理事，主要从事外国教育史、比较教育、教师教育研究。

"要素学校联盟"（Coalition of Essential Schools）这个在名称上与西方传统教育思想流派——"要素主义教育"（Essentialism Education）称谓十分接近的名词，指代的居然是美国进步主义教育复活于当代的组织机构，这着实令国人吃惊不小。作为西方新保守主义流派之一，"要素主义教育"是美国活跃于20世纪30年代和50—60年代的重要教育思潮，巴格莱、贝斯特分别是30年代和50—60年代的代表；切斯特·费恩和埃瑞克·赫希则是20世纪80年代新要素主义者的代表[1]。他们的思想也成为当前主导美国基础教育改革方向的理论基础之一。要素主义者之所以以"要素"自称，与其要求把人类历史文化中最本质、最精华的知识内容传递给年轻一代的主张有关。"要素学校联盟"也恰恰是在这一点上认同了要素主义者的观点，取名"要素学校联盟"表达的也是这个意思①。除此之外，"要素学校联盟"在有关教育问题的大部分观点上都是与"要素主义教育"针锋相对的。本文所探讨的是在20世纪80年代以来美国保守主义主导的教育改革中，"要素学校联盟"坚守了进步主义教育的哪些信念，又是如何在保守主义的压力下妥协和变通的。对这些问题的研究，不仅能够使我们进一步了解进步主义取向教育变革的当代景观，而且，对我们理解不同教育思想冲突与融合所带来的边界和前沿问题具有重要的意义。

一、进步主义教育与"要素学校联盟"

进步主义教育运动兴起于美国19世纪后期，在美国盛行了半个多世纪。进步主义教育在理论方面以杜威、克伯屈等人为代表，在实践层面则通过"进步教育协会"及其学校的教改活动表现出来。后因未能解决知识系统传授问题，在美苏冷战、军事和教育竞争加剧的背景下，于20世纪50年代后期逐渐淡出了历史舞台。在大多数国人心目中，进步主义教育只是一个历史的概念。然而，创建于1984年的"要素学校联盟"，在某种意义上可以说就是进步主义教育思想的复兴组织，这不仅是因为其创始人塞泽是杜威教育思想的坚定拥护者，更重要的是，"要素学校联盟"的十项

① 有关"Coalition of Essential Schools"一词，国内有不同译法。有论者将其译为"优质学校联盟""卓越学校联盟"等。但仔细研究其主张可以发现，尽管Essential一词有"优质""卓越"的意思，但更能体现其准确要旨的应当还是中文的"要素"一词。否则，我们就很难理解该联盟十分倚重的"Essential question"一词。

"共同原则"和十四项"实践基准",充分体现了传统进步主义教育的思想理念[2]。"要素学校联盟"十项共同原则是:学会运用心智,少胜于多、精胜于杂,学校的目标应适合于所有学生,个性化教育,学生是活动者、教师是辅导者,展示学习成果,形成礼貌、诚信的校园文化,致力于学校的整体发展,一切资源为了教与学,民主与平等[3]。要素学校联盟的"实践基准"包括"课堂实践基准"和"管理实践基准"两大类。前者包括心智习惯的养成、以学生为中心开展教与学活动、文化回应式教育、差异性教学、要素问题设置、跨学科课程、表现本位评价七个方面,后者同样包括中学后准备、变革型领导、持续性学校改进、专业学习团体、公平和信任的校风文化、为公平的最大资源优化、家庭参与制与社区伙伴关系七个方面的内容。

依据所倡导的基本教育理念和实践基准,我们可将要素学校联盟与历史上美国进步主义教育思想两者的相同之处归结如下五个方面,大致反映传统进步主义和要素学校联盟间的共同教育主张,体现传统进步主义教育与要素学校联盟在教育目的、教育内容、教育组织方式以及教师观方面的共同倾向。

(一)儿童中心

两者都将儿童置于学校教育活动的中心位置。进步主义的学校几乎都是儿童中心的学校,进步教育的理论家们也同样倡导儿童中心的教育理论。尽管杜威本人一直反对别人将他称为"儿童中心论"者,但不可否认,杜威的确是将儿童置于教育的中心的,他指出,学校课程中相关的真正中心,不是科学、不是文学、不是历史、不是地理,而是儿童本身的社会活动。只不过,作为一个崇尚黑格尔辩证法、反对非此即彼思维方式的思想大师,杜威在强调儿童中心的同时,还关注了社会方面,他同时也是一个社会中心论者,认为儿童中心和社会中心是可以在教育者精心设置的儿童自身的社会活动中得到统一的。这是杜威与一般的进步主义教育者尤其是实践工作者的一个重要区别。"要素学校联盟"在强调儿童中心的同时,也注重学校在知识传授和社会职责方面的作用,在一定程度上,将儿童中心和社会中心以及知识中心结合了起来。

(二)整体儿童

受达尔文进化论的影响,传统进步主义教育家认为儿童的发展应当是身心的有机和整体的发展,认知、情感、意志、行动等是须臾不可分割的。"要素学校联盟"同样也重视整体儿童的发展,尤其关注儿童的心智成长;

主张在评判儿童的发展方面不能以某项单一的标准来衡量，尤其是反对传统学校将知识的学习和掌握作为教育的全部任务；主张要把儿童的整体发展作为教育致力的目标。

（三）活动课程

传统进步主义教育家反对传统学校的分科体系和知识灌输，要求通过精心设置的情境活动，让儿童在活动中实现发展。杜威也同样倡导活动课程，与一般的进步主义教育家不同的是，杜威提出了活动课程应当实现向学科课程过渡的问题，认为随着儿童年龄和经验的增长，教材也应当从儿童的心理程序过渡到知识的逻辑程序。但总的来说，让儿童在活动中学到知识、获得发展是传统进步主义的重要特点。"要素学校联盟"也十分重视活动课程在儿童发展中的作用，将儿童活动作为儿童成长的重要途径。

（四）综合知识

传统进步主义教育家在强调儿童的整体发展的同时，也强调综合知识的学习。他们认为人的心智是整体的，对知识的学习也需要是整体的。知识的学科式的分门别类是人为的结果，且远离儿童自身的生活经验。"要素学校联盟"同样肯定综合知识的学习十分重要，认为只有在活动中实现知识的综合，儿童才能学到活的知识，领悟到知识的真谛。这样的知识由于与儿童的经验直接关联，因而也容易为儿童所理解和掌握。

（五）教师是指导者

传统的进步主义教育将儿童视为积极的学习者，认为儿童的成长本质上是自我发展的过程。教师在教育中所担任的角色主要是儿童学习的指导者。"要素学校联盟"也同样将教师视为儿童成长的指导者，要求教师应当在学生自主活动的能力不足时才提供适当的引导和帮助。

除与传统进步主义具有以上共同点之外，要素学校联盟作为在保守主义执政时代的生存和发展着的学校联合组织，其思想主张本身也有与传统进步主义教育略异其趣的一些不同点，如要素学校联盟吸取了传统进步主义教育未能处理好系统知识传授的经验教训，迎合了美国社会对基础教育的质量要求，强调应当重视学生的学业成绩，并将之作为教育和教师评估的重要内容；同时，要素学校联盟也强调知识的学习并非越多越好或越难越好，而应当萃取人类知识之精华，把握其基本要素，内容应当尽量少而精。这些都是"要素学校联盟"的创新观点。此外，要素学校联盟将表现性评价作为衡量学生学习和教师教学结果的手段，也反映了其与时俱进的思想特点。

二、要素学校联盟的坚守与变通

总的来说，当今要素学校联盟面临的环境与19世纪后期到20世纪上半期进步主义教育所处的宽松自由的社会背景截然不同。要素学校联盟生存在美国保守主义势力如日中天的时代，联邦政府对教育的干预和控制达到了史无前例的程度。从1983年《国家处在危机之中：教育改革势在必行》教育报告到1989年美国教育峰会和2002年《不让一个孩子掉队法》，从国家课程、统一考试到学业进步评估和问责制的建立，要素学校联盟生存的空间不断被压缩，处境也越来越困难。在这种新的历史条件下，进步主义取向的要素学校要生存下去，就必须对传统的进步教育理念做出调整，并在改革和实践方面推陈出新。在这一背景下，早在1990年，要素学校联盟的领导者之一凯瑟琳·库斯曼就依据塞泽的思想路线，针对当时美国的教育政策和制度，提出了实现改革变通的23条建议[4]，以使要素学校联盟能够逆境求生。

分析这23条建议，我们大致可以将之归纳为五个方面：目标与评价、课程与教材、教学与管理、学生与教师、资源利用（见表1）。这些建议在坚持当代进步主义教育取向的十大原则的同时，也在一定程度向主流的保守主义思潮做了妥协，除了坚持要素知识和表现性评价外，"要素学校联盟"在23个事项上的变通思路主要是策略性的。

表1 要素学校联盟改革变通的23条建议

范畴	序号	事项	外部政策与制度	要素学校对策
目标与评价	1	表现评价	州组织大规模的标准化考试对学生进行评定。	鼓励学生达到或超过州的标准。在州考试不能覆盖要素学校学习内容的情况下，采用替代或附加的评估方法，如档案袋评估等。
	2	能力测试	州实行学生基本知识和技能考试。	鼓励学生达到或超过州的标准。但对有可能削弱学生思维、交流和解决问题能力培养的考试，不宜过于突出。
	3	学业成绩	州对学生的课程绩效目标的要求。	鼓励学生达到或超过州确定的目标，同时还要求学生学会思维。

续表

范畴	序号	事项	外部政策与制度	要素学校对策
课程与教材	4	课程要求	州规定中学必须开设某些特定课程。	将州规定的特定课程整合到跨学科课程中去。比如，将“美国历史”整合到11年级的“人文”课程中去。
	5	课程架构	州或学区制定教学大纲或教学指南。	考虑到冗长过细的课程规定会妨碍学生的主动学习，要素学校将要求免除这一规定，同时，制定自己的适合学生主动学习的课程架构。
	6	教材选择	州或学区指定中小学所用教材。	将州或学区指定的教材作为学生探讨问题时可资利用的文本资源之一。
教学与管理	7	法定监管	州依据法定要求提高学生学业标准。	基本知识和技能的测验是必需的，鼓励学生达到或超出州的标准，但并不需按指定的方式方法来教学。
	8	师生比例	州或学区对师生比和教师教学负担所做的规定。	要素学校的师生比和教师的教学负担应低于州或学区规定的最高水平。
	9	任务豁免	可与州达成协议以免除某些法定任务的规定。	可寻求免除不适合要素学校目标的法定任务，这对要素学校的发展极为重要。
	10	课时安排	州或学区有关学校课时和课次的规定。	要素学校可在跨学科教学中实现规定的课时和课次的要求，可按学生活动时间累计计算；或者申请豁免。
	11	教管制度	州在教学和管理制度上有特定的要求。	要素学校要求给学生的主动学习以特殊的地位。
	12	实验特权	教改实验学校被赋予鼓励改革的优惠条件。	将要素学校的教改纳入实验，以获取诸多豁免权，可不依从州或学区的规定进行教学活动。

续表

范畴	序号	事项	外部政策与制度	要素学校对策
学生与教师	13	年级划分	州制定的中小学学生年级划分规定。	将州规定的制度转化为适合要素学校的制度，或者要求允许在要素学校中实施特殊的分级制度
	14	升学要求	州要求学生升级须和考试分数及知识掌握水平挂钩。	鼓励学生达到或超过州的升学标准。如果州的考试内容无法反映学生的批判思维方面的情况，要素学校将采用其他的评估手段另行考察，如档案袋评估等。
	15	毕业要求	州制定的有关中学生的课程和毕业要求。	要素学校将在跨学科课程中满足这些要求，同时努力促使州和学区将学业成果展示作为学生毕业的前提。
	16	荣誉要求	州制定的有关毕业生的额外要求。	要素学校的课程和评估将满足这些要求，但将以非常规的方式表现出来。
	17	成就奖赏	州和学区奖励学生成绩的规定。	州和学区奖励成绩优秀或进步较大的学生有助于要素学校了解主动学习方法的有效性。
	18	资格认证	州规定教师须持教师资格证书才能上岗任教。	坚持跨学科课程和教师是通识者理念，与持证教师合作，实施团队教学，或者赋予通识者教师以特殊地位。
	19	工会契约	工会制定的有关教师权利和义务的契约。	与地方工会合作协商，废除妨碍要素学校教师工作的条款，尤其是在跨学科教学、合作策划、学生辅导等方面。
	20	教师评价	州有关教师评价的具体规定。	不拘泥于州或学区的规定等，将主动学习和合作学习置于优先位置，需采用多样化的评估。
资源利用	21	教学奖励	教师和学校创新改革的各类竞争性资助。	此类资助有助于要素学校的教学改革。
	22	社区资源	社区在促进学校发展方面的作用重大。	挖掘社区资源，支持要素学校改革。包括鼓励社区参与到课程目标和教学策略的制定中来。
	23	商业伙伴	工商界在学校改革中扮演重要角色。	争取工商界对要素学校的支持，包括对要素学校决策的支持和教改的资助。

（一）目标与评价

心智习惯的培养是要素学校联盟的主要教育目标，它力求培养具有批判性思维、善于解决问题的人。这一目标与美国保守主义势力主导下的注重提高学生学业成绩的教育目标是有较大出入的。但由于美国各州都确立了有关学生基本知识和技能的标准化考试和绩效目标，要素学校联盟无意与之直接对抗，因而对州在教育目标和评价方面的要求采取了变通的态度，表示要素学校将鼓励学生达到或超过州的目标和标准。但同时也提出，并不是将州的目标和评估方式作为要素学校的全部，而是将州的目标和评估纳入要素学校联盟的目标和评估框架内，使之成为要素学校联盟目标和评估体系内容之一。与此同时，对被州忽略而对要素学校联盟来说却是十分重要的教育目标和评估方式予以了特别的强调，如思维、交流和解决问题能力培养，档案袋评估的使用等。从实践层面看，在联邦和州的政策压力下，要素学校已经将标准化考试纳入学校体系。不过，要素学校联盟的教育目标与当下美国标准化考试所立足的目标是存在根本性矛盾的，无法真正得以调和。正因如此，要素学校联盟的支持者强烈呼吁要取消标准化考试，在抨击《不让一个孩子掉队法》和“退出考试运动”运动中扮演着积极的角色。尤其是奥巴马总统上台后，全美取消标准化考试的呼声日渐高涨，要素学校联盟在其中发挥了重要的作用。

（二）课程与教材

联邦和州的政策通常要求高中阶段的学校必须开足所要求的全部课程，且这些课程通常都是按传统的方法进行学科分类的，这就与要素学校联盟所倡导的注重学科知识间相互联系的原则发生矛盾。在这种情况下，要素学校联盟学校会做出妥协，首先按政策的要求开设课程，然后进行变通，将政策要求开设的课程融入自己的课程体系中，如将“美国历史”融入人文科学课程中。在标准化考试的风行之下，要素学校联盟为了让学生能在考试中取得好成绩，虽然并不按照特定的教学方法与课程来教学生，但是在设置课堂的要素问题时，教师会在一些课程中，花一部分时间检查学生的学习习惯，教授学生如何准备测试，而这些内容是与联邦政府的课程大纲紧密相连。由于“要素学校联盟”的课程设置多而灵活，并基于学生的活动，所以，在教材的选择方面也是灵活多样的，学生可以从书籍、杂志上获取阅读材料，也可以从电影、录像、录音截取视听材料，还可以到企业、博物馆等进行实地考察，其与家人、教师、领导、同学的交往也是获得知识的重要途径。由于州的政策往往规定学校必须选择使用本州或本地区选定的教材，为寻求变通，要素学校在根据自己的课程主题选择和编制教科书时，一般将州或地区规定的教科书当作参考资料的做法，既遵守了州和地方的政策规定，也坚持了自己的课程理念。

（三）教学与管理

要素学校联盟在管理上强调合作，要求重大决策由董事会、校领导小组、年级小组、教师团体协商决定，并鼓励学生、商业和社会组织参与管理。在接受州的基本知识和技能考试的同时，要素学校联盟也要求各州给学校在教学和管理方面更大的自主权，认为学校不必按州或学区指定或推荐的方式方法来完成州的学习目标。在教学方面，要素学校联盟强调教学方法的多样性。除课堂教学外，特别强调项目研究学习、研讨会等方式，尤其重视利用现代技术进行教学。同时，个性化教学和小组合作学习也是要素学校联盟所看重的教学方法[5]。要素学校联盟在教学管理上的一个突出特点就是强调小班化教学，并将之作为自己教育改革的项目，创立了实验基地。要素学校联盟认为，小规模的学校、小班教学和适当的师生比，能够更好地满足不同学生的需要，为学生提供更为优质的教育服务。要素学校联盟一般要求学校的学生规模控制在300人以内，每位中学教师所教的学生不能超过80名，小学教师所教的学生不超过20名[6]。为迎合州标准化考试的需要，要素学校联盟在平时的教学过程中，不断地渗入标准化考试所要求的知识内容，让学生在跨学科教学中学习备考的必备知识。对一些难以接受的规定，要素学校联盟则要求州予以豁免。

（四）学生与教师

在学生评价方面，联邦和州的政策要求学生参加标准化考试，这种强制学生参加外部考试的做法与要素学校联盟倡导内生和多元的考试理念相冲突。对此，要素学校联盟在不得不同意学生参加各种外部考试的同时，提出了补充和纠正措施，主张当外部考试不能完全评估学生的能力时，可以附加其他的评价标准和方式。为了应对标准化测试，要素学校在课程中设置了考试内容，学生也需要花费较多时间和精力深入地学习，只不过是要素学校联盟希望在自己的课程体系下尤其是在跨学科课程中让学生学习州政府规定的知识内容。因为它相信，不论通过什么方式学习，只要能透彻地了解所学知识，那么通过标准化测试就应当不成问题[7]。同时，要素学校联盟要求学校以学生的学习成果为毕业的依据，并在年级划分、升学与毕业要求等方面都做了具体的规定。在对教师的专业要求方面，要素学校联盟强调，教师首先是一个通识教育者，能够教授跨学科课程，而联邦和州的政策则更为强调教师的学科知识背景；这也导致了要素学校联盟有关教师专业的要求与州的教师资格证书制度间的冲突。为解决这一问题，要素学校联盟不得不将不同科目的教师组成了团队，实施团队教学，以发挥教师集体的优势。同时，在州有关教师评价的政策和制度上以及工会有关教师权利的规定方面，要素学校联盟也都提出了自己的应变策略。

（五）教育资源的利用

要素学校联盟在教育资源的利用方面主要涉及三个问题：如何充分利用外部奖励基金，如何利用学校所在的社区资源，以及如何通过与商业界的合作获取外界对学校的更大支持。要素学校联盟鼓励和支持教师和学校的创新性改革，要求各类机构都为这种创新性变革提供竞争性资助，甚至主张每十个学区就应当有一名州指派的“领导人”主持这项工作[8]。利用社区资源来促进学校发展，实现学校与社区发展的互动，这是进步主义教育有关学校与社会关系的主要观点之一。要素学校同样认为社区和家庭也是影响学生发展的重要渠道，要求建立家庭参与制，构建学校与社区的伙伴关系，让社区与家庭都参与到课程目标和教学策略的制定中来。同时，学校也应当经常举办社区会议、家访、见习实习等活动。此外，对工商界和其他社会组织在学校改革中的作用，要素学校联盟予以充分的肯定，认为它们不仅可以为学校的改革和发展提供资金的支持，而且，还可以为学生提供大量的社会资源和学习机会，包括为学生提供项目研究学习和见习实习的机会。

二、结　语

要素学校联盟是美国进步主义教育取向的学校改革组织，体现了进步主义教育思想和实践的当代发展，展示了其坚守的一面。但时代的变迁和保守主义一统天下的现实背景，使得要素学校联盟在弘扬进步主义思想理念的同时，也要与时俱进、推陈出新。除在要素知识和表现性评估等方面表现出来的新思路外，要素学校联盟提出的23个方面的坚守与变通，最能反映进步主义教育在美国当前的处境及其应对策略，是进步主义教育在保守主义时代为求生存与发展所做的妥协，在某种意义上也可以被看成是进步主义教育与保守主义教育思想交锋的结果，充分体现了两大教育思想体系在实践中的冲突与调和状况。

要素学校联盟寻求生存和发展的策略主要有四种手段。第一，接纳改造。对联邦、州的某些难以改变和撼动的教育政策与制度采取妥协姿态，将之融合到自己的教育理念和实践之中，使之成为自己教育体系的一部分，如对联邦和州指定课程的接纳并将之分解到跨学科课程中去。第二，协商合作。对那些需要相关机构支持才能完成的改革事项，则采取与其他机构合作的态度，如对工会制定的有关教师权利和义务的契约等。第三，力争豁免。对那些难以接受的联邦或州的要求，则利用州或学区的政策弹性空间予以规避，争取求得豁免，如对州或学区有关学校课时和课次的规定等。第四，主动出击。积极主动地影响美国联邦和州的教育决策，为进步主义取向的教育改革创造有利的政策背景和现实条件。以反对标准化考试为例，要素学校联盟一方面积极参加“退出考试”运动；另一方面，也尝试影响和改变当前的教育的政策，组织教师进行游说培训，以使那些能够对国会议员施加影响的教师能够将游说工作做到极致。要素学校联盟的生存与发展的前景很大程度上取决于联邦和州的政策环境，而影响美国教育政策的因素是十分复杂的，是各种政治和社会力量博弈角逐的结果，要素学校联盟也想在这方面充分施展自己的力量。伴随着《不让一个孩子掉队法》重新授权的受阻和美国民主党的当下执政，这一博弈过程还在持续并加剧，要素学校联盟的未来走向值得我们持续关注。

参考文献：

[1] 张丽玉，洪明. 要素主义教育思潮在美国的新发展——当代要素主义者切斯特·费恩的教育改革主张［J］. 外国教育研究，2006（03）；孙曼丽，许明. 美国当代新要素主义者的教育观——赫希的教育思想探析［J］. 福建师范大学学报：哲学社会科学版，2007（3）.

[2] 洪明. 美国当代进步主义取向的学校变革——“要素学校联盟”的原则、实践基准和组织模式研究［J］. 比较教育研究，2013（1）.

[3] Coalition of Essential Schools. The CES Common Principles［EB/OL］. http://www.essentialschools.org/items/4.

[4] Kathleen Cushman. Educational Policy and the Essential School，1990［EB/OL］. http://www.essentialschools.org/resour/93.

[5] Jodi Paloni. Nature's New Educational Mandate：No Child Left Inside，2007［EB/

OL]. http://www.essentialschools.org/resou/370.

[6] Coalition of Essential Schools. Access, Opportunity, and Post-secondary Preparation, 2009 [EB/OL]. http://www.essen tialschools.org/item/18.

[7] Coalition of Essential Schools. Looking Back on 15 Years of Essential School Designs, 2002 [EB/OL]. http://www.essen tialschools.org/resour/168.

[8] Kathleen Cushman. Essential Schools and State Systems: How Is the Climate Changing Coalition of Essential Schools, 2002 [EB/OL]. http://www.essentialschools.org/resources/94.

（选自《教育研究》2014 年第 8 期）

通古今之变

——第八届"两岸四地"教育史论坛综述

郑振伟

（澳门大学　教育学院，澳门　991078）

【作者简介】郑振伟，1963年生，广东普宁人，澳门大学教育学院副教授，博士，主要从事文学及教育史研究。

2014年11月29—30日，第八届"两岸四地"教育史论坛在澳门大学的新校园隆重召开，迎来了大陆、台湾和澳门等地四十多所高校或研究机构近七十位专家学者；大会共宣读了六十多篇论文，作者大多重视原始文献的应用，也有以案例做研究对象，讨论的内容颇富新意，体现出在思维和研究方法上的创新。这次论坛由澳门大学与澳门特别行政区政府教育暨青年局联合主办，协办单位有澳门中华教育会和澳门天主教学校联会。教育暨青年局局长梁励女士和澳门大学教育学院院长范息涛教授在开幕典礼上分别致辞。

一、传统教育思想的继承和借鉴

这次在论坛上宣读的论文，有相当部分是关于古代教育思想和文化方面的研究。丁钢的文章别具一格，以“村童闹学图”这种风俗图像作为研究对象，认为村童闹学的题材有其社会历史依据，并非完全出于想象，以图证史，并以文献佐证，尝试迫近古人日常的教育生活和历史真相。周勇就直接借“日常生活”的概念，以张岱、汤显祖的经历作为史的参照，讨论前人面对人生教育的难题，也就是当举业和传统儒家教育实践不再是学子的选择时，什么样的功课才能给人生带来欢乐，选题颇具开创性。王雷则提出继承私塾名师的教学绝活，包括语言、教学和书写等技能，尝试破解建设一流教师团队的难题。王凌皓和杨冰探索先秦儒道墨法各家原创性教育思想的创生规律，点出当代原创性教育理论的形成，实依赖于学术环境的改善和学术主体的奋发有为。谢乃和则追溯典范政治的建立，认为周代讲求君德的培育，以宗法礼俗为特征，首重社会成员的道德自律和社会公德的培育，全方位的德育体制对当下国家治理有启迪借鉴的价值。韩红升和薛海霞尝试从美德意境讨论传统教育的智慧，并以历史事例说明其转化有助于解决当前的教育难题，这些难题包括过度重视西方教育哲学和社会思潮，过度强调科学属性，背离传统经典思想，等等。蒋明宏以徐霞客家族做案例，探索江南家族如何突破传统的社会和家族的择业观念。黄宝权从文化传承、人才培养和乡村治理等方面剖析古代家族教育活动的历史意义和价值。赵国权认为孔子不但诠释了生命的价值，而且以生命教育活动向弟子及世人传递生命的真谛和追求，故孔子的教育根本就是一种启发生命自觉而使人自己成其为人的教育。宋明理学方面的研究，陈俞志考察陈襄等“闽中四先生”对于福建理学在开展和传播方面的贡献，然后就是以杨时为首的理学人物的教化活动，认为洛学南传所形成的师承体制以及其中人物对二程理学的传播和阐发，实为以朱熹为宗的闽学及其思想体系的基石，在继承前人的观点上有创新的开拓。王建军以《大科训规》和《大科书堂训》为主要材料，论证湛若水书院管理所贯彻的明德、亲民和敬谨精神，而其可贵处在于能于日常生活中见精神，而非仅限于治国平天下的政治舞台。

二、近百年中国教育的研究

中国近百年教育现代化的发展艰难曲折。郭娅和曹宁以《教育官报》所刊载的资料，分析晚清在推行教育新政时的困境，包括经费匮乏、管理疏失、乡民抵制、官员敷衍塞责、师资缺乏、生源不足、教学内容滞后、学堂环境恶劣等问题。周愚文也肯定了吴汝纶对于日本教育考察的成绩，认为无论在个人学识、接待层次、考察方式上都是无出其右的，惜因返国后的政局问题，而未几又病逝，考察所得未受适当的重视，而癸卯学制最后也只是片面移植日本的制度，无法符合中国当时的国情。田正平和张寅则瞄准了把持省级教育行政机构的教育厅长，通过对这个群体的资历等相关文献的具体分析，对民国时期的教育发展与教育厅长的选任标准和任期长短之间的内在关系做了深入分析。关于民国时期的教育人物研究，陈仲彦以陈礼江任职江西省教育厅长期间为考察中心，采用文献分析的方法，呈现出陈礼江早期的教育理念。张耀宗探讨的是胡适在推动中国教育现代化发展的过程中所做的贡献。张亚群则分析了哥伦比亚大学教育学博士郭秉文的通识教育理念及其对当今教育的借鉴意义。

此外，也有学者讨论外国教育思想的引进、民初的教育制度以及近代教会大学的发展。曾重凯探讨的是晚清民初德国教育在中国的流传情形，文章介绍了1904年《奏定学堂章程》中的赫尔巴特教育思想、蔡元培的教育观以及经美日转介的德国文化教育学派斯普朗格的教育理念。祝若颖分析了1931年9月“国际联盟中国教育考察团”对中国师范教育制度及其对战后初期台湾的影响。曲铁华谈民国时期高等教育政策的发展嬗变。商丽浩谈民初国立大学教师薪酬制度演进和政府管控。吴民祥则以教会大学图书馆功能为题，并以燕京大学、金陵大学、圣约翰大学图书馆功能演变为考察对象，认为其功能演变轨迹体现出教会大学从变革而日渐走向中国化的历程。肖朗以大夏大学、金陵大学和国立社会教育学院为例，讨论这三所大学对电化教育发展的贡献。

三、澳门教育史的研究

由于这次论坛在澳门举行，故刘海峰教授的文章即从科举和澳门的博彩着墨，探讨昔日在广东盛行的闱姓（又称卜榜花）赌榜科举——利用猜科举中式者的姓氏来赌博。作者在会上展示了新发现的稀见闱姓原始文献，具体分析闱姓博彩的方法，并论述此类科举文献的独特价值。澳门中华教育会的刘羡冰女士以“唔穷唔教学”这句俗话为题，详细阐述20世纪50年代到澳门回归这五十年，澳门教师在中华教育会的领导下，如何扭转宿命，分阶段叙述教师如何团结自救、争取社会关注、要求政府承担公共教育、争取公平合理待遇以及争取合理的工作条件的。

澳门大学的团队提交了五篇与澳门教育史相关的论文。王志胜探讨了四百多年来在澳门的天主教教育，该文从文化困境立论，指出天主教教育虽然在澳门曾经盛荣一时，但随着传教市场的萎靡，依附于其中的教育无可避免地逐渐式微，澳门某些中小学虽然至今仍保存一些天主教教育的办学模式，但实质内容已发生根本改变，故认为教育的生存始终是由文化环境决定的。张伟保则专注于中国的第一所新式学堂“马礼逊学堂”，讨论创校的布朗（Samuel Brown）校长的教育理念，认为这所学堂让更多的中国年轻人开始了解外面的世界，无论在学校课程的设置还是活动时间的安排方面，中国年轻人经历着不一样的学习方式，传统的中国教育与马礼逊学堂的八年学制教育有着巨大的差异性。而这所学堂对发展中国新式学堂的后人有着很大的影响力，同时培养了一批优秀人才，它成为中国教育现代化的一个很好的典范。郑振伟则在澳门教育史料匮乏的情况下，从澳门档案和旧日的报章新闻中，整理出 20 世纪 40 年代国语运动在澳门推行的一些情况，总结出国难时期统一国语对团结侨胞的重要性。郑润培则回顾了澳门在 20 世纪 90 年代澳门教育的发展，涉及澳门教育制度、实施免费教育、兴建校舍、教师团队、学额和课程与教材等方面的讨论。另外，澳门理工学院陈志峰探讨澳门教育界历经二十多年才争取到的澳门私校法律，剖析个中因由，点出立法的重要性以及法律对于澳门教育发展的深远意义。

四、小　结

这次论坛，有关西方教育史的研究，如单中惠讨论了西方课程理论中的两个基点，即学科知识和学生生活经验。杨智颖以芝加哥帕克（Parker）学校课程改革实践的历史作为探究主题，探讨这所百年老校在课程史上的意义。陈小红则比较哈佛大学和哥伦比亚大学通识核心课程。顾晓云探究英国教育家登特（H. C. Dent）在二战期间所提倡的教育改革理念及其对于这场教育改革的贡献。马立武剖析了影响美国国家课程制定的社会、政治、教育文化传统等影响因素，并以历史课程标准作为分析案例。宋明娟则讨论杜威办理实验学校的课程理念等。其他还有关于美国保守主义基金会对大学的资助战略研究，当代美国教师教育的发展取向，英国教育思想演进，二战前旧金山华人中文学校教育研究以及哈佛大学章程的溯源等。部分来自台湾的学者，讨论战后台湾小学的教与学典范的转移，日本殖民统治时期台湾新竹关西地区初等教育的发展等诸多方面的问题。

本届论坛于11月30日闭幕。闭幕式上，本届论坛的筹委、澳门大学教育学院副院长郑振伟副教授总结本届论坛得到各方面的支持，取得了可喜的成果。在会上展开的讨论，包括私塾、蒙学、书院、教育思想、教育制度、义务教育、教会教育以及近现代教育的改革和发展等主题。通古今之变，将有利于深化认识，并作为教育改革和发展的借鉴，学术活动和联系的加强，将有利“两岸四地”教育文化的交流和合作。

（选自《河北师范大学学报（教育科学版）》2015年第2期）

鉴古足佐明今　察今亦裨识古

——第十一届科举制与科举学学术研讨会综述

程　伟

（厦门大学　教育研究院，福建　厦门　361005）

【作者简介】程伟，1984 年生，河南商水人，厦门大学教育研究院博士研究生，主要从事教育考试与科举学研究。

2014 年 11 月 13—15 日，第十一届科举制与科举学学术研讨会在广州举行。此次研讨会由中华炎黄文化研究会科举文化专业委员会、厦门大学考试研究中心和广东讯飞启明科技发展有限公司联合主办。来自教育部考试中心、中国社会科学院、南开大学、南京大学、吉林大学、厦门大学、湖南大学、华东师范大学、中国政法大学、华南师范大学、河北师范大学、香港科技大学、日本东北大学、日本福冈教育大学、韩国首尔大学等数十家高校、科研院所、出版社、杂志社、报社、文博单位及考试机构的八十余位海内外专家学者参加了会议，提交论文 58 篇。研讨内容涉及古代科举与现代考试、科举制度的历史价值与借鉴意义等各个方面。现将研讨内容择要综述如下。

一、科举贡院与科举文献研究

科举贡院与科举文献作为有形的科举物质存在，是科举学研究的重要方面。刘海峰的《清代广东贡院与乡试的特点》一文，在大量翔实资料的基础上，指出清代广东贡院规模宏大，受到外国人特别关切，留下许多照片和外文记载。钱建状的《宋代的州府贡院与贡院记》对记录宋代州府贡院兴建或重修的贡院记做了深入研究。蔡惠茹的《论地方科举文献的类型、价值、问题及使用——以现存明代福建科举文献为例》一文，分类介绍了现存的明代福建科举文献，并深入探讨了地方科举文献的研究价值、存在的问题以及在使用中可能的解决途径。吴根洲的《清代进士题名碑录籍贯四级著录释疑》对存世的清代进士题名碑录籍贯四级著录方式进行了严谨的考证。日本学者大野晃嗣的论文《关于莱顿大学所藏〈道光甲辰恩科顺天乡试硃卷〉》，对荷兰莱顿大学所藏的道光甲辰恩科和顺天乡试硃卷做了详细的介绍，对我们了解科举文献的海外遗存情况有相当帮助。

二、科举人物与士人心态研究

科举人物是科举时代士人的主体，在 1 300 年间中国社会历史和文化教育活动中扮演了重要角色，是科举学研究中不可或缺的内容。王日根和张霞的《仕途的平顺与坎坷：赵吉士的个案》对明末清初士人赵吉士的仕途经历进行了详细梳理。李林的《黔中首魁今安在——光绪丙戌科状元赵以炯的家世背景、科举经历及仕宦交游》，对光绪丙戌科状元赵以炯的家世背景、教育与科举经历以及仕宦交游进行了详细考察。

科举社会士人的生存状态及其心态是科举学研究相对薄弱的一环，张亚群的《论唐代士人的科举心态与考试崇拜》一文，在考察唐代科举考试特点的基础上，透过进士科试律诗等文献，分析了唐代士人的科举心态及考试崇拜，有助于我们从一个侧面认识早期科举社会士人的心态状况。吴四伍的《论清代科举士人的考试压力与日常生活》通过梳理清代士人日记、书信及来华西方人士记录的史料，指出科举考试给士人带来了极大的心理压力，这种压力既有来自个体的自我追求，还有家庭生计以及亲属和师友的期许。刘明坤的《论“民国三潮”中科举经历知识分子批判思想的矛盾心态》一文，通过三部长篇小说“民国三潮”，分析了清末民初有过科举经历的士人对科举制度“批判与怀念”的矛盾心态。

三、科举考试与科举教育研究

科举与教育有着不可分割的内在联系。科举的目的在于取士，教育的目的在于养士，取士与养士两者互为依存。因此，历来人们言古代教育者，不能不言及科举考试。科举考试与科举教育也是科举学研究的一个重要方面。胡凡的《明代建文庚辰科鼎甲殿试对策析论》、宋巧燕的《论清代科举加试试帖诗的影响》、范晔的《清代科举考试的题目成式》、陈文新和方宪的《明初文化格局中的地方儒学与台阁文风》、毛晓阳的《废科举兴学堂与科举宾兴的存废》、刘先澄的《清代地方官在科举教育中的重要作用》等论文，都从不同角度论述了科举与教育的不可分割的关系。

四、科举制度研究

科举制度历来是科举学研究的重要方面。李世《清代会试中额与登科进士人数之关系》一文，从清代会试中额与最终登科进士人数间的差异入手，对这一现象产生的原因从制度层面做了深入探讨，这一研究成果使我们对科举考试中特殊的制度规定有了更加全面的认识。日本学者水盛凉一的《科举制与中央机关——以清末〈户部同官录〉八旗官僚为中心》利用清末《户部同官录》，对八旗官员出身阶梯及任职年限进行了深入研究。韩国学者朴贤淳的《关于朝鲜时代特别科举考试运作的考察》一文，详细考察了朝鲜王朝实行特别科举考试的形式及运行机制，并就实行特别科举考试的缘由及具有的政治社会意义做了深入分析。高福顺的《辽代进士释褐后的初授官职与迁转》、周腊生的《宋初状元初始职仕考》、邹长清的《清初顺治康熙年间新进士培养方式探讨》、高升的《中国科举史上的"武举"制度刍议》和王晓勇的《清代武科举童试制度探析》等都对科举制度做了探讨。

五、科举地理研究

早在20世纪20年代，张耀翔就对清代进士地理分布进行了研究，之后现代意义上的科举研究渐自兴起，科举地理研究得到了迅速发展，目前在科举学研究中依然十分活跃。李兵的《清代江苏举人解额与中额的统计与分析》在严谨考校分号取中前后清代江苏乡试解额、增广额和中额的基础上，分府州、县两级对清代江苏举人的地理分布进行了分析。程伟的《清代河南进士地理分布特征及其成因》在对清代河南进士总数考校的基础上，以嘉庆二十五年行政区域划分为准，分府（州）、县（厅、州）两级对清代河南进士地理分布进行了分析。戴显群的《试论元代福建科举的暂时低落与客观因素》指出元代福建科举与宋代相比出现了暂时低落，并就低落原因做了深入分析与探讨。日本学者渡边健哉的《元代科举的“冒籍”》依据《元统元年进士录》和《元代进士辑考》，对元代科举士人尤其是色目人应考地域选择问题进行了全面考察。

六、科举家族研究

科举家族是科举学研究的重要内容，也是研究科举社会不可缺少的重要组成部分。郭培贵的《明代进士家族相关问题考论》对进士家族的代际延续进行了研究。王瑞来的《科举家族与地域网络——以曾安强与周必大为中心的个案解析》对北宋官僚曾安强家族的仕途际遇进行了考察。刘虹和张森的《清代顺天乡试举人的家庭出身研究》通过研究清代顺天府举人的家庭出身情况，得出一些不同于以往社会阶层流动的结论。王玉超的《明清小说中的科举与家族》以明清小说为蓝本，探讨了明清家族兴衰与科举及第、家族延续与科举选择、家风传统与举业文章之间的关系。

七、科举评价研究

自科举制度创立后人们对其评价从未中断，直至今日也未终止。特别是科举制度废止后，这种评价成为科举学研究中的一个热点。陈兴德的《近代科举“污名化”现象研究——以甲午战争前后的科举评价为中心》一文，针对甲午战争前后人们对科举评价中的“污名化”现象，考察了近代科举“污名”形成的时代背景及诸多表现，分析了科举“污名”现象形成的文化心理机制和基本特征，指出科举“污名化”不仅主导了20世纪的科举评价，而且限制了今日对于科举制度的理性认识。吴光辉、张凌云的《宫崎史学与科举评价——以〈科举史〉为中心》一文，以日本学者宫崎市定的学术著作《科举史》为中心，对“宫崎史学”的学术立场与基本观念进行诠释性的解读，认为宫崎市定是在民族主义观念下，站在建构“世界文明史”的立场上，对中国科举制度进行评价的。尽管宫崎市定的科举评价强调还原到中国自身的立场上来公正地评价科举制度，但其最终目的乃是为了以中国为工具来论述现代日本的合理性。

八、科举学的现实性研究

科举学既是一门理论学科，也是一门现实性很强的学问。对其进行研究既有重要的学术价值，还能为当今社会提供某种历史借鉴。王宏星的《科举制历史价值与当代借鉴意义》考察了明代进士卢濬和清初思想家黄宗羲的科举观点，分析了科举制度的功过是非，并就科举制对当今高考和公务员考试的借鉴方面做了具体分析。刘清华的论文《科举选才文化对我国考试招生机构专业化建设的启思》，通过分析科举选才效标的高与低和科举选才文化的先进性与落后性，提出从科举选才文化的先进性出发，以现代教育选才的目的和效标为核心，加强我国考试招生机构专业化建设。黄明光的《论明代民族地区乡试考官特点及高考借鉴意义》、胡平的《清代保障乡试中额的原则及措施给予的启示》、王建军的《用好科举改革这根指挥棒——晚清广东教育家的科举改革观》、金戈的《科举地名的社会价值及其当代利用——以南京地名为例》等论文从不同角度对科举学的现实性提出了独到见解。肖佐刚和师毅的《观今宜鉴古——〈千年科举〉系列专题片工作小结》，介绍了科举系列专题片《千年科举》的拍摄缘起与前期准备工作、该片分集题目与内容主旨以及当前拍摄进度与未来设想，并在大会现场播放专题片片段，让与会代表对科举制度和科举文化有了更加直观和深入的认识。

九、现代招生考试研究

现代考试与科举考试有着直接的制度渊源，大规模考试改革研究是本届研讨会一个重要主题，围绕这一主题，有关专家学者就我国当今高考与民国会考以及境外招生考试改革进行了探讨。郑若玲的《弱势群体的高考公平诉求——兼论科举公平之启思》一文，通过综合分析当前高考制度公平性的现状、弱势群体对高考制度评价以及科举制度的公平性建设历程，认为今后高考改革应更加注重对弱势群体的利益考量，设法听取和采纳其意见，切实保障其竞争机会。罗立祝的《“一档多投”录取模式：普通高校招生录取制度改革的重大突破》一文，对我国普通高校招生录取模式的演变进行了系统梳理，并就福建省高考“一档多投”录取模式的经验与成效、影响与局限做了深入分析。刘希伟的《民国教育会考制度探源》对民国教育会考制度尤其高中会考制度的渊源进行了追溯，并就研究民国教育会考制度的学术价值以及对当前高考改革的历史参照意义进行了探讨。

十、其他科举学研究

科举学是一门博大精深的学问，有着广博的研究领域，除上述研究主题外，本次会议还涉及科举思想、科举法制、科举民俗、科举社会以及科举博物馆等内容。日本学者鹤成久章的《明代安福地区的〈春秋〉学——科举传统中的学问谱系》一文，从科举专经的视角，系统研究了明代江西安福县《春秋》学的学问谱系，以此探讨明代思想家的学脉。三浦秀一的《外帘的干预：明代中期各省乡试与思想史》对明代中期各省乡试中，外帘官对内帘官合格评定干预的历史背景及当事人的意识进行分析，认为这种违反制度规定的集体性行为主要是源自当时“人法兼任之微意”的取士信念，体现了阳明学派主体性人士对朱子学体制教学僵化的不满与实践。屈超立的《戊午科场案与清代法制》、杜春燕的《“眼光向下”：科举民俗研究的价值、目标与方法》、张献忠的《科举竞争压力下底层文人的职业选择及其生存境遇——以晚明职业出版人群体的形成为中心》等论文都有其引人思考之处。

综上所述，本届科举学会议研讨内容广博，学科视野开阔，研究主题涉及古代科举与现代考试，不但具有重要的学术价值，而且有着强烈的现实意义。其研究成果集中反映了科举制超越时空的生命力和科举学经世致用的学科特点，研究思路具有古今关照、相资为用的研究特征。

（选自《河北师范大学学报（教育科学版）》2015 年第 1 期）

“全球化视野下的中国高等教育史暨登州文会馆150周年”学术研讨会综述

刘家峰　崔华杰

（山东大学　历史文化学院，山东　济南　250100）

【作者简介】刘家峰，山东大学历史文化学院教授，主要从事历史文化研究；崔华杰，山东大学历史文化学院讲师，主要从事历史文化研究。

美国传教士狄考文于1864年在蓬莱创办了登州文会馆，后发展成为蜚声海内外的齐鲁大学，登州文会馆被学界誉为“中国现代高等教育之源”。为纪念登州文会馆成立150周年，推进中国高等教育史的研究，山东大学与哈佛燕京学社于2014年10月11—14日联合主办了“全球化视野下的中国高等教育史暨登州文会馆150周年”学术研讨会，来自中国（大陆、香港、台湾）、美国、日本的近50名学者齐聚济南，提交论文30余篇，涉及主题有中国高等教育发源、中国基督教大学国际化背景及中外比较、中西学术竞争、大学制度与政学关系、近代大学学科的建立、大学教育与社会职业诸领域。现就此次会议论文的主要内容做一综述。

一、全球化视野下的中西学术竞争与交流

近代以来，西学输入，打破了中学独尊的学术格局，竞争、交流与共进成为主体，但处于文化势能上端的西学成为时代的主流选择，中国传统的学术资源与之竞争可谓是节节败退，由此也在客观上促成了现代大学知识体系在中国的建立。

中山大学桑兵做的主题发言《教会学校与西体中用》，以清代官办新式学堂为切入点，展现了西学在近代中国渐进的历史图景，及新式学校在中学、西学上的抉择历程。包括教会学校在内的近代新式学校在华创办过程中，面临的首要问题是中学与西学内容的取舍。该文以课程设置为主线分析了中学、西学课程在教会学校的演变过程。作者指出，清代官办新式学堂采取“西学为用，中学为体”的办学方针，在课程上以政学为主义，以艺学为附庸；而教会学校也采取中西并行的“双轨”课程设置方式，坚持“西学为体，中学为用”，大致可以概括为“西体中用”，即开设中学的目的是为其传播西学服务。作者认为，中西汇通融合还是分途并重，实则是近代世界一体化进程中后发展社会遭遇的两难命题，而处于文化弱势的东亚社会则相对成功地解决了这一疑难，其中的关键因素即是儒家文化在其中发挥了效用。

香港科技大学李中清的《民国大学生社会来源研究》重点分析了新式学校所培养学生的家庭来源问题。作者利用民国时期上海、广州和杭州等地数所大学近 7 万份学籍卡资料，详细分析国立及教会大学学生的地理分布、性别比例、家长职业构成和来源中学，为研究民国大学生的社会来源、高等教育的社会流动性及国立、教会大学间的差异提供了重要的资料。与之类似，南京大学梁晨的《民国大学职业群体的阶层结构研究——以清华大学为例的考察》利用校方档案资料，从清华大学职业群体的职业结构与规模、收入差异、生活水平差异、社会地位等角度来分析教育水平与待遇差异之间的关联。作者尝试揭示民国清华职业群体的社会结构与社会分层状况，认为民国职业群体间的生活差异巨大，阶层分化严重。虽然教育在社会分层中起到了关键性作用，但过高的教育门槛使得社会流动异常困难。因此，在民国时期，通过教育实现向上的社会流动是困难甚至停滞的，社会阶层间的差距巨大且结构失衡。

全球化视野下的西学东渐，虽然说中国处于被动地接受的地位，但在主观上也开启了中西融合的初步探索。美国雪城大学劳泰瑞的《齐鲁大学、国学研究和路思义的遗产》以齐鲁大学为例，分析了全球化学术竞争背景下齐鲁大学学术研究的两条路向：一条在基督教差会支持下的西学知识传播及其研究，另一条即是在中国人自行发起的国学研究，但是两条道路在发展中并非并行不悖，而是存在竞争，特别是考虑到西方差会这一异质因素，中国人自行发起的中国研究更是蕴含着民族主义精神。

哈佛燕京学社裴宜理（Elizabeth Perry）的《学术竞争的危险：过去和现在》分析高等教育全球化的进程及其在中国本土化的历史发展。该文从上海纽约大学、宁波诺丁汉大学、西安交通利物浦大学等国际学校的创办出发，认为当前中国高等教育全球化与其他国家相比较，有着较为明显的趋势，即其商业化趋势较为浓厚，创办的目的也是为了获取在经济上的收获。实际上，非商业化的学术全球化，在晚清民国即已起步。当时西方传教士将现代高等教育理念散播全球，可以说最早的全球化进程是在宗教场所开展并改革的。作者以齐鲁大学国学研究所与哈佛燕京学社的互动关系为例，分析了教育全球化中的合作、分歧与斗争，特别是学术全球化所面临的困境。

美国卫斯理大学魏爱莲（Ellen Widmer）的《中国教会大学的国际背景》以在华基督教大学与某些美国大学的合作为背景，论析中国基督教大学的特质及其与日本和朝鲜类似学校之间的异同。作者概括了美国教会大学七姐妹学校的基本特色，分析其与中国基督教大学金陵大学、华南大学以及燕京大学女子分部之间的密切关系。作者认为上述基督教女校除在资金上从美国七姐妹学校获得不少资助外，在课程设置、教师管理、宗教生活等教务方面也深受其影响。作者还具体以家政、体育、音乐、语言和科学五项课程内容来分析中国、日本、韩国及美国本土大学之间的异同，指出在语言、音乐和科学的三项课程与美国女子大学存在着相异之处，可以视之为中国高等教育乃至亚洲高等教育的创新。

传教士对中国教育的贡献是本次会议讨论的热点之一。华中师范大学余子侠与乔金霞的《传教士与近代中国电化教育的兴起》，剖析了近代基督教西方传教士对中国电化教育的贡献，重点论述西学东渐的一个侧面。晚清传教士因传教需要而将幻灯、电影等电化器材与知识技术引入中国，并经由书刊介绍、集会演讲、学校应用等方式，逐步为中国人所认识和接受。

在推动现代媒体技术与学校教育联结的过程中，促进我国传统教育手段的更新与现代化，使借助科技新成果而兴的电化教育开始在近代中国社会乃至学校中萌蘖、生发和成形，由之推动了中国近代电化教育的兴起。传教士在这一领域做出了独特的贡献。山东画报出版社赵祥斌的《从拯救到服务：齐鲁大学乡村建设进程》，揭示了齐鲁大学如何走进乡村、开启乡村教育并参与乡村建设并有所贡献的动因。浙江广播电视大学颜芳的《燕京大学社会教育述评》，则反映了燕京大学在社会教育、社会实践方面的主要举措和贡献。

作为本次会议主题之一的登州文会馆，其对中国高等教育、中国社会乃至中国革命的贡献都有学者进行探讨。山东大学齐鲁医院田道正的《试论登州文会馆、齐鲁大学的历史功绩——纪念登州文会馆建校 150 年》，从教科书编写、师资培养等具体方面总结了登州文会馆对近代中国高等教育的贡献。山东省蓬莱阁管理处朱龙的《登州文会馆——西学东渐的孵化器》，叙述文会馆在传播自然科学知识上的贡献。烟台大学李日的《登州文会馆与辛亥革命》，考察了登州文会馆毕业生邹渐逵追随徐镜心参加辛亥革命的史实。山东师范大学田海林的《登州文会馆与中华文明之现代转型》，则从"文明""文化"等语汇出发，充分肯定了文会馆在 19 世纪和 20 世纪中华文明由传统向现代化创造转型过程中的重要贡献。作者认为不应因登州文会馆有外国宗教背景而摒弃其在中国的文化事功，在文化上应确立不论东西中外而唯以是否有利于中华文明进步强大为根本尺度。

二、中国现代大学体制的发轫及建立

中国现代大学体制肇始于西方传教士在华创建的新式学堂，其核心是形成分科教学、形成学科化的教学特点。

复旦大学司佳的《文本、书院与教育：伦敦会早期在马六甲的对华传教准备工作》，围绕马礼逊与米怜在马六甲从事的教育活动，探讨了教会大学在形成学科化办学之前的发展态势：在文本上偏重于宗教知识的印刷及传播，所设立英华书院的目的也是培养信徒及传教助手。作者指出，英华书院致力于传教士中文作品的创制与印刷，并结合书院教育有效提升了文本的传播与利用。值得关注的是，该文利用伦敦会官方档案资料、传教士往来书信，探讨英华书院的中文印刷品内容及其在英国伦敦会早期对华传教、文本布道工作中的位置与作用。

中山大学吴义雄利用《岭南大学校报》对中国现代大学体制的建立进行了考察。《岭南大学校报》是岭南大学的官方期刊，其发行期限长，刊载内容广泛，不仅对学校时事有着大量且集中的报道，而且还刊载了各类公文、笺函、规程、会议记录、纪事、校务、校园新闻等。《民国时期岭南大学制度层面的一些考察——基于〈岭南大学校报〉的分析》根据上述资料详细分析了岭南大学的制度化建设历程。

上海大同大学在民国时期也迈开了制度化的建设步伐。上海社会科学院蒋宝麟的《学人社团、校董会与近代中国私立大学的治理机制——以上海大同大学为中心（1912—1949）》，即考察立达学社、校董会之间的关系及其对校务治理结构的影响。作者认为，大同大学的治理核心乃是立达学社，其人事关系稳定，内部认同强烈，大同大学的历任校长及教师均出自该社；而校董会在很大程度上是适应国家政策的“应景”之举，是应对国家的私立大学立案和办学规则的门帘，因此该社与作为“制度”构成的校董会形成表里共生的关系。

在校务管理体制上的探索方面，齐鲁工业大学徐保安的《合作差会的斗争联合与齐鲁大学的曲折发展》，梳理了北长老会、浸礼会、圣公会等欧美基督教差会联合治理齐鲁大学的史实。他以校长职务遴选、经费筹集及其分配分析了各差会的斗争及其对齐鲁大学发展的影响。该文深入分析了各差会宗教信仰与办学理念之间的歧异，发现差会为学校发展带来充足资源的同时，也使得齐大办学模式与发展路径常陷入复杂的人事与利益纠缠之中。

河北师范大学杨瑞的《近代法科的缘起与流变——以北京大学为中心的考察》，以新文化运动为分界点论述日本、欧美法学对中国的影响．他认为中国现代意义上的“法科”初始乃从日本传入，而有清一代中国法学从思想文本到制度建构则均受法国乃至德国的影响。新文化运动前后，随着东吴大学法科成立，北大法科被单独讲授法律的“法律学系”建制所代，特别是蔡元培对北大进行学术化改造中秉持“沟通文理，合于一科”的理念，使得英美法学逐渐在大陆法派中长期占主导格局，促成北大法科组织形式和体制的美国化。该文指出，近代法科的发展演变，体现出近代西潮冲击之下世界学术浪潮对中国本土学界的影响，而且也渗透了政治权力在知识制度化过程中的决定性影响。

北京师范大学李期耀的《从师德到师美：北京高等师范学校的教育学科化努力》，叙述北京高等师范学校在教育学科化上的努力。北京高等师范学校从德国和美国引进教育学科，先后在1915年和1919年开办了教育专攻科和教育研究科，体现出全球化教育的地方性影响；但是该校在招生方式、课程设计、师资组成、学生实习及毕业去向诸方面也结合中国实际，又彰显出地方化特征。浙江大学张立程的《之江大学的中外合作办学实践》一文，勾勒了之江大学的历史，认为立案后的之江大学在师资、校舍、课程等方面获得了前所未有的发展，即使在抗战期间流亡上海，也依然取得了显著的办学成果。

三、比较视野下的中外大学发展

来自日本、韩国与中国台湾的学者还重点比较了不同国别、不同区域的教会大学的发展，试图从全球化视角总结出地方化的历程及其特点。韩国崇实大学不仅是韩国第一所基督教大学，实际上还是该国第一所综合性大学。日本惠泉女学园大学李省展的《William Baird与韩国第一个基督教大学崇实大学的建立》一文，详细追溯了该校从1897年美国长老教会传教士贝尔德（W. M. Baird）博士创办该校，到1912年日本殖民政府责令该校开办高等教育的过程。作者指出，在韩国现代教育体制建立过程中，以崇实大学为首的基督教大学扮演了重要的角色，特别是其私立大学的办学思想影响了当时政府的教育决策。

日本福冈女学院大学徐亦猛的《二战期间日中基督教教育比较》，探讨二战期间处于国家教育体制之下的中日基督教教育在各种境遇中所做出的不同反应。他以福冈女学院为例，探讨其成立以及该校第一任日本女院长在二战中带领学院成长的过程，该校现在已成为日本基督教女子教育的综合大学。作者将该校与中国的教会学校做对比，认为在对待外来的基督教育方面，中日两国的民族主义思潮对学校发展带来较大影响，特别是20世纪30年代以后，由于国内政治局势及国际环境变化，中国基督教教育逐渐走向国际化的路程，而与之不同，国家主义化则成为日本基督教教育的鲜明特征。

日本北陆学院大学辻直人的《1940年明治学院高等学部东亚科之设立》，主要回答战争时期的政教关系问题。日本明治学院大学是由美国北长老会传教士赫伯恩（James Curtis Hepburn，1815—1911）于1862年创办的私塾发展而来，由四年制大学和二年制预备科组成，其大学授课全部用英语。19世纪40年代日本帝国主义试图建立“大东亚共荣圈”，明治学院也被迫服从政府决策，并因此成立东亚科，专门从事东亚地区历史文化及现实问题研究，为侵略决策服务。

台湾“中央”大学王成勉所提交的《海外办学备艰辛——中原与浸会两大学的比较》，回应了当下基督教大学教育的现实意义。作者认为，基督教高等教育与公立大学之差别，在于其不但让学生获得日后生活的专长与技能，更强调生命的意义，让学生的生活与生命能够协调，进而在日后可以应付未来的环境，并对社会与国家有所贡献。该文还探讨了基督教高等教育在港台两地的发展之异同。作者认为，两所学校虽都面临种种困难，但都始终秉承基督教的教育理念，并最终成功转型为现代社会所接纳的基督教大学。

中原大学陈康芬的《基督信仰的全人教育与人文化——中原大学全人理念与台湾通识教育》，以台湾地区最早倡导“全人教育”（holistic education）办学理念的中原大学为个案，详述了中原大学从当初设计“天、人、物、我”四大类域的课程，以及将课程从教室延伸至校园的校园全人化行动，对台湾高等教育发展有其卓越的贡献。作者指出，中原大学全人教育理念的成功，也刺激其他来自非基督教高校对全人教育理论的思考与建构。

四、政治变迁下的中国现代大学走向

近现代中国的政治发展跌宕起伏，不仅左右了中国现代大学的发展走向，而且对其中个体人物的人生抉择也有深刻影响。著名翻译家黄嘉音、黄嘉德两兄弟创办的《西风》杂志抗战前后风行内地，学界对其二人的翻译成就多有研究，但对黄氏兄弟的学业背景及其大学生活却较少涉及。华东师范大学张济顺的《约园内外：大变局中的黄氏兄弟（1930—1960）》，回顾了黄氏兄弟在上海圣约翰大学时的求学场景，并将该二人此后的人生经历、个人品格放到历史变迁、政治动荡的大背景下进行对比考察。作者认为，当革命、变革、运动成为民众无法回避的现实问题时，黄氏兄弟因处境迥然而采取了不同的生存方式与应对策略，其结果大不相同。作者撰写此文的目的，是试图通过个案人物的“小历史”并进行重要情节的组合，透视或还原政治与社会的“大历史”。

华中师范大学许小青的《郭秉文与民国高等教育界》亦有相同旨趣。该文总结了号称“国立东南大学之父”郭秉文的教育理念，分析其如何凭借学缘、地缘、业缘等关系网络，借助现代报刊传媒，广泛传播新教育理念，组织新式教育社团，大力推行新教育实践，从而一跃成为民国新教育运动活跃的中心人物。作者认为郭秉文乃是民国早期新教育运动的主要推动者、实践者，也是民国教育界在国际上主要的代言人。他所创办的南京高师与东南大学不仅成为教育运动的中心，而且对于现代大学的格局产生了深远的影响。

民国时期学潮频仍，时局跌宕起伏，教会大学也无法置身其外，校内同样充满政治。曾与燕京大学齐名的齐鲁大学自 1927 年 11 月到 1935 年 6 月不到 8 年的时间内，先后经历了 10 任校长。该校校长何以更替如此频繁？山东大学刘家峰《学潮、政治与大学之理念：齐鲁大学校长风波（1928—1935）》一文，透过档案发现其背后的重要原因：齐鲁大学作为全球化基督教运动的产物，国际化程度高，但因为宗派背景复杂，导致校内管理、组织机构繁多杂芜，增加了大学治理的复杂性；另一方面，基督教大学在民国政府立案，并非仅仅是形式上从洋学校变成中国的私立大学，而是从此国家与地方政治也开始真正影响了大学的权利与治理框架，加之频繁发生的学潮，导致该校校长遴选出现危机。山东大学马琰琰则具体研究了齐鲁大学 1929 年的学潮。她在《民族主义与政治博弈——1929 年齐鲁大学学潮解析》一文中分析了这次学潮和工潮的背景及其原因，认为这一场学潮工潮可以定性为民族主义运动，虽然省政府和教会鲜少露面，但从事件经过来看，这更像是中国政府与西方教会的一次政治博弈，并促使齐鲁大学加快立案进程。

政局不仅对带有“异质”的中国教会大学产生影响，而且对中国自办私立大学的影响恐怕更甚。南京师范大学严海建的《“后革命”氛围中的学校风潮：1927 年大同大学驱长风潮研究》一文，关注了 1927 年国民党上海市党部发动“打倒反动学阀”运动给大同大学的影响。他认为这场运动带有明显的政治清算意味，学生受这股政治势力的指导和推动，掀起了驱逐校长胡敦复的风潮，并演变为革命潮流的一部分。作者指出，国民党试图通过打倒教育界的既有权威以加强对大学的控制，但囿于自身条件，在其党化教育的过程中，大学仍保有相当的独立性。

教育与政府的关系，不仅体现在制度建设方面，北京化工大学何树远的《从希望到失望——北京教育界与1922年的北京政局》一文，分析了政治与教育的互动关系。该文指出，以蔡元培、胡适、汤尔和为首的北京教育界与直系军阀吴佩孚的关系经过了一个从接触到密切再由矛盾到分裂的过程，这种关系对双方都产生了重要影响。对吴佩孚而言，有了教育界的支持，利于其树立积极形象，获得舆论资本，而失去教育界这股清流势力的支持后，其形象开始逆转，也是他政治上走下坡路的开始；对教育界而言，此次利用吴佩孚的支持，联合推出一个好人政府，其对政治、社会产生了空前的影响，而双方合作的失败，又使得教育界受到压制，知识界的参政热情受到挫伤。

南京国民政府实施的“党化教育”也是本次会议关注的焦点。南开大学江沛、张云飞重点评述了该时期高等学校在教育上所出现的“党化”现象。他们所提交的《南京政府时期高校教育“党化”现象述评（1927—1937）》，以战前高校“党化教育”为个案，以“九一八”事变为分界点，认为前期主要在延续北伐时期国民党实施“党化教育”的目标，着重于各级学校实施党义的灌输与思想的改造；“九一八”事变后，教育政策随之转向应付国难和建设国家、民族精神的培养和生产技能的训练。作者指出，意识形态的独占性、排他性与教育自由、教育独立观念间的冲突，使教育“党化”的政策处于一个两难的境地。一方面国民党将教育作为维护一党专政的手段和传播意识形态的工具，以政治信仰的培养和意识形态的灌输取代普通教育，违背了教育的本性。但另一方面，“党化教育”中的民族——国家立场及现代性部分，也适应了当时的情势，不可一概否定。国民党“党化教育”政策对基督教大学的影响更为微妙，“党化教育”与基督化的相遇更使得教会大学的发展面临更大挑战。上海社会科学院张永广的《党化与基督化：国民政府时期基督教学校的挑战与调适》一文，对此进行了深入探索。他分析了基督教学校在国民党“党化教育”要求之下如何调适，他们试图在宗教课程、宗教生活、宗教教育诸方面进行改革，在“党化教育”目标与“基督化”的固有目标之间寻找恰当的平衡。

新中国成立后，大学内部也先后掀起了思想改造运动。山东大学徐畅的《政权更替与大学重塑——20世纪50年代初期山东大学思想改造初探》，将山东大学思想改造分为三个时段，在当时政治与社会背景下，重点分析该校思想改造的背景和原因，梳理思想改造的内容和方式，评价思想改造的效果，并进而探讨思想改造对山东大学发展的作用。作者指出，20世纪50年代初期政治学习和思想改造的确存在毋庸回避的缺陷，但从山东大学后来的发展结果来看，这些运动在山大形象重塑过程中起了重大作用。

本次会议为期两天，与会学者有共识也有争鸣，讨论气氛热烈。大家在全球化这个视角下重点探讨了中国现代大学特别是教会学校的历史经验，并比较同时期亚洲其他国家教会大学的发展历程，其目的是寻求可作为今天我国高等教育国际化的借鉴因子。山东大学狄德满在大会总结发言中指出，本次会议特别对基督教在华高等教育史进行了重新审视，修正了前期学术界视之为文化侵略的观点，必将对中国高等教育史带来新的学术奉献。这次大会所关注的中西学术竞争对近代中国高等教育的影响以及政治、教育之间的复杂关系等问题，也将开启并进一步深化中国高等教育史研究的新课题。

（选自《山东高等教育》2015年第2期）

课程与教学内容的历史变革

——中国教育学会教育史分会第十五届学术年会综述

吴民祥　路世鹏

（浙江师范大学　教师教育学院，浙江　金华　321004）

【作者简介】吴民祥，1964年生，安徽贵池人，浙江师范大学教师教育学院教授，博士，主要从事中国教育史研究；路世鹏，1989年生，河北景县人，浙江师范大学教师教育学院硕士研究生，主要从事中国教育史研究。

由中国教育学会教育史分会主办、浙江师范大学承办的中国教育学会教育史分会第十五届学术年会，于2014年12月19—21日在浙江金华举行。来自全国80多所高校、科研单位、出版社的教育史专家、学者及研究生近350人参加了此次年会，大会共收到论文200多篇。国际教育史学会主席埃克哈特·富克斯（Eckhardt Fuchs）应邀出席本次年会，并为大会开幕做了主旨发言。

本次年会主题为“课程与教学内容的历史变革”，与会代表们从不同角度、不同层次对该主题展开了深入的理论探讨与交流。

一、课程与教学内容历史变革研究的方法和方法论

课程以及教学内容改革的成功与否关系着中国教育的未来和人才质量。

因此，课程改革无疑是当下教育的一个热点话题。透过教育史学研究的视角，考察古今中外关于课程和教学内容变革的历史经验，为中国的课程改革提供借鉴，这项责任落在了教育史专业研究者的肩上。

方法论是指导人们认识和研究客观世界的一般方法。面对“课程与教学内容的历史变革”这一主题，部分与会代表在研究方法上给出了自己的看法和思考。天津市教科院李剑萍教授的《问题史：课程史研究的一种新范式》一文指出，教育问题史注重对不同时期同一教育“主题”或“问题”的研究，是当代教育史研究的重要动向和方法。宁波大学刘训华博士从教育生活叙事文本撰写的技术构成角度提出了自己独到的看法。其文章《教育生活叙事文本撰写的技术构成》认为，教育生活叙事文本撰写的过程是一个智慧的过程，其中蕴含着现代艺术表现力的技术构成。北师大郭法奇教授在《关于教育史研究的几个基本问题的再思考》一文中，提出了教育史研究应当在叙事研究的基础上加强问题研究与叙事研究的结合，在微观研究的基础上加强微观研究与宏观研究的结合，在寻求与接近真相的基础上坚持主观性与客观性的结合，在坚持传统研究的基础上坚持研究的主动性；认为教育史研究需要借助前人的研究成果，但必须有自己的研究和创新，正是对教育问题的不断解释和对新知识的不断追求才能推动教育研究的发展。南京师范大学周采教授以20世纪90年代对西方学术界产生重要影响的多元文化主义思潮为背景，探讨了在该思潮影响下美国教育史的三种编纂模式：卡伯莱模式——熔炉说或同化说、克雷明模式——文化拼盘说、斯普林模式——文化战争说，提醒我们在将美国学者的教育史学作品作为史料研读时，应当注意作者的个人价值判断。

在教育史研究的方法论方面，王保星教授的《从“课程开发”到“课程理解”：美国课程范式变迁中的课程史功用解析》、孟鑫的《西方历史社会学对国内课程史研究的启示》、吴翠红的《全球化背景下英国教育史研究的转向》、邬春芹的《当代美国教育史学的转向：从“修正主义”到“后修正主义”》等文章，都做了有益的探讨，为课程与教学内容的历史研究提供了借鉴。

二、课程与教学内容历史变革的研究视角

（一）宏观视野与长时段考查

从宏观视野对课程与教学内容的历史变革进行考察，有助于我们全面、

系统地把握其变化的脉络、框架，梳理变化过程中的成败得失以及可资借鉴的经验，深入探寻今天仍有必要仔细思考的问题，有助于在纵向和横向的对比考察中发现课程与教学内容变革的规律，剖析历史给人们提供的有益的启示。

浙江大学单中惠教授的《课程基点的融合：课程领域的哥德巴赫猜想——基于西方课程史的视角》指出，在西方课程史上，先后出现过学科课程论、活动课程论、结构课程论和人本课程论这四种课程理论，其中学科课程论以学科知识为基点，活动课程论以学生生活经验为基点，这两种课程基点构成了西方课程领域的两极，使西方课程理论始终在学科和学生这两个基点上来回摆动，其理论影响至今尚未消除。

河南大学的李申申教授通过对比中外历史上课程与教学内容的变革，提炼出三点意见供课程与教学史研究者探讨和思考：其一，渐进式的、环环紧扣的改革更符合教育的发展规律；其二，历史上的课程与教学内容改革往往以私立或民办学校为先导；其三，在中西课改的碰撞中达到互渗互鉴，并把握传承与借鉴的"度"。浙江大学陈胜以"知识观"为话题，探讨了其在近代建构的过程。从宏观视角对课程与教学内容进行考察的文章还有刘新科的《当代西方课程与教学论的演变趋势》，沈文钦的《博雅教育的英国传统与美国传统：一个历史视角》《中国课程与教学内容历史变革的概况》、刘春华的《1890 年至 1940 年美国文理学院的课程变革研究》等文章，它们进行了有益的尝试，提供了不同的思考角度。

（二）观念基础与价值探讨

课程与教学内容的历史变革必然基于一定的观念基础，新的变化又必然体现为不同于前的价值取向。剖析课程与教学内容背后所反映的观念基础和价值取向，有助于我们更加深刻地把握其变革的历史动因和客观必然性。

人教社的刘立德编审通过对叶圣陶先生中小学教科书编辑理论的研究，指出叶圣陶作为新中国中小学教科书事业的领导者、奠基人、开拓者，同时又是新中国中小学教科书事业的决策者、亲历者、见证者，为新中国中小学教科书编辑出版体系的创立和完善建立了不朽功勋。浙师大吴民祥教授以古代劝学思想的流变为背景，深入剖析了劝学思想流变与教育内容变迁之间的互动关系。辽宁师大杨晓教授通过对近代中国反日教科书内容的梳理和对日本批判中国反日教科书的研究，认为日本批判中国反日教科书并非起因于个别的历史事件，而是历史发展的必然。

（三）新视野与史料多元

开放研究视野与多渠道获取研究史料是教育史学科的生命力所在。浙江大学田正平教授的大会主题报告《读书、修身、治家——〈曾国藩日记阅读札记〉》，考察了晚清“中兴名臣”曾国藩日记中读书、修身、治家的言论和实践，展现了其人生经历、成长过程及治家理念，对后世个人心性修养、家庭教育具有启发意义。浙江师范大学历史系胡铁球教授的大会主题报告《江南契约文书的史料价值》，介绍了浙江师范大学江南文化研究中心搜集与整理的数万份江南地区的契约文书，其中有丰富的教育历史信息，是教育史研究的难得史料。

此外，江南大学蒋明宏的《明清江南家族之传统礼仪教育探略》、周口师范学院黄宝权的《论中国古代家族教育活动的历史意义与价值》等文章，立足于传统中国社会的乡土性与伦理本位，考察宗族教育活动的历史意义与价值，扩大了教育史研究的视野与史料来源。

三、课程与教学内容历史变革研究的微观史例

从宏观视野概论课程与教学内容的历史变革有助于我们把握其脉络和框架，而从微观视角剖析其变革的细节则可以使我们更好地抓住关键和重点，关注变革中的具有典型性和普遍意义的案例，真正做到以史为鉴，沟通历史和未来。

（一）教材

宁波大学的吴小鸥教授通过对晚清民国女子教科书的研究指出，由于教科书的编纂群体均为男性，女子教科书呈现的是符合男子社会文化标准的理想女性形象，关注女子存在于新时代的社会功能，这是一种他者赋权而不是立足于女性生命本体的自主赋权，但其所提倡的女子全新人生范式的建构以及全新的“国民之母”及“女国民”身份认同，历史意义和价值都很大。首都师大石欧教授根据对清末教科书编纂群体的研究，提出了编纂者在教科书的编纂过程中应该坚持群策群力、集思广益，立足于儿童的心理接受能力，形成教科书文化自觉，具有国际化的视野等四条历史经验。沈阳师大的王雷教授以非物质文化遗产的视角研究了教科书的文物价值，

指出教科书应当加强在民族优良教育传统和民族文化的传承与创新方面的作用。江南大学的于书娟结合对无锡教育家侯鸿鉴及其所编乡土教材的研究，对今天校本课程的编写给出了自己的思考和建议。

（二）教学

江西师大的王彩霞对学前课程教具演变的历史进行了梳理，归纳出影响教具变化的历史传统和外国经验、社会经济和国家政策、课程改革和专家创新等几方面原因，得出了推动幼儿教具发展在科技、经费与政策、专业创新三方面的启示。湖北大学于洋的《语文综合性学习的学案探究——基于民国道尔顿制“工约”的历史借镜》一文，探讨了20世纪20年代道尔顿制试验本土化过程中产生的“工约”作为已经相对成熟的案例范式，对今天语文综合性学习中教案的理念、主题选择及设计方法的历史借鉴意义。

助教制度是提升大学教师教学水平的重要制度，安徽师大李宜江《大学“助教”的逝去：基于S大学三位教师的口述史研究》一文，通过对老、中、青三代大学教师进行关于助教经历的个案访谈，梳理出助教制度由严格执行到顺其自然再到宽松随意的变化历程。华东师大杨光富的《弗兰克·帕森斯与学生指导制度的建立》一文，通过对弗兰克·帕森斯特质因素理论的分析和评价，深入探讨了其学生指导的理论和实践。

四、课程与教学内容历史变革研究与教育活动史

近年来，随着教育史研究视角的下移，教育活动史成为当前教育史研究领域的热点和焦点之一。以周洪宇教授为核心的教育活动史研究团队经过若干年的不断努力，在该领域取得了丰硕的成果，并向下延伸出“教育生活史”的新研究领域。周洪宇教授的《满园春色关不住，一枝红杏出墙来——〈教育生活史研究丛书〉总序》向与会代表全面呈现了教育生活史的研究状况及目前取得的成果。周洪宇教授指出教育生活史在学术源头上属于教育活动史的研究范畴，从整体上看是教育史特别是教育活动史的延伸。

在教育活动史和教育生活史的其他研究方面，天津大学李忠教授的《清末学生的社会参与及其影响——以“学界风潮”为对象的考察》一文，

通过对清末学生罢课、退学与集会、游行等“学界风潮”的考察，指出清末学生这种社会参与方式既是学生自主意识形成的途径，也是学生自主意识形成的体现。华中师范大学申国昌教授对民国时期中学生课外活动的研究，向人们展示了民国中学生内容多元、形式活泼、风采别致、生动有趣的课外生活图景，并将当时之所以能开展丰富多彩的课外实践活动，归因于外部社会国情和实用主义思想的双重影响以及中学生自身思想的自由解放。

结语

回顾本次年会，参会人数之众、分会场报告之多、提交论文数量之大，均让人深切感受到教育史研究者的热情与活力，并对教育史学科的建设和发展充满信心。但与此同时，我们也应该看到，虽然年会主题鲜明，不管是大会主题报告还是分会场报告，均不乏精彩观点涌现，然而学者们之间的讨论和交流却相对平淡，缺乏观点的争鸣与交锋，缺少批判和质疑的声音，其中原因值得教育史研究者反思。

（选自《河北师范大学学报（教育科学版）》2015 年第 3 期）

叶圣陶教育出版思想学术研讨会在北京举行

2014年9月9日，叶圣陶教育出版思想学术研讨会暨《叶圣陶全传》《叶圣陶教育名篇选》首发式在人民教育出版社举行。

叶圣陶是我国著名教育家、文学家、编辑出版家和社会活动家，是新中国教材和教育图书编辑出版事业的卓越领导人，特别是他在语文教育方面有着杰出的贡献，被誉为“一代宗师”。叶圣陶的重要教育理念之一，是强调语文教育是人的教育，他认为要解决语文教育中的某些难题，关键还在教师，“教师比教法重要”。他提出的“教育更像种庄稼，而不是办工业”“教是为了达到不教”“文理不宜分科”“语文是发展儿童心灵的学科”等思想，至今都有重要的借鉴意义。

2014年适逢叶圣陶先生诞辰120周年，为了缅怀叶圣陶对中国教育和出版事业做出的卓越贡献，重温他在长期实践中形成的博大精深的教育出版思想，推进当代中国教育出版改革和教育出版理论研究，人民教育出版社、中国编辑杂志社和中国叶圣陶研究会于第30个教师节前夕共同举办了此次学术活动。全国政协常委、民进中央副主席、中国叶圣陶研究会副会长兼秘书长朱永新，全国政协委员、中国编辑学会副会长、中国新闻出版研究院原院长郝振省，中国教育出版传媒集团有限公司党组书记、总经理李朋义，人民教育出版社社长殷忠民，高等教育出版社社长、《中国编辑》杂志社社长苏雨恒等出席会议并致辞。人教社社长殷忠民在研讨会上介绍，此次人教社与《中国编辑》杂志社、中国叶圣陶研究会联合举办的学术研讨会，是人教社纪念叶圣陶诞辰120周年系列活动之一。同时首发的两部图书《叶圣陶全传》和《叶圣陶教育名篇选》，也是人教社近年来策划出版的重点图书，适逢叶老诞辰前夕推出，是最好的献礼。殷忠民表示，叶圣陶先生是新中国教材建设和教育出版事业的奠基人，也是人民教育出版社的创始人。他于1950—1966年任人教社社长、1977—1988任人教社顾问。可以说，叶老是人教社永远的精神财富，他的人格力量，他的道德文章，都会成为激励人教社每一位员工前进的无穷动力。研讨会上，叶圣陶的孙女、知名学者叶小沫，中国叶圣陶研究会副会长、人民教育出版社原社长韩绍祥，北京大学教授商金林，中国现代文学馆原副馆长吴福辉，中国编辑学会编辑史专业委员会主任吴道弘，开明出版社总编辑焦向英，人民教育出版社编审顾振彪，南开大学教授刘运峰等专家学者从不同角度做了主旨发言。

“选题订稿校雠三，唯审唯精为指南。能在心中存读众，孜孜矻矻味弥甘。”会议深入探讨了叶圣陶的教育思想、出版活动和编辑出版物在中国编辑出版史上的地位，叶圣陶先生的编辑精神的影响，以及叶圣陶的教育出版思想理论及其当代价值。与会者一致认为，叶圣陶一生致力教育和出版事业，他的许多思想具备穿透时光的力度，依然能够给予当代教育和出版从业人士智慧和力量。作为著名的教育家和社会活动家，叶圣陶在20世纪80年代曾积极倡导国家和社会树立尊师重教的风气，是推动“教师节”设立的主要发起人之一。此次研讨会和纪念活动，适逢我国第30个教师节前夕，具有特殊的意义。

会议还举行了人民教育出版社2014年版《叶圣陶全传》和《叶圣陶教育名篇选》首发式。《叶圣陶全传》共计三卷，约130万字，为“十二五”国家重点图书出版规划项目、国家出版基金资助项目。撰著者商金林是中国叶圣陶研究会副会长、北京大学博士生导师，也是国内最资深的叶圣陶研究专家。该书为改革开放以来叶圣陶传记研究的集大成之作，系统、客观、真实而全方位地展现叶圣陶先生的生平活动、思想著述、丰功伟绩和人格风范。《叶圣陶教育名篇选》为朱永新教授在细致梳理叶圣陶先生大量教育理论著作和教育随笔的基础上，通过分类整理、精选精编而成。该书全面反映叶圣陶教育思想的精华，所选篇目涉及叶圣陶关于教育宏观问题的思考与分析，如教育的基本理论问题、课程教学改革、教师教育和素质教育等，系统呈现叶圣陶关于教育教学领域的重点话题和具体问题的论述，如学科教育、教材编写、阅读教学、写作教学、养成教育、家庭教育和儿童身心发展等。各编均附有编者引人入胜、提纲挈领的导读性文字，既是内容提要，又是读者理解叶圣陶先生教育思想实质的逻辑主线。

叶圣陶先生的部分亲属，人民教育出版社总编辑韦志榕、党委书记郭戈、副总编辑魏运华，高等教育出版社副总编辑龙杰，中国编辑学会副秘书长袁良喜等也出席了此次活动。

2014年全国教育史专业博士学位论文目录及摘要

姓名：王慧敏

论文题目：不确定的角色——美国建国初期高等教育中的政府权力（1776—1819）

指导教师：张斌贤教授

毕业单位：北京师范大学

毕业时间：2014年

论文摘要：美国建国初期是一个过渡的时代，社会的各个方面都面临着一场必要的转型，高等教育也没有缺位，并在回应时代的过程中与政府产生了多方面的互动，这是美国高等教育史上不可忽略的时期。本文从政府与高等教育关系的角度探讨美国建国初期高等教育的内容、意义和影响，着力于考察在从殖民地向独立国家转变的过程中，学院和大学如何使自己适应新的国家并在新的情势下与政府和谐相处，以及独立后的联邦政府与州政府如何思考自身在高等教育中的角色与作用。

对历史文献的分析是本研究最基本的方法，本文通过对基本文献的挖掘，系统地梳理了美国建国初期高等教育发展经历及其在美国高等教育史上的意义。具体来说，本文的基本观点主要有以下几个方面。

第一，从殖民地时期开始，殖民地政府对高等教育总体上持支持的态度，但是并没有形成确定的政策，殖民地政府也没有将高等教育作为自己的职责。独立革命开始改变这种状况。联邦政府和州政府逐渐意识到高等教育对于政治独立和文化独立的重要性，对学院和大学纷纷提出自己的政治要求，甚至还计划将原有的教会学院直接改为由政府控制的公立大学，在这种公立化改革的尝试失败后，联邦和州政府开始尝试重新建立公立高等教育机构。这整个过程是政府在高等教育领域中不断认识和定位自己角色的过程。

第二，在英属北美殖民地上，从高等教育机构的诞生开始，学院就希望与当地政府保持着积极的关系以争取必要的资助。独立革命之后，学院和大学保持独立和自治的同时也认识到自身的公共责任。由教会控制的高等教育机构不再把自己的课程和目标限制在宗教范围内，而是更希望将教育、政治和宗教事业结合起来。与此同时，与殖民地时期相比，高等教育机构的性质更加多样和复杂。

第三，随着社会的变革，政府和高等教育机构都在根据自己的利益不断地调整着自己与对方的关系。在整个殖民地时期和建国初期，总体上来说，这种关系并不稳定，没有一定规则可循，不同的情形会导致不同的结果，有时还会引发双方之间的冲突。达特茅斯学院案就是政府和学院冲突的集中体现，该案件重新审视了政府和高等教育之间的关系，对美国高等教育史产生了非常重要的影响。在美国建国初期，政府与高等教育之间的关系的不确定性主要是由双方共同导致的：革命的内在逻辑在强调政府的教育责任的同时也提醒人们要提防政府借干预高等教育的机会扩充权力，学院和大学也希望在保持独立和自治的基础上获得充分的公共资助。但也正是在这种不确定的关系中，政府逐渐明确了自己的高等教育职责，学院和大学的权利和地位也得到了法律的保障，双方在法律的框架中找到了和谐相处之道。

姓名：王少芳

论文题目：论民国时期西方高等教育学说的引入

指导教师：孙邦华教授

毕业单位：北京师范大学

毕业时间：2014 年

论文摘要：民国时期是中国取法西方高等教育的重要时期。其间，西方高等教育学说的引入是学习西方教育的重要论题，然而，学界以往的研究注重西方高等教育对中国所产生的影响，而对于民国学界如何通过自身的文化过滤，对西方高等教育进行筛选、扬弃以至扭曲则少有分析。有鉴于此，本文拟从当时大众传播媒介的文本入手，采用历时动态研究与共时比较分析、宏观把握与个案解读相结合的方法，借用跨国教育转移与文化涵化理论，对民国时期西方高等教育学说的引入做一探究。研究发现：

民国时期西方高等教育学说的引入始终处于动态发展过程中，其取法对象发生了明显的由师法德、日到师法美、德、英的转变；其取法内容亦呈现出由零星介绍到学理探究的逐步深入的轨迹；其引入心态历经了一个效法西方到中国本位的演变，学者个体的接受取向显现为取西方各国大学之长、推崇英德大学模式、取法美国大学模式三种类型。

纽曼的《大学的理念》，弗莱克斯纳的《现代大学论》，艾略特、劳威尔、迈克尔·约翰、赫钦斯、霍尔、拉斯基、巴克、奥德加等人的大学教育论，都在这一时期传入中国。纽曼与弗莱克斯纳的大学理念在中国遭遇了冷热不均的境遇。但是两人又有着共同的命运，即无论纽曼的传统大学理念，抑或弗莱克斯纳的现代大学理念，其“理念”部分都被民国学界所忽视。

纽曼的《大学的理念》在20世纪30年代才引起了中国学界的关注，呈现了文学与教育的两条引入路径。中国学人“大学教育的目的”译文部分揭示了纽曼大学教育培养的人——“绅士”应具备的特质及其自由教育思想。这也是纽曼大学学说被民国学者接受的部分。但是，纽曼大学学说的核心概念“真理”“普遍知识”“神学”，并没有被导入，可以说被民国学界所排斥。

弗莱克斯纳的《现代大学论》一经推出，就立刻获得民国诸多教育学者的关注，陶孟和之书评、孟宪承之引用、谭允恩之节选，林语堂之节译、陈孝禅对全书翻译的尝试纷纷登场。但是，对其热烈关注的背后，学者之间的选择与态度各有差异。在这些学者中，陈孝禅对弗莱克斯纳《现代大学论》的导入、吸收与扬弃，既凸显了他个人的选择，又在很大程度上代表了中国学者在美国化大学教育的现状下的反应与取舍。陈孝禅对弗氏《现代大学论》的引入源于林语堂的启发。从陈对该书的评价、《现代大学论》各章节译文发表的次序、翻译理由的自白，到他推荐的研究美国大学教育的三本经典著作，再到译文中对原书内容的取舍，都充分体现了陈孝禅对弗氏《现代大学论》的选择与吸收：他吸收了对美国大学的批评部分，而相对忽视了弗氏学说中的现代大学“理念”。

劳威尔在哈佛大学的改革、迈克尔·约翰的试验学院计划、赫钦斯在芝加哥大学的改革，既是对实用主义主导下美国大学教育问题的一种纠正，也深刻地反映了他们同中有异的自由教育思想。他们三人笔下的美国大学问题与中国大学问题的诸多共通处，成为其自由教育思想被中国接受的一个可能因素。他们对美国大学改革的具体措施及方案，因与当时中国社会、民族的时代环境、中国大学的需要、学者个人的理想之间的契合与迥异，成为他们各自学说被选择性吸收的主要原因。

相比对这些经典大学学说或著名人物的大学学说之引入，西方各国高等教育办学制度思想一直是民国时期引入的重点部分。论文以对牛津剑桥大学的学院制、美国大学结构体系、西方各国学位制度的导入等为重点，展现了不同学者对各个层面的西方各国高等教育制度的认识、导入、误解。

总之，在近代中国追求独立富强的总体目标的控制下，在建立现代大学制度的宏观构想中，基于中国当时政治、社会与教育的现实需求，引入者个人的留学背景、学识与素养影响了这一时期西方高等教育学说的传入、选择与吸收。引入的西方高等教育学说经过过滤与扬弃，已经与其原来面目发生了很大的变化。中国文化的经世致用精神也悄然渗透于对西方高等教育学说的选择与取舍之中。

姓名：樊涛

论文题目：民国时期农村学校教育制度变迁研究

指导教师：曲铁华教授

毕业单位：东北师范大学

毕业时间：2014 年

论文摘要：近代以前的中国，依据其自身的逻辑，长期维持着农业社会形态。农村教育依托私塾等传统学校进行，农村学校教育制度依赖于农村社会环境。而近代以来，中国社会发生剧烈变化，国家与个人都置身于一个不断变革的环境之中，并为了各自的持续发展进行着搏击与探索。农村学校在这样的背景下，受到来自于优势阶层意志和各种利益诉求的压力而迅速转型，并在传统与现代、本土与外乡之间走出了一条兼收并蓄、中西融合的发展道路。民国时期是农村学校教育制度变革最为剧烈的时期，不仅延续了近代以来以促进农村人口素质提升来实现国家整体现代化的思路，而且积累了在特殊历史时期促进农村学校普及与革新的经验，奠定了

20世纪中期以后农村学校发展的基础。

论文以历史的视角对民国时期农村学校教育制度及其变迁进行考察，并上溯至晚清。论文从各时期制度的内容入手，以文本化的制度规范所描绘的应然发展状态为依据，结合全面与局部的调查统计和时人的议论与回忆，并综合运用各种研究方法，发现变迁过程中存在的问题，从而对当前农村学校教育制度中的不合理现象进行解读，以达到以史鉴今的目的。

论文主体分为七章，其中前五章根据时间的先后和农村学校教育制度的演进特征，大致分为四个阶段；后两章则从主体的制度选择和学校的社会功能角度，探讨农村学校教育制度变革与社会的交互作用。

第一章通过对现代学制建立以前的农村学校考察发现，农村学校始终从属于民众的个人本位取向，其对周围社会环境存在较高依赖，制度化程度较低。而清末民初统一学制的建立，加速了全国范围内农村学校教育制度的现代化进程。一些旧式学校改换新的面目，而从总体上看，农村学校的更新还十分缓慢。而这也奠定了民国时期两套学校体系在农村地区并立的格局。

第二章主要以清末民初至20世纪20年代末的农村学校教育制度为考察对象，通过分析国家的义务教育追求对农村学校教育制度变革的影响，证明义务教育目标设定与农村有限接受新式学校之间的矛盾，促使农村学校教育制度向多样化方向发展。新式学校的变通与传统学校的改良，以及二者的并举，成为民国时期普及农村学校的必然选择。而农村学校形式的丰富，为改变僵化的学校发展思路创造了条件。

第三章和第四章通过对1930年前后农村学校发展状况的分析，认为之前农村学校教育制度的变革举措，有利于农村学校及教育普及，但有待进一步加强。在此基础上，国家对不利于农村义务教育发展的制度因素进行破除，采取简易化、短期化、多样化、弹性化等多种创新举措，以法制化手段加速新式学校的本土化和传统学校的现代化，增强农村学校对民众个别化需求的适应。事实证明，这一系列举措有效地加快了农村学校教育的发展。

第五章以20世纪40年代国民教育体制下的农村国民学校体系作为考察对象。成人补习教育正式被纳入农村国民学校体系之中，以补充因义务教育短期化所带来的教育程度不足；农村学校与地方行政系统相结合，以统制的方式巩固农村学校业已取得的成绩。但由于灵活性降低，过分强调社会本位取向，加之战争的影响，农村学校教育事业并未因此获得实质性进展。

第六章考察了近代以来农村教育权力格局演变对农村学校教育制度选择的影响，认为国家和民间对于不同学校的偏好，是维持新旧学校并存的基本力量，而他们对于农村学校的控制程度，直接决定了农村学校教育制度的走向。民间力量通过维持传统学校来捍卫自身的传统领地，通过接受新式学校的方式表示对国家妥协的认可，通过促成新旧制度的融合，来展现自己在农村教育领域的存在。

第七章从农村学校与民众、国家的关系入手，提出在传统制度环境下生成的农村学校“去农化”效应，在近代以后被学校与农村的诸多不契合因素放大。新式学校系统通过吸纳、隔离和筛选，将农村知识群体以升学和就业的方式导向城市，在满足国家和部分个体需求的同时，忽略了农村社会的现代化和可持续发展对人力资源的需要，从根本上抑制了农村学校教育的发展。

结语指出，社会系统变迁是农村学校教育制度变迁的主要动力。农村学校教育制度的具体变革，不仅受到来自于国家层面的导向，而且受制于农村社会政治、经济、文化客观现实和利益结构，受系统因素的共同作用。其对当代农村学校教育制度的发展具有多重启示。

姓名：王莹莹

论文题目：我国农村教师生活史研究（1949—2013）——基于稻村的个案分析

指导教师：曲铁华教授

毕业单位：东北师范大学

毕业时间：2014 年

论文摘要：农村教师作为农村教育的组织者和实施者，是学校和乡村的灵魂，在我国现代化进程中承担着重要的历史使命。聚焦农村教师，是农村教育发展的现实呼唤。同时，随着学科的不断交叉和融合，历史研究从精英走向大众，回归平民和日常。将生活史研究引入教育历史的研究，关注农村教师的生活史，也成为教育史研究的理论诉求。因此，回溯历史，对新中国成立以来农村教师的生活史进行研究，对于农村教育和教育史的研究都是必要的。本研究以地处中原的稻村为个案，以扎根基层的农村教师为研究对象，运用文献分析、田野考察、口述史、教育叙事等方法与途径，对该村教师的生活史进行考察，并对农村教师生活样态的变迁与农村教育政策、教师政策，乃至和国家地方的社会、政治、文化发展的关系进行了比较深入的探讨。

本研究主要包含以下几部分。

导论阐明了研究的缘起，对国内外相关研究的现状进行了综述，对研究的主要概念“农村教师”和“生活史”以及研究的时间和空间范围进行了界定，阐明研究的价值、研究的思路和方法，力争对全文的构思及写作进行宏观的涵盖。

第一章通过对稻村所在的方县、一棵树镇和稻村及村小的介绍，对该村教师生活的主要场域进行呈现。这是研究稻村教师生活史的前提。

第二章还原了 20 世纪 40 年代到 50 年代，国家政权更替中稻村教师生活的历史场景。这一时期，稻村的教师们面临着社会和政治的重大转折和国家的现代转型。以白德全为代表的近代塾师退出了稻村教育的舞台，中国乡村社会千百年来所形成的传统文化也随着国家权力的强力渗透而逐渐被消解。以李仲德、白宗贤、白宗文为代表的稻村新教师，成为稻村教育现代化的实践者和推动者。

第三章展现了 20 世纪 50 年代末到 70 年代末农村教师生活的场景。“教育革命”成为这一时期所独有的话语，教育沦为政治的附庸。人与人的关系和情感充斥在政治斗争中，影响着农村教师政策的运行，成为左右乡村教师命运、决定其去留的重要因素。稻村的教师在这场“教育革命”的浪潮中，被政治权力控制，成为被改造的对象，几乎集体沉默，进一步丧失了独立人格，为农村教育发展带来了长期无法消弭的隐患。

第四章主要呈现了 20 世纪 70 年代末到世纪之交，随着拨乱反正的开展和国家对农村教师政策的调整，稻村的民办教师们面临的不同人生际遇。这些教师大都在新中国成立后接受教育，属于被“文化大革命”所耽误的一代，时代在他们身上刻上了鲜明的印记，他们在精神层面逐渐背离了传统的乡村文化。由于经济大潮的冲击，教师的社会认同与以往相比有所下降，一些教师离开学校，成为商海弄潮儿，或从事其他职业。但大多数教师借由对教师身份的认同，默默坚守，最终在机会来临之时，成为公办教师，摆脱了亦教亦农的尴尬身份。

第五章考察了稻村小学在 21 世纪的没落与乡村教师的坚守。受长期以来城乡二元经济结构的影响，村小处于教育资源分配的金字塔的最底端。稻村的学校历经“五三制”改“六三制”和“撤点并校”的冲击，以及“南水北调”风波的影响，不断被边缘化，逐渐走向没落。仅剩下田华新等乡村教师，撒播希望的种子，成为乡村教育的守望者。

结语部分通过对前面各章进行回顾，发现稻村教师生活变迁的内在本质，并探究农村教师个体与国家、社区之间的关系。国家对农村教师政策的演变成为影响农村教师生活变迁的重要因素，乡土社会的“人情”“关系”正是国家各项政策运行的土壤。扎根于此的农村教师，自觉抑或不自觉地对这些政策进行相同或者不同的个体选择，应对着生活中的种种事件。

姓名：张蓉

论文题目：二战后国际学校发展历程及当前面临主要问题分析

指导教师：洪明教授

毕业单位：福建师范大学

毕业时间：2014年

论文摘要：第二次世界大战后，随着全球经济贸易往来的增多，跨国界的人口流动日益活跃，教育国际化的趋势愈加明显。国际学校在世界各地获得广阔的发展空间。对二战后国际学校的发展态势及其特征进行较为全面系统的概述，并对国际学校系统各要素的现状与问题进行较为深入的分析，是本文的研究重点。

本文的绪论部分，阐明研究的缘起和意义，对本领域其他学者的研究成果进行综合概括，并对本文时代划分的依据做简要说明。第一部分，对国际学校和国际教育进行概念界定，并对国际学校予以分类，明确本文的研究对象。第二部分，从理论研究的角度，分析国际学校基于国际理解教育、跨文化教育和质量管理的理论基础。第三部分，对二战前国际学校的兴起与发展的萌芽阶段进行梳理。第四、五、六部分，将国际学校作为一个整体研究对象，分析二战后至今国际学校发展的三个历史阶段及其各阶段呈现的鲜明特征，并重点研究其中发展较为活跃的内部要素。即二战后至20世纪70年代末，意识形态导向下国际学校的崛起；20世纪80年代初至90年代末，市场机制驱动下国际学校的繁荣；20世纪90年代末至今，全球化背景下国际学校的新发展。第七部分，从微观的角度，分析国际学校系统内部各要素在发展过程中面临的主要问题。第八部分，以历史的视角、全局的高度以及发展的眼光，对国际学校发展的理念以及发展的脉络进行概括，并对未来的发展趋势进行分析和展望。

姓名：周进

论文题目：新加坡双语教育政策发展研究

指导教师：朱文富教授

毕业单位：河北大学

毕业时间：2014 年

论文摘要：国土面积狭小、饱受殖民统治、1965 年才独立建国的新加坡，在短短半个世纪的时间里跻身世界发达国家行列。新加坡快速发展的原因很多，但一个最重要的原因是成功实施了双语教育，培养了众多双语人才，很好地适应了东西文化精华兼收并蓄和转口贸易立国的发展模式。

新加坡双语教育政策的发展有着深刻的历史和现实根源。自世界大航海时代以来持续了几个世纪的转口贸易经济模式，奠定了新加坡双语或多语教育的底色；长达一个半世纪的英国殖民统治为新加坡的语文教育打下了难以抹去的烙印；多元民族的复合社会需要搭建民族间沟通的桥梁和联系民族文化的纽带；外向型经济发展模式急需大量的双语或多语精英人才。

新加坡的双语教育政策具有独特的演变过程及特点，其双语教育政策发展的历程大致可以分为四个阶段。1965 年以前是独立建国前双语教育的启蒙与探索阶段，由于特殊的地理位置，长期的多元民族、多元语文和外向型经济发展模式，使新加坡较早进行了双语教育的尝试，在客观上为建国以后实行双语教育政策打下了基础；1965—1986 年是生存与发展主题下双语教育政策的确立与实践阶段，在这 21 年里，围绕双语教育的一系列改革探索了双语教育模式，实现了教育源流的统一，新加坡在双语教育政策推动下不仅成功立足于世界，而且很快进入了快速发展时期；1987—2007 年是经济腾飞主题下双语教育政策的修正与完善阶段，三次华文教学改革和新的双语教育分流制度使双语教育政策自身的调整与改革进一步深化；2008 年至今是重造新加坡主题下双语教育政策的深入推进阶段，从中央课程到校本课程，双语教育政策的创新性进一步强化，双语教育全球化程度日益提高。

虽然在不同的阶段里双语教育政策的功能和定位有所不同，但在建国以后，双语教育政策总体上都是围绕建国之初确立的“教育配合经济发展”

的务实的总方针不断与时俱进地调整和演进着，为教育探索道路，为国家培养精英。短短半个多世纪，双语教育政策与新加坡彼此相长、共同发展、共创奇迹，不仅把双语教育打造成为世界教育领域中独树一帜的成功典范，而且使新加坡从一个资源匮乏、矛盾重重的小岛国华丽转身为世界发达国家。新加坡双语教育政策的历史经验值得我们深入研究和学习借鉴。

姓名：贾国锋

论文题目：战后美国教师教育专业标准演进研究

指导教师：朱文富教授

毕业单位：河北大学

毕业时间：2014 年

论文摘要：二战后，美国为提高教师教育质量，十分重视教师教育专业标准的制订和实施。全美教师教育认可委员会（以下简称 NCATE）作为美国最具权威的教师教育认证机构，自 1952 年成立以来，积极致力于教师教育专业标准的制订、完善与认可活动，曾先后出台并实施了多个颇具影响力的教师教育专业标准，极大地推动了战后美国教师教育的专业化发展。

根据专业标准所依托的评价理论及评价导向的不同，二战后美国教师教育专业标准的演进过程可大致分为四个阶段。

自 1945 年二战结束至 20 世纪 60 年代初是教师教育专业标准的“目标本位”阶段。战后初期，在美国社会变革及提高教育质量的改革需求下，NCATE 于 1952 年应运而生。1957 年，NCATE 出台了第一个教师教育专业标准，该标准是以“教师教育目标”为核心的评价体系，通过评价与教师教育专业目标相关的条件和过程来判断教师教育专业水平，最终做出专业认可判断。该标准的实施，对战后美国开启提高教师培养质量新阶段起到奠基作用。

20 世纪 60 年代初到 70 年代是教师教育专业标准的“课程本位”阶段。20 世纪 60 年代，NCATE 遭到了多方指责和批判，在一片质疑声中，NCATE 开始着手对 1957 年标准进行修订，并于 1970 年出台了新的专业标准。该标准是以“课程”为核心的评价体系，通过评价教师教育专业所设置的课程计划及实施课程计划的其他条件来判断教师教育专业的水平，最终做出认可判断。相比 1957 年标准，新标准有了长足的进步，它确立了普通教育、专业教育、教学科目和实习等四方面组成的教师教育课程结构。

20世纪80年代至90年代初是教师教育专业标准的“知识基础本位”阶段。20世纪80年代，NCATE在内外多重危机的背景下开始对自身进行改革，与此同时也对1970年标准进行反思与修订，并于1990年出台了新的专业标准。新标准的特征是强调教师教育的知识和技能，明确要求教师教育应以知识基础为依托来设置课程。该标准顺应了美国教师教育改革和发展的潮流，促进了教学专业化的进程。

20世纪90年代中期至今是教师教育专业标准的“绩效本位”阶段。1995年，NCATE出台了新的教师教育专业标准，此后又于2000年和2008年分别进行了修订。新的标准是以“绩效”为评价核心，将评价的重点放在以知识的生成观为基础，要求学生展示学习成果，即通过学生的活动和成果来评价学生的发展，考察教师教育专业的水平。

由联邦政府认可的社会评价机构制订教师教育专业标准，并由其对教师教育实施专业评价，以及在标准制订过程中注意评价理论与评价实践的结合，是二战后美国教师教育专业标准演进的重要特征。专业标准的制订与完善，对二战后美国教师教育的健康发展起到了重要的促进作用，有效推动了教师教育质量的提升，促进了教师的专业化发展。二战后美国教师教育专业标准的演进历程，对正处于教师教育转型期的我国，有着极为现实的借鉴价值。

姓名：史景轩

论文题目：二战后日本校园暴力及其演变

指导教师：李文英教授

毕业单位：河北大学

毕业时间：2014年

论文摘要：日本教育一向被认为是成功的范例，然而，在其成功的背后却蕴藏着巨大的矛盾与冲突。日本校园暴力是日本教育矛盾与冲突的具体表现，也是学校矛盾与冲突集中爆发的节点。因此，我们运用“结构互动理论”，以校园暴力为视角，通过研究日本校园暴力的背景、发生及演变过程中，团伙结构、班级结构、学校结构、家庭结构、社会结构之间的互动关系，以及青少年在不同结构中所受到的影响，分析日本教育发展、社会经济发展与青少年亚文化对校园暴力的影响，分析学校中的师生关系、同伴关系，寻找促使校园暴力向更严重发展的结构性因素，审视日本校园暴力的发生原因和解决对策，对我国预防和治理校园暴力提供有益的借鉴和启示。

明治维新以后到二战前，日本校园暴力处于原发状态。在日本的近代化与传统的冲突背景中，校园暴力以学生间的暴力、对教师的暴力和暴力破坏学校设施的三种类型存在。战后60年日本教育几经变革，但是校园暴力却始终伴随着青少年的成长历程。战后日本校园暴力的演变分为四个阶段。

二战结束后校园暴力的散在化（1945—1954）。这一时期日本经历了战后重建和第一次少年不良行为的高峰期。少年不良行为主要是因为供给困难和家庭贫困造成的。日本战后教育体系逐步形成，校园暴力表现为零星出现，以学生间暴力为主，对教师的暴力几乎没有，破坏学校设施也只是少有的几起放火事件。

高速发展期校园暴力的普遍化（1955—1972）。这一时期日本社会随着经济的发展而受到西方文化的冲击，第二次少年不良行为高峰期到来。教育也为选拔人才出现跨越式发展，考试竞争激烈，管理主义盛行。校园暴力有所增长，学生间暴力明显增加，并出现团伙化倾向；对教师的暴力开始出现；破坏学校设施主要是放火行为，数量增多。

社会成熟期校园暴力的总爆发（1973—1984）。这一时期随着世界石油危机的到来日本进入平稳发展阶段，开始消化快速发展累积下来的社会矛盾，第三次少年不良行为高峰期到来。学校教育的问题突出表现为校园暴力的爆发，甚至出现班级崩溃。学生间暴力明显增多，但更为严重的是“教师受难时代”的来临，破坏学校设施除了放火之外，以大规模打碎玻璃为主要形式。

泡沫破裂期校园暴力的新动向（1985—2005）。这一时期日本经济泡沫破裂，世界金融危机爆发，日本继续推进教育改革和社会改革。校园暴力问题又大幅增长，学生间的暴力由过去的显性化向着显性和隐性相结合的阶段发展，从过去可见的、身体攻击型的、直接对抗型的暴力为主，转向以隐蔽的、语言心理攻击型的、虚拟的、阴毒的欺辱为主的方式。对教师暴力和破坏学校设施相对弱化。

本文反思二战后日本校园暴力，分析校园暴力发生的原因，总结校园暴力演变的特点，归纳日本应对校园暴力的经验、教训及启示，提出教育的过快发展是造成矛盾激化的重要原因，日本道德教育在促进儿童道德判断水平的发展方面存在问题，提高教师的教学能力和管理水平是解决校园暴力问题的关键，家庭和学校互相指责、推卸责任是日本校园暴力问题无法解决的根本症结。

姓名：朱鹏举

论文题目：美国康奈尔计划发展研究——大学服务职能的视角

指导教师：李文英教授

毕业单位：河北大学

毕业时间：2014 年

论文摘要：对大学社会服务职能的探讨既是一个理论问题，又是一个与实践紧密相关的问题。从大学发展历史看，大学社会服务职能是随着大学的自身发展和时代发展的需要形成发展起来的，是在大学的教学和科研两项职能基础上孕育产生的。

关于现代大学社会服务职能的确立，多以“威斯康星理念”为标志。实际上，美国《莫雷尔法》颁布以后，赠地学院从它创建之初就确立了服务社会的理念和功能。作为美国赠地学院的杰出代表，康奈尔大学自 1868 年创建之初就提出了包括参与社会服务的现代大学办学理念，这些理念主要体现在该校初建时期形成的康奈尔计划之中。康奈尔计划不仅明确了康奈尔大学的办学宗旨和办学方向，而且也确立了大学服务社会的办学思想。康奈尔计划作为一个开放的系统，在康奈尔大学的发展过程中，不断完善社会服务机制，拓展社会服务功能，提高社会服务能力，为美国现代大学社会服务职能的确立奠定了重要思想基础，产生了重要影响。研究美国大学社会服务职能的产生、发展及其实施过程，借鉴国外大学社会服务的成功经验，正确认识大学服务职能，强化大学社会服务理念，完善大学社会服务职能，促进大学与社会服务的协调发展，这些都是我国大学面临的亟待解决的问题。

关于大学服务社会职能的内涵学界已经论述颇多，相关的研究文献和成果数目繁多，对大学服务社会的职能至今没有一个统一的概念。从国内外学者研究情况看，关于大学社会服务职能的内涵释义主要有广义说和狭义说。本文研究中所使用的大学社会服务概念是指广义社会服务的内涵，即人才培养、科学研究和推广服务，其中推广服务又指的是狭义的社会服务或称作直接社会服务，也就是大学从直接满足社会现实需要出发，以人才培养、科学研究为依托，有目的、有计划、有组织地为社会发展提供的一系列活动。概言之，大学社会服务职能就是大学为社会所进行的包括人才培养、科学研究与推广服务。

本论文以美国康奈尔计划为研究对象，从社会服务的角度对康奈尔大学的教学、科研和推广服务职能进行了较为全面的梳理和分析，从而揭示康奈尔计划中所体现的大学服务社会的思想和实践以及其对美国高等教育的重大影响和意义。同时也为我们进一步了解美国高等教育的历史提供更广阔的视野，并为我国目前高校改革与发展提供一些有益的借鉴。

论文从内容结构看，分为两部分。

第一部分为导论。主要介绍本论文的选题缘由、研究意义以及国内外相关研究成果、研究内容、研究方法、创新点。

第二部分为第一章至第五章。

第一章主要分析 1868 年以前康奈尔计划提出的背景，包括经济、社会、教育文化及政策环境，最后分析了康奈尔大学创办者的影响以及在康奈尔计划孕育形成过程的作用。

第二章主要分析了 1868—1885 年康奈尔计划的提出、内容以及初步实施情况。阐述了怀特的教育理念和康奈尔的办学愿望。这个时期康奈尔大学服务的主要特点是围绕育人服务为主展开，特别是注重培养实用型人才服务社会，同时大学面向社会的科学研究也逐步地展开，而社会推广服务工作也初步开展。

第三章主要探讨了 1886—1913 年康奈尔计划的推进，阐述了康奈尔大学加强科研服务社会的背景，论述了面向社会的科研实践，这个时期时任校长亚当斯和舒尔曼重视科学研究，大学科研服务职能得到充分发挥。与此同时，面向社会的人才培养服务逐步推进，推广服务进 步发展。

第四章主要论述了康奈尔大学推广服务职能，分析了 1914—1949 年康奈尔计划逐步走向完善的过程。这一时期，德伊校长更加强调了大学的社会责任，推广服务职能得到充分体现，推广服务得到广泛发展，与育人服务职能和科学研究服务职能共同构成了“三位一体”的大学社会服务职能体系。

第五章主要分析美国康奈尔计划的历史地位与影响，特别是康奈尔计划与“威斯康星观念”的异同，并且结合美国康奈尔计划发展的历史经验，分析了康奈尔计划对美国高等教育发展的影响，以及康奈尔大学社会服务职能的构建与演变对我国大学发展的借鉴意义。

论文从服务的视角探究康奈尔计划的形成与发展的过程，认为康奈尔计划与康奈尔大学社会服务职能之间有着内在联系。康奈尔计划中所确定的大学社会服务理念是康奈尔大学社会服务职能发挥的基础，而康奈尔大学社会服务的实践又不断丰富和发展了康奈尔计划。康奈尔计划不单单是一个大学的组织计划或课程计划，而是康奈尔大学创建与发展的蓝图，它体现了大学创办者的现代办学理念，也是康奈尔大学办学思想的集中体现。康奈尔计划是一个开放的系统，是一个发展的计划，随着康奈尔大学的不断发展，康奈尔计划经历了形成、实施和发展完善的过程，影响广泛而深远。从对康奈尔大学社会服务职能研究看，大学社会服务职能的认识和实践不能仅指直接的社会服务，而是包括人才培养、科研研究和直接社会服务在内的全方位的大服务观；是大学自发地、主动地向社会提供服务，参与到社会发展中去，这应该是现代大学发展的共同特征。在我国大学发展过程中，要强化大学社会服务职能的认识，正确理解大学社会服务职能的内涵，发挥好大学社会服务职能在促进经济社会发展中的作用；要重视人才培养和科研研究，不断提升人才培养质量和科研水平，提升人才培养服务和科学研究服务社会的能力；要重视和积极推进直接社会服务，依托人才培养和科学研究成果不断开拓服务领域、服务内容和服务方式，不断提升直接服务社会的能力。

姓名：郭芬云

论文题目：“有”“无”之间——教学的此境与彼境研究

指导老师：张传燧教授

毕业单位：湖南师范大学

毕业时间：2014 年

论文摘要：“有”“无”问题是哲学的基本问题之一。无论是西方哲学的“有”，还是中国从先秦儒家学说中的“有”，发展到佛教般若学的“有”，都包含了三方面的意义：一是表示实际存在的具体事物，包括自然之物和社会之物；二是一定的观念和价值取向；三是现实状态。“无”包含两层含义：一是“无”即道，是事物的本体，无形无象，恍惚幽隐，难以探求，但又是切实存在，作用在人与社会的各种事物之上，显现出很多可以为人发觉与把握的特色；二是“无”即“幽冥之境”，是事物发展的理想之境。“有”“无”之间是相反相成、动态生成的关系。

本论文借鉴哲学之“有”“无”理论来观照教学，发现教学也具有“有”“无”两种状态。教学的“有”指教学的此境、教学的现实、教学的实然状态；教学的“无”指教学的彼境、教学的理想、教学的应然状态。教学的此境与彼境相辅相成、相互转化，并且彼此超越。教学既要关注此境，也要追寻彼境。在此境与彼境即“有”“无”之间不断地追寻与转化过程中，教学不仅促进了人的发展与完善，而且也使其自身得到了不断的发展和完善。

本论文具体分析论述了教学的“有”“无”即此境与彼境。教学的“有”即此境是指人类教学的实际发展过程，是历时态与共时态的统一。教学的“有”的基本要素包括教师、学生、教学内容、教学手段四部分。其中，教师是教学活动的第一责任主体，是学生成长发展过程中的干预者。学生是教学过程中的目的性主体和发展性主体。教学内容是不同于课程的客体。教学手段是中介性、适应性的客体。教师和学生构成教学“有”的主体部分。作为教师和学生活动作用的对象和作用于对象的中介，即教学内容和教学手段是教学活动必不可少的纯粹的客体和中介。教学的“无”即教学的彼境。它既要表达隐藏在教学现象背后的一而恒的教学的本体，也要表达脱离于现实的教学之外的一而恒的教学的境界。教学的境界即教学理想。教学理想总的来说是教学工作者对教学的一种最佳状态的构想，即美好的教学过程与美好的教学结果的统一。其内涵有三：一是美好的教学过程所体现的“真”；二是美好的教学过程所体现的“善”；三是两个要素达到和谐统一时所体现的“美”。教学理想具有超前性、主观性、完美性、教育性的特性。教学理想的形成要受人的发展需要、社会的发展需要以及教学的乌托邦品质等因素所制约。

本论文深入论述分析了教学的“有”与“无”即此境与彼境的相互转化，并且指出，正是这种相互转化推动了人类教学的发展。论文首先分析论述了教学之“有”即此境向教学之“无”即彼境的转化情形。通过梳理教学发展的历史我们知道，在人类教学发展的最初阶段，它总是以纯粹的自在状态存在着。具体而言，正式的学校教学产生之前，人类的教学都处于自在状态。随着人类历史的发展，教学逐渐由最初的自在状态走向了自为状态。自为阶段的东西方教学在从教学现实到教学理想的发展过程中，都呈现出了他们各自的运行轨迹，具有自己的特点。中国古代教学在从现实走向理想的过程中，经历了古代儒家的培养“士”“君子”的理想人格和各种才能的教学理想、道家的“道法自然”的教学理想、墨家“兼利天下”“崇尚实学”的教学理想、法家“以法为教”的教学理想。中国近代教学在由现实走向理想的过程中，经历了洋务派“中体西用”的教学理想、维新派“开民智，育新民”的教学理想、资产阶级革命派“五育并举”的教学理想以及陶行知等教育家在20世纪二三十年代的各类教学实验所包含的生活教育、平民教育、职业教育、“活教育”等教学理想。西方教学现实走向教学理想的过程中，经历了古希腊、古罗马时期的“崇尚理性”“智德统一”的教学理想，近代“以人为本”的人文主义教学理想、“顺应自然”的自然主义教学理想、“知识为本”“技术至上”的主智主义教学理想、服务国家与社会的国家主义教学理想等等。今天，教学现实在闹腾的世界中与教学理想疏离了，教学趋向了功利化、低俗化和无根化。教学现实疏离教学理想的缘由主要是人类的生存需要，社会现实因素的制约和教学自身发展的必然。论文接着分析论述了教学之“无”即彼境向教学之“有”即此境的转化，亦即教学理想状态向教学现实状态的转化。这种转化有一定的必要性、必然性、可能性和现实性。教学理想转化为教学现实所要追寻的是：第一，在教学中追求“真”的教学，去除对知识的功利化、工具化误解，把知识的真正意义揭示出来；第二，在教学中追求“善”的教学，塑造学生的理想人格，促进社会发展，提倡价值关怀；第三，在教学中追求“美”的教学，美的教学是合规律性和合目的性的统一。

本论文最后指出，教学“有”“无”之间的互动生成是教学的规律性表现，体现了教学理想对教学现实的关照，教学现实向教学理想的跃迁，教学现实与教学理想的互动。教学“有”“无”之间在转化的过程中由于两者之间张力的失当，会出现教学理想对教学现实的遗忘、教学现实对教学理想的遮蔽以及教学价值取向上的两极冲突。教学“有”“无”即此境与彼境的相互转化生成就是在这种冲突与平衡中不断发展，趋向自由。

姓名：李卯

论文题目：性—道—教：《中庸》的生命教育思想研究

指导老师：张传燧教授

毕业单位：湖南师范大学

毕业时间：2014年

论文摘要：生命与教育具有天然的联系。面对当下生命及其教育所遭遇的诸多问题，生命教育引起了理论与实践界的广泛关注。但人们大多是移植、借鉴甚至照搬西方生命及其教育理论，试图以此来解决我国的生命教育问题。西方生命及其教育理论由于其文化教育的差异性不一定适合我国特殊的国情和文化教育土壤，难免存在南橘北枳、水土不服的现象。另外，在一些标榜生命教育的实践中，往往缺乏科学的、本土的生命教育理论指导，大都停留于经验的、实践的具体操作层面，难以抵达生命及其教育的深层。因此，迫切需要一套适合本土文化土壤的生命教育理论来指导我国当下的生命教育实践。中国是否拥有自己的生命及其教育思想？通过深入发掘，我们发现中国博大精深的传统哲学中蕴含着丰富的生命及其教育思想。儒家经典之一《中庸》的生命及其教育思想就丰富而深刻，它从生命教育的原点和归宿，生命教育的真谛和规律，生命教育的实践模式及其生命教育目的、生命教育内容、生命教育过程、生命教育实践等方面阐发了独具特色的生命教育思想，至今仍有宝贵的借鉴与指导价值。

本文首先从理论上对生命及其教育的关系做了阐发。关于生命的本质，本文从生物学、社会学、哲学、心理学、教育学等学科角度做了详尽阐述。关于生命与教育的关系，本文一方面认为生命是教育的原点与归宿，从起点上讲，教育源于人之生命的需要；从过程上讲，教育要尊重生命的自然本性；从归宿上讲，教育要以生命成长发展为目的。另一方面，教育是生命的重要实现方式，这主要体现在教育对生命后天发展方向的引领、能为生命的持续发展提供动力支持、能够激发生命发展的潜能等方面。

接着，本文从本质观、目的观、内容观、过程观、方法策略等方面对《中庸》的生命教育思想做了系统全面的论述。《中庸》关于生命教育本质的思想集中体现在“天命之谓性，率性之谓道，修道之谓教”三个系统连贯的方面以及“诚明”与“明诚”两个目的一致、相辅相成、内外统一的模式和路径上。“天命之谓性”从本原上回答了《中庸》生命教育的原点在于生命，生命是教育的原点和归宿；“率性之谓道”体现了生命教育的规律，生命教育要尊重生命发展的内在逻辑，激活生命内在的主观能动性，展现生命本有的自有天性；“修道之谓教”则阐明了“自诚明”（内发型）、“自明诚”（外铄型）、“诚明合一”（内外结合型）三种相互作用的生命教育实践模式。

在生命教育目的上，《中庸》用“成己”与“成物”表达了这样几层意思：教育的个体目的在于发展、完善和提升个体生命，这是“成己”；教育的社会目的在于成就群体生命（化育万物），这是“成物”；教育的目的还在于促进个体生命与群体生命的和谐共生，在成就自我生命的同时成就他者生命，这是“成己”与“成物”的结合。《中庸》的生命教育目的既不是个人本位论，也不是社会本位论，而是主张个体价值与社会价值的统一。

本文对《中庸》的生命教育内容进行了阐述。《中庸》认为，生命教育的内容是“道”。在《中庸》看来，道是天道与人道的统一，是自然知识与人文知识的统一，与人之生命的生存发展息息相关。文中进而从“德性”和“知识”的角度，对《中庸》“三达德”“五达道”“九经”等生命教育的具体内容进行了详细分析，指出了《中庸》“德知统一”的知识内容观。

论文具体分析论述了“博学之，审问之，慎思之，明辨之，笃行之”的《中庸》生命教育过程。文章认为，《中庸》论述了生命教育过程的本质、结构、特点等问题，就过程的本质而言，《中庸》生命教育过程的本质具有多元性、多重性、整合性等特征。即是由认知、情意、实践、群己等本质构成的过程整体；结构上，五个环节一贯生成、互相依赖、互相促进，体现了由感性认识到理性认识再到实践过程的生命认知规律；《中庸》生命教育过程观具有内外交织、尊道互动、情知共振、知行共孕、个群统一等特点。

文中最后从“尽性”“内省”“好学”“力行”等几个方面论述了《中庸》生命教育的具体实施策略，“尽性”即要充分发掘、发展、发挥生命，是一种开发生命的策略，包括“因其材而笃”“循序渐进”等具体策略；“内省”与“慎独”策略即感悟生命的策略，主张重视生命的自我体验性，发掘生命的自觉性；“好学”是一种激发生命的策略，要求激发学生学习的兴趣；“力行”则是一种实践生命的策略。

《中庸》字里行间凸显着强烈的生命主体意识，呈现的是一套完整的本土生命教育理论体系。本文经过深入发掘和系统研究，力图揭开《中庸》生命及其生命教育思想的神秘面纱，发现《中庸》生命教育思想的重要理论与实践价值。经过现代创造性转化，完全可以为建构本土生命教育理论、指导当代生命教育实践服务。

姓名：陈祥龙

论文题目：作圣之基——《论语》教本研究

指导教师：杜成宪教授

毕业单位：华东师范大学

毕业时间：2014 年

论文摘要：《论语》是重要的儒家经典，在长期的历史发展中，从一本言行录变为经学教材，通过教育活动影响了无数学子。《论语》的产生、发展和演变的过程不同于现代教材，体现出传统教材演变的独特路径。鉴于这种特点，我们以“教本”来命名之。

《论语》中的内容多为孔子及其弟子教学过程的记录，经后学加工改造，层累形成。《论语》的结集与传授的过程相伴而生，孔子的言行录既是孔门弟子传授的重要内容，也是《论语》结集最原始的资料。战国以后，结集的《论语》逐渐传播到更加广阔的地域，从出土的战国和汉初的竹简中我们能够看到这种痕迹。由于秦代和汉初的文教政策使得《论语》被隔离在不同的地域，形成了地域之学。随着汉代国家统一和儒术独尊，以《齐论》、《鲁论》、《古论》为代表的区域教材开始融合，最终以《鲁论》为核心，形成帝国范围内的通用教材，并成为今本《论语》的雏形。

魏晋时期，诠释方式的变化使得《论语》的版本增多，其中占据官学统治地位的《论语》经历了郑玄与王肃之争。这一时期，形成了《论语》“汉学”诠释的巅峰之作——何晏的《论语集解》，成为后世重要的教本。隋唐时期，官学的完备和教材的统一使得《论语》诠释陷入低潮，科举考试的内容设置也决定了《论语》成为学校教育中的公共必修课程。

北宋以后，“四书学”兴起，《论语》的地位进一步提升。“宋学”诠释方式使得《论语》的诠释版本大增。邢昺的《论语注疏》、荆公新学的《论语》诠释版本、程朱理学的《论语》诠释版本、先后成为占据官学主导的教本。经学考试方式从隋唐的“帖经”“墨义”变为两宋的经义文使得学习者对教本的选择更加自由，进入了教本多元并立的时代。元代中期以后，科举考试的第一场在“四书”内出题，选用朱熹的《四书集注》为标准，程朱理学开始占据学校教育的核心位置。明清以后，科举考试采用八股文，“四书”成为学子学习最重要的内容，促使《论语》的诠释融入“四书”。《论语》的学习也被放在“四书”体系内考量。

晚清以来，西学东渐的背景下，传统教育面临着转型。晚清“新政”以后，科举制度被废止，新式教育开始替代传统教育。在新式学堂中，新的学科建制促使《论语》从“专经课程”变为现代课程。在初等教育阶段，进入读经讲经科；在高等教育阶段，进入经学科；实现了从独立课程到科目课程的变化。民国以后，“五育并举”取代“忠君尊孔”成为新的教育宗旨，经学进一步失去了它存在的合理性。这一过程中，西方的“七科之学”取代我国传统的“四部之学”，《论语》成为现代教材中的内容。新中国建立以后，新的意识形态建立，经学的价值进一步削弱，《论语》作为教材的必要性也不复存在。

总之，《论语》的发展经历了我国课程体系从“六艺”的实用教育阶段到“五经”“四书”的经学教育阶段，再到现代的“科目”阶段的过程。这一过程反映出我国传统教育的变迁，折射出经学教材发展过程中目标、内容、实施与评价的互动，为我们理解传统教育提供了反思的视角。

姓名：路宝利

论文题目：美国中等职业教育发展的职业主义与民主主义之争：“普杜之辩”研究

指导教师：王保星教授

毕业单位：华东师范大学

毕业时间：2014 年

论文摘要：1917 年《史密斯-休斯法》的颁布与实施，标志着美国中等职业教育已经超越欧洲双轨制框架，标志着以综合中学为特征的美国中等教育单轨制的确立。其间经历了普洛瑟职业主义阵营与杜威民主主义阵营的激烈较量。事实上，基于两种不同的职教观，普洛瑟“为职业而教育”与杜威“通过职业而教育”而形成的“普杜之辩”，为 20 世纪初的美国提供了必要的职业教育理论体系。

“普杜之辩”并非一蹴而成，也远非一个单一的历史事实。1913 年库利议案所引发的“普杜之辩”，绵延于美国 1906 年开始的职业教育运动之中，而早在 19 世纪末期美国即已成为世界工业强国之中的霸主。现代社会最先进的生产方式与新兴美国高度的民主自觉为“普杜之辩”奠定了深厚的社会基础，欧洲自由教育的传统与美国本土功利主义教育思想的碰撞与融合，则为美国中等职业教育运动营造了多元并存的文化土壤。

“普杜之辩”所彰显的职业主义与民主主义之间的较量，并非只是普洛瑟与杜威两个教育家及其同盟者之间的学术观点之异，它的背后包含着 19 世纪以来美国职业教育困境所积淀的冲突，并且诠释出自由教育与职业教育、雇主阶层与雇员阶层以及民主与效率之间多维要素之间持久的博弈。

“普杜之辩”及其单轨制是世界职业教育史上的一个独特现象，而职业主义与民主主义对于职业教育核心命题的不同诠释，以及由此引发的关于“职业教育本土性”“职业教育存在的合理性”等问题的不断追问又恰恰蕴含着超越本土的意义。

论文主体包括六个部分。

导论部分包括选题缘起与问题提出、研究意义与创新、文献综述、概念界定、研究思路与研究方法。

第一章“普杜之辩”的历史由来。本章从19世纪中等职业教育缓慢发展的现象着手，通过剖析“格兰特·维恩答案”揭示出阻滞中等职业教育发展的两个重要因素——民主主义信仰与自由教育传统。在手工教育运动取向选择与转换过程中，凸显出自由教育与职业教育、雇主阶层与雇员阶层之间的力量博弈，并构成了“普杜之辩”的历史前提。

第二章“普杜之辩”与职业主义的确立。本章以1906年职业教育运动仿效德国模式为背景，详细论述了1913年库利议案所引发的“普杜之辩”这一重要史实，梳理了普洛瑟职业主义阵营与杜威民主主义阵营各自的观点，并且从民主与效率的关系视角对于两种职教观进行了深刻的剖析，厘清了“普杜之辩”后《史密斯-休斯法》生成与单轨制的确立过程，通过综合中学中的“独立账户”与“课程分层”揭示出普洛瑟职业主义阵营的不完全胜利。

第三章“普杜之辩”背后职教观之异。本章从事件层面深入至理论层面，以解剖职业主义与民主主义职业教育思想体系之间的内在差异。在职业教育逻辑起点、职业教育取向、职业教育课程以及教学组织四个层面的对比分析中，呼应“普杜之辩”发生的必然性，以及中等职业教育“美国模式”生成的理论基础。

第四章“普杜之辩”的历史影响。本章明晰了“普杜之辩”作为美国中等职业教育走出欧洲框架的标志性地位，从课程的微观视角，论证了美国20世纪职业教育演进中的“普洛瑟职业主义时代”与以杜威民主主义为蓝本的“新职业主义时代”，并剖析了单轨制下综合中学的运行问题。

结语部分基于对“普杜之辩”的综合研究，解析出“职业教育的本土性”“职业教育存在的合理性”“职业主义何以在博弈中如此顽强”以及“杜威的理想能否实现”四个维度的思考，用以凸显“普杜之辩”所蕴含的思想深度。

姓名：于洋

论文题目：自由与个性解放的诉求——《红楼梦》的教育世界

指导教师：周洪宇教授

毕业单位：华中师范大学

毕业时间：2014 年

论文摘要：人是教育的出发点。教育学从根本上来说是人学，既然是研究培养人的学问，那么理解和反思人性应当是一切教育学研究的基础。文学名著和教育名著其实都是反映人性、反映人的解放、反映人的自由全面发展的佳作。文学史研究、教育史研究也应反映与体现这一点，从某种意义上说，其研究成果反映与体现的程度如何决定了其水准的高下。本文运用马克思关于人的发展理论和文化层次理论，试图走出纯理论和历史梳理的学院楼阁，抖落遮盖在文学作品上的历史尘土，揭开创世奇作《红楼梦》的教育面纱。

“人性与青春”是贯穿本文的一条主线。《红楼梦》作为一部经世流传不朽的文学作品，是宗法专制社会，年轻人追求个性自由与解放的一曲挽歌。从人性和教育的角度去看，可以发现它实际上记录了一群青少年学习、生活和性格养成的过程，并在成长的过程中表现了强烈的人性诉求。其中既有明清社会教育环境的投射，家庭教育管制的冲突与对抗，私塾应举的压力和思想闪光，更有社会交往中的切磋和自学成才，以及女子教育的丰富内容。明清社会的教育、成书作者的教育经历以及大观园中的教育共同构成了《红楼梦》的教育世界。在此基础上，探寻人性的压抑、反抗与复归过程，以达到人的自由与个性解放的诉求。除此之外，本文在理论上强调文学作品与史料的关系，通过《红楼梦》与明清历史的互文对照，发现其可以成为“小说以证史”的又一例证。

明清的学生生活离我们既远又近，它已走入历史，属于已经过去且不能复原的传统时代；但它又有挥之不去的历史记忆时常被唤醒，还有大量的历史遗迹和踪影可以追寻。“历史的探究，并不是要我们在过去事件中找到今日所需要的答案，而是使我们从过去因变的研究，学习到找寻今日答案的方法。”教育要满足个体的需要，特别是人对于自由与个性解放的本性的需要，这种本性的诉求在宗法专制社会受到压抑，而在现代社会也可能产生异化，找寻完成教育终极旨归的办法是教育进步发展的动力。

导论部分，主要介绍本论文的选题缘起和立足点，探讨研究价值，通过相关概念界定、文献综述和分类研究方法为进一步研究做好理论准备。在理论支撑方面，参照马克思关于人性的哲学阐释，以及文化学研究的三层次理论，并集中论述文学素材何以作为史料的观点。

第一章，《红楼梦》与明清社会教育形态。《红楼梦》所反映的教育世界是明清社会主流意识形态影响下的教育状态，其家庭教育、义塾教育、社会交往教育以及当中呈现出来的正统教育观念、教育目标、内容、手段等都受到官学教育和科举制的影响，是主流意识形态教育的折射和延伸。本章共分为三节，通过对主流意识形态教育的把握，进而论述受其影响和调控下的民间兴学，最后落脚到具体的贾府家族教育问题上。

第二章，贾府的家庭教育。本章以整个明清时期的家庭教育导向为背景，分析贾府老少两代人在家庭教育上的矛盾：在目标和内容上，读书是为应考做官还是陶冶性情、旁学杂收；在教育方式上，一曝十寒、苛责鞭笞、骄纵宠溺、釜底抽薪等多种手段相互抵牾，使教育合力发生内耗，正统教育思想与自由个性的求知诉求发生冲突。

第三章，科举下的义塾教育。在明清科举选官刺激和民间兴学的影响下，贾府在宗族内部兴办了一所带有公益性质的私塾。本章主要对该义塾的性质、学制、课程和教学内容安排、教学方式，以及师生生活进行整体透视，其中也包含了在科举目标的指引下，作者和《红楼梦》中人的科举百态，并触及儒学和八股的历史嬗变问题，进而分析素质教育与应试教育的异质性。

第四章，贵族男子的社交路线与交往活动。通过对贾府重点培养对象贾宝玉的社交路线分析，揭示在培养孩子社会交往能力方面，贾府家长的“家国本位”目的倾向与孩子向往自由选择、无差别等级之分的“个人本位”倾向的对立。

第五章，贾府的女子教育。在女子教育方面，贾府是明清时期女子文化教育与道德教育矛盾论战的缩影和典型。然而，作者通过女子自发组织的丰富多彩的文学游戏，及香菱学诗和黛玉教诗等自学成才、交往熏陶的学习效果，有力地反证并歌颂了在自由成长条件下，女子超群的艺术才华。

第六章，从器物层面看明清与贾府教育。本章包括两部分，通过教学设施和学习器物展现明清时期私塾的教学内容与教育环境；通过教学管理和后勤保障器物，集中反映明清义塾的管理规制及其公益性的特点。

结语部分，在马克思关于“复归人的本性”理论基础上，重点分析与《红楼梦》所处的时代相对应的“人的依附”阶段，个体对于自由与个性解放的诉求，主要从当时的教育背景、教育目标、教育内容和教育方式等几个方面的冲突独立加以分析。在此基础上，进一步引发对于教育满足人的本性需要的几点思考。

姓名：向华

论文题目：民国前期学生自治研究

指导教师：余子侠教授

毕业单位：华中师范大学

毕业时间：2014 年

论文摘要：民国时期的学生自治，导源于西方模式。随着清末民初西方民主、自由思想在中国传播，学生自治随之进入中国教育者视野。北京、浙江、江苏等地，陆续出现了各种学生组织，以及由学生主办的报纸杂志。早在清末，尽管当时教育管理十分严格，但在民族与民主意念的催动下，一些自治性学生组织已在校内悄然出现。如广州岭南学堂、安徽高等学堂、陕西宏道学堂、湖南常德府中学堂、中国公学等，均先后成立了名称迥异但富有自治精神的学生组织。这些自动组织起来的学生们，企望通过“自治”反抗封建专制，借以实现各种救亡图存之梦想。

五四运动爆发时，正值杜威旅华讲学。经由教育界大力倡导，美国“学生自治会”制度引入中国校园，运用于学生管理变革。受杜威“教育即生活”、“学校即社会”观念影响，学生自治开始注重丰富的团体生活、学生学会生活以及服务社会能力的培养。这一时期，从小学到大学的学生自治活动都有开展，自治组织出现联合扩大趋势，由校内组织推进至区域性团体乃至发展成全国性学生联合会。1920 年，第六届全国教育会联合会发布《学生自治制纲要案》。此后，以“学生自治会”命名的学生自治组织，迅速在各校设立起来，“于是学生会之组织，举所有有学校之都市，所有有学生之学校，视同必需，否则即足以显示其无人”。

就在学生自治如火如荼展开的同时，有关批评之声也随之而起。其矛头主要对准两个方面：一是在实践过程中视学生自治为时尚，过于追求其时髦形式，不求自治真意，不讲实际训练；二是在学生组织实际操作中，

"自治"与"管理"矛盾难以调和，导致各种问题产生。这种矛盾既存在于学生自治会与校方管理之间，亦存在于学生自治会组织内部。学生自治会的混乱现象，导致后来国民党政府对其进行强制整顿。1928年，第一次全国教育会议通过《确立教育方针实行三民主义的教育建设以立救国大计案》。该议案对学生自治会明确提出整顿办法，严格规定自治会的成立、注册、权限、解散和改组事项。客观说来，这种举措有利于学校管理的有序进行，但学生组织"自治"的性质却因此遭到严重削弱。

论文第一章对学生自治的历史渊源进行了简明梳理。西方学生自治之源头，可前溯至中世纪时期的"学生"大学。这类学校由学生全权管理校务，学生极富自主自治特性，但后来逐渐被教会管理、教授治校取代。18、19世纪，经由"洪堡理念"与"美国教改"之影响，学生自治形式得以复苏，且呈现诸多崭新理念。若言中国教育史上的类通之处，则官学中的"斋长制"与书院中的"高足弟子代管制"等，也大体展现了学生自我管理、独立自治的精神。

第二章，阐述学生自治引入中国的思想基础，包含政治理念、文化变迁和教育新潮三个方面。西方学生自治模式在民国前期引入国内，存在一定的政治条件、文化基础以及教育方面的考量。"自治"本是政治概念，中国乡绅自治传统与近代西方地方自治理念，经由国内对传统文化礼制的批判与学生群体力量的崛起，在教育界引起反响，并由此推及学生管理。与此同时，西方先进的教育思想不断地输入中华教育界，并成为学生自治在国内发生、发展的理论基础。

第三章，学生自治的时代条件。专门就引发学生自治潮的直接诱因、表现形式以及当时教育界的普遍反应与认识成果进行详细论述。中国近代新式学校伴随着教育宗旨的重新厘定，早期出洋留学一代的"海龟回游"，杜威访华以及五四运动的爆发等，促成与推动了学生自治成为民国前期各类学校——尤其是高等院校学生管理的一种流行风潮。近代中国，秉承"教育救国"理念的教育先辈们倡导学生自治，其目的始终在于培养人格健全的现代国民，借以复兴我中华民族。

第四章，学生自治的实践表现。本章对当时学生自治的实践进程、活动表现、组织团体以及积极影响等进行考察与梳理。教育一线上的各级各类学校，积极响应，开展校内学生自治实验。学生在校方支持、教师指导下，成立组织，开展活动，积极进行自我管理，在自治过程中得到锻炼，并产生了一些积极影响。教育界引进学生自治模式开展校园实践，其主要目的和动力，在于“教育救国”；除为人才兴国外，更为摒除旧式教育、培养新式国民，以全面提升国民素质而来。

第五章，学生自治的理想与现实矛盾。学生自治在实际操作中，存在界限不清、学潮不断、纪律松弛以及学业难以为继等现实情况。这些情况，可根据其缘由划分为两类：一由社会问题引发而来；二因校园内部各方关系相互碰撞而生。盲目照搬美国模式以及该模式在本土上的冒进式发展，使得国内教育界对学生自治缺乏系统而充分的实验与研究，致使其在短期内就呈现“舶来之品”水土不服的现象。在探索历史原因时，文章最后从我国人文传统、政治环境、教育改革以及人的因素等方面，对学生自治中的问题之潜在病因做出探讨。

关于民国时期的学生管理，有两点值得关注：一是“自治”，即学生自治；一是“管治”，即学校对于学生的规束。民国前期的学生自治，因其与学生运动、学校风潮丝丝相连，引发教育管理系统的反省与审思，遂而对学生自治施以强制管控。学生自治潮的最后临界点，是在南京国民政府成立之后。南京政府大行“训政”，对学生施行特务监管，学生自治内核因此发生严重变异。学生界进步分子，就正当的学生自治权与学运权，同教育当局、校内反动组织展开了复杂而持久的周旋与斗争。

姓名：刘红

论文题目：近代中国留学生教育翻译研究（1895—1937）

指导教师：余子侠教授

毕业单位：华中师范大学

毕业时间：2014 年

论文摘要：纵观近代中国教育发展史，教育翻译自始至终参与了推动中国教育早期现代化的重要历史进程。可以说，教育翻译对近代中国每个时期的教育改革与发展做出过重大的历史性贡献。教育翻译及其成就直接关系着中华民族的振兴，引导着中国近代社会的发展进程。作为教育翻译活动主体的中国留学生则扮演着多重角色，他们既是翻译者和传播者，也是新式教育的学习者和实践者。正是留学生的教育翻译促使西学得到全面而系统的引入，使外国先进的教育制度、教育思想、教育理念、教学内容以及教学方法等在中国得以更好的传播与吸收，从而加快中国教育改革与发展的步伐。由是可见，研究近代中国留学生教育翻译及其对中国近代教育改革、教育学科体系的创立以及教育理论中国化的深远影响，无疑具有十分重要的历史研究意义与现实借鉴价值。

那么，近代中国留学生教育翻译如何兴起和发展？翻译的主要内容是什么？采取什么样的翻译策略和方式？对近代中国教育改革与发展产生何种影响？这种教育翻译及其成果对中国教育早期现代化的进程有何影响？这些翻译者们在各个发展时期扮演着怎样的角色？为了回答此等问题，本研究采用“翻译目的论”和“多元系统论”为理论分析框架，做出下述层次有序的探讨。

文章导论部分主要陈述了选题缘由及研究意义，确定了研究范围并对有关概念进行界定，分析了选题所处领域的研究现状，阐明了作者的研究思路、理论及方法。

第一章探讨了近代中国留学生教育翻译活动的兴起，包括留学生教育翻译兴起的历史背景、留学生教育翻译群体的形成、以留学生为主体的教育翻译机构以及主要传播载体。

第二章阐述了1895—1937年间中国留学生教育翻译的运行轨迹，包括教育翻译的发展脉络、教育翻译动机模式的演变、教育翻译方式的选择与变衍、教育翻译成果展现形式的演化以及教育翻译过程中留学生多重角色的扮演，从而勾画出甲午战争后至抗日战争前中国留学生教育翻译的演进轨迹。

第三章主要梳理了1895—1937年四十余年间中国留学生教育翻译的主要内容，借以探寻在中国教育早期现代化进程中留学生通过翻译向西方教育引进和借鉴的具体内容，包括教育交流过程中产生的口头、笔头文献资料，如教育制度、教育著作及讲义、教科书、教学方法、教育演讲以及教育小说等内容的翻译。

第四章论述了留学生的教育翻译对中国近代教育改革的影响。诸如教育制度的翻译为中国新型教育制度的制定提供了可资参考的蓝本，促进了中国教育制度的现代化；教育理论的翻译使得德国赫尔巴特教育思想、美国杜威实用主义教育思想以及马克思主义教育思想等得以在中国传播与接受，带来了教育观念的嬗变、教育宗旨的更新，从而促进了教育思想的现代化；教科书的翻译为新式学校提供了丰富而切用的教学材料，使西方自然科学知识、社会科学知识，尤其是教育学知识得以传播与推广，从而促进了学校教学内容的变革；教学方法的译介使得西方先进的教学方法得以在中国传播与实践，从而使学校教育逐步走向科学化和民主化。

第五章论述了留学生的教育翻译对教育中国化的影响，包括留学生在借鉴的基础上开始了教育中国化的早期探索，试图通过借鉴来创建中国的教育学以及教育学科体系，在结合本国教育实际的基础上构建具有中国特色的教育理论。

文章结语部分主要是对中国留学生教育翻译的主要特色进行总体性的归纳总结，肯定留学生教育翻译的历史贡献，指出教育翻译存在的主要不足之点，并对今日中外教育交流如何更好地进行教育翻译提出个人的思考和建议。

姓名：刘振宇

论文题目：外交与留学：晚清留俄教育研究

指导教师：余子侠教授

毕业单位：华中师范大学

毕业时间：2014 年

论文摘要：如果把近代中国人留学史比作一首气势磅礴、波澜壮阔的交响乐，那么留美、留日、留欧等具体留学活动则是构成这首交响乐的各部华彩乐章，它们既相对独立又相互关联，共同谱写出近代中国学子为求国强民富而负笈海外、刻苦求学的一幕幕动人故事。作为近代中国人留学史的重要组成部分，留学苏（俄）史是学界较为关注与研究的重点内容，其中又尤以 20 世纪 20 年代与 50 年代的两次留苏热潮为重中之重，有关学术成果层出不穷，而晚清时期的中国人留俄活动则是留学苏（俄）史研究中的薄弱环节，学界关注甚少，相关研究亦尚处于起步阶段。本文以晚清时期的中国人留俄活动作为研究对象，在占有与使用大量档案史料与各类文献资料的基础上，运用历史学、国际关系学、教育学等学科的理论及多种研究方法，从全新的中俄外交关系与文化外交的视角出发，对晚清时期留俄教育的起因、发展演变过程、学生状况、学习内容、管理体制等进行深入系统的研究，对其作用与历史影响予以重新审视和评价，并着重分析了中俄外交关系与文化外交对晚清留俄教育的重大影响，以及晚清留俄教育对当代中俄教育交流乃至文化外交具有的启示与借鉴。

本文结构大体如下：

绪论部分主要阐述了选题缘由和研究现状，阐释了本选题的研究意义、研究思路与研究方法，对本文涉及的相关核心概念进行了界定，并指出本选题的可能创新与不足之处。

第一章主要分析了晚清留俄教育产生的历史基础与动因，并对本选题研究应用的文化外交理论进行了阐述。具体而言，晚清留俄教育的产生与发展，是建立在中俄外交关系形成的基础之上，并深受两国对文化外交的不同理解及具体政策实施的直接影响。自17世纪中俄外交关系建立后，中国与俄罗斯在处理两国关系方面即表现出明显差异性，特别是在文化教育交流活动上更是如此。18世纪至19世纪上半叶，俄国通过派遣宗教使团、留学生、交换书籍、汉学研究、汉满蒙语教育等方式积极开展对华文化教育交流，而清政府则仅仅在俄语教育上稍有建树，表现可谓消极。借助文化外交理论进行分析即可发现，中国与俄罗斯在外交传统与现实利益诉求方面的差别，导致了其时中俄文化教育交流不平衡局面的出现。基于对外扩张传统与寻求更多在华利益，俄国为深入了解中国而积极开展多种对华文教交流活动，试图利用文化外交手段达成目标；出于保守外交传统与防范沙俄入侵的目的，清政府则在对俄文化外交上采取防卫策略。中俄两国在文化外交上的不同认识与策略，最终决定了晚清留俄教育的性质、起源及发展走向。

第二章主要阐释了晚清留俄教育的起步与早期发展状况。自第一次鸦片战争以后，清政府为应付日益严峻的外交局面与顺利办理外交事务，开始建立外语教育机构培养通晓外国语言的学生。俄语教育借此时机获得一些发展，培养出一批能够掌握俄文俄语的学生，这就为晚清留俄教育的起步创造了必要条件，提供了人力支持。随着清政府陆续向西方列强派遣各类外交使团，掌握俄语及其他语言的中国学子得到了赴俄国实地学习考察的机会，借此时机锻炼语言与外交技能。由是，晚清留俄教育开始起步，“随使游历”“住馆肄业”“官员游历”等不同类型的早期留俄活动就此相继诞生，并在学习性质、学习过程、学习内容等方面表现出别具一格的特点，体现了晚清留俄教育在发轫阶段的特殊性。

第三章主要阐述了20世纪初留俄教育步入正式化阶段后的发展状况，重点探讨了这一时期官费、自费留俄教育的演变过程、留学情形、管理体制的确立与运行等内容。伴随着19世纪末至20世纪初中国人留学教育发展的大趋势及中俄关系的发展，留俄教育亦一改此前的非正规形式，转而开始正式化，官费、自费等不同类型的留俄教育渐次兴起，留俄学生人数大幅增加，不仅分布于俄国的圣彼得堡及远东、中亚地区的部分城市，还在俄国实际控制下的中国领土出现，展演了中国人留学史上最为特殊的一幕。留俄教育的正式化，也对清政府的留俄教育管理提出更多要求。因此，留俄教育管理体制随清政府对留欧教育的管理而逐渐成型并最终独立存在。

第四章主要探讨了晚清留俄教育的结局、意义、特点与历史影响。清王朝覆灭后，晚清留俄教育的发展进程虽受到一定影响，但由于自身特点而未致中断，于民国初年仍旧延续，留学管理的职责亦由地方接手，直至俄国“十月革命”爆发后才宣告终结，留苏教育随之开始兴起。基于晚清留俄教育起源的特殊性，其不仅在留学生派遣、选读专业、留学政策、学业生涯、学生任用等方面具有与留学其他国家教育截然不同的特点，而且通过培养的留俄学生对中俄外交关系以及中国国内政局产生了直接的、突出的作用。这些都充分反映出本选题的主旨，即中俄外交关系与文化外交策略对晚清留俄教育具有决定性影响。

论文最后在总结晚清留俄教育历史经验的基础上，力求以此为借鉴，对当代中俄如何开展留学教育乃至文化交流活动，促进中俄关系的不断发展与增进两国人民的友谊，提出个人的一些思考与建议。

姓名：陈峥

论文题目：冲突与进步：英国基础教育福利化进程研究——基于教育公平的视角

指导教师：杨汉麟教授

毕业单位：华中师范大学

毕业时间：2014 年

论文摘要：教育本身具有福利属性，基础教育更应是一种公民福利。国家有义务为学龄儿童提供受教育的便利条件，如对贫民子女、孤儿、无收养家庭的弃儿的教育，政府均责无旁贷。同时，可由慈善机构设立捐赠教育基金或直接出资办学。于当下英国，凡官方所属的初等、中等学校尽皆实行免费，学童无须交纳学杂费、教材费、书本费；各校亦提供廉价膳食，且为保证每位学童均可接受教育，英国政府实行之于困难家庭的补助政策，为失业依靠领取救济金生活或收入水平在最低生活线以下的家庭的子女提供免费膳食；而私立学校系自费性质，但可有幸入读于斯的儿童乃凤毛麟角。英国基础教育福利之全面、体贴、周到堪称世间翘楚，对其艰难坎坷的历史发展道路认真梳理，对其特质与趋势条分缕析，不仅为学术界研究外国教育史提供崭新视域，而且对我国基础教育的观念与实践的发展亦具有现实借鉴意义。

本研究分如下五部分。

第一部分为绪论。该部分首先分析选题缘起与研究价值，进而释义本研究涉及之关键概念，再以异同视角为线索探讨研究现状并归纳其成就与缺憾，终阐明研究思路与方法。

第二部分包括第一章与第二章。前者选取初等教育义务化，通过梳理英国政府就初等教育从作壁上观至透过拨款间接介入再达经由立法直接管理终至为学童纾贫解困的纠集历程，突出展示贫民子弟的受教育权从无到获保障之坎坷；后者选取中等教育综合化，探讨了其在右翼对非选拔性中等教育持续抵制情形下的演进历程，展现了 1945—1979 年历次对于教育机会与资源平等化的尝试。

第三部分为第三章，主要描绘了少数族裔教育融合化的曲折历程。本部分首先勾画了少数族裔教育融合化的起步，揭示了 60—70 年代英国官方对日益突显的少数族裔教育问题由忽视到正视，介绍了地方教育当局打造多元文化课程的努力。其次，探究了少数族裔教育融合化的止步与再度上路，探讨了因《1988 年教育法》的颁行而抬头的选拔制对少数族裔学童的束缚，并重点谛视新工党积极开明的少数族裔教育政策。最后，剖析了少数族裔教育融合化的成就、隐忧与未来之路。

第四部分为第四章，乃专题研究，阐述了英国学校膳食服务制度的历史发展。本章首先描画了学校膳食服务的起源与发展，介绍了最初慈善社团为贫儿提供食品的努力，梳理了政府介入后学校膳食服务确立且缓进的过程。其次，论述了学校膳食服务的壮大与调整，介绍了在福利国家建立的背景下学校膳食服务的兴盛，探讨了新自由主义经济政策对学校膳食服务的改造，描述了在"第三条道路"框架下学校膳食服务于摸索中的前行。最后，概括了学校膳食服务的发展形态，探析了其未来发展路径，并且归纳出若干经验供我国借鉴。

第五部分为结语。本部分先归纳基础教育福利化的特征，继而展示基础教育福利化的成就，后揭示基础教育福利化面临的挑战并展望其前景。结语亦探寻在民主自身业已遭受市场国家侵蚀的情境下，一种念兹在兹公共福祉的教育是否能够长久存在，进而断言终将出现针对精英选拔与以狭隘的经济视角检视教育目的之风的反制。此外，该部分还提出福利化乃是各国教育发展的必由之路，别无他选。

姓名：刘齐

论文题目：回到乡土：邰爽秋民生教育思想与实践研究

指导教师：胡金平教授

毕业单位：南京师范大学

毕业时间：2014年

论文摘要：教育思想是教育发展史的灵魂。因此，研究教育思想，对整个教育史的研究有重要意义。同样，教育思想，也集中体现了一个人的教育理念，表达了一个人的教育情感，反映出一个人的教育关怀。邰爽秋作为中国近现代具有代表性的教育家，其教育思想理应受到我们的关注。其教育思想中，有关教育经费的论述、教育行政管理的讨论、乡村教育的理念，对我们今天教育事业的发展依然具有指导意义和参考价值。

本文以时间发展为基本顺序，以辛亥革命以来，近代中国的社会大变革、大调整为背景，串之以中国近现代教育事业前进发展等一系列重大事件，以邰爽秋的教育活动为中心，深刻揭示其民生教育思想的理论内核、社会实践、作用影响。

文章利用了统计学和社会学的某些观点，以文献法、个案研究、比较等方法，在挖掘和整合第一手材料的基础上发现问题，找出规律，提炼出有价值的东西，进一步丰富对邰爽秋民生教育思想的研究。

本文的主体结构由五部分组成。

第一部分从民生教育思潮的出现和形成，邰爽秋的求学生活和工作经历入手，介绍民生教育思想的形成背景和原因。对邰爽秋的民生教育的主导思想、目标和任务、主要内容、对象和教师做重点介绍，以较为完整的了解民生教育的概貌。同时，也将对民生教育与其他教育思潮做对比，指出其中的不同和差异之处。

第二部分全面阐述邰爽秋的在民生教育推行上有关行政管理与经费来源、使用上的观点。因为，除教育工作者自身躬行实践外，教育行政主管部门的支持、教育经费的保障、教育设施的完备、教育规章制度的健全，也都直接关乎民生教育的实现。在广袤乡土大地奔走的邰爽秋，并没有忽视确保民生教育达成的这些基本要件，而是将其作为一个专门领域开展研究，并围绕“民生”这一主题系统论述，从而形成了自己独到的、富有见地的教育行政理论，丰富了我国教育行政理论的内容与内涵。

第三部分论及邰爽秋对学校系统的设计，特别是其中的学前教育与特殊教育部分，是其学校系统中的一个亮点。此外，还将专论邰爽秋对于教师发展的整体看法。邰爽秋高度重视教师在整个民生教育中的作用，他认为师资是民生教育工作的实际执行者，欲教育之普及，须有充分的师资，欲普及教育之实施，有良好的效果，则又仗于优良的教师。所以，这又形成了他民生教育思想中另一个重要的部分。

第四部分着重介绍了邰爽秋在农村开展民生教育的有关情况。通过对以往乡村教育兴起和开展情况的介绍，邰爽秋对这些乡村教育活动开展的批评和反思，展现出邰爽秋与众不同的教育理念。特别是他“念二运动”的实践，以及由此产生的念二社、普及教育车，甚至给个人生活带来的一场家庭风波。可以说，邰爽秋的有关乡村教育之理论，也是邰爽秋民生教育思想中最有“乡土气息”，与中国社会实际密切结合的重要部分。

最后一部分，总结了邰爽秋民生教育思想的主要特点，存在的成绩和不足，提炼出对当今教育事业发展的启示。

统观邰爽秋的民生教育思想，是全方面的，是接地气的，是不断实践的。解析其内涵，学校系统、“土货运动”、教育经费、教育指导、教师待遇等都是其重要组成部分，而“念二运动”更是他民生教育思想的生动实践，并贯穿于各种教育活动之中。这些做法，符合当时中国经济、社会、文化、教育发展的实际状况，不仅在当时适应了农村社会发展和一般民众生产需要，也是改革传统教育，革新脱离中国实际的新式教育，重构符合中国实际，体现现代教育发展趋势的新教育教学制度的大胆尝试。同时，它所揭示的教育基本命题，如教育与社会经济发展的关系、教育与生产劳动结合、教育的普及化等，至今仍是教育理论研究的重大课题和教育改革发展所追求的目标，对于今日各类教育的改革发展仍然具有十分重要的借鉴意义和理论参考价值。

但我们也同时看到，由于历史的原因，邰爽秋的民生教育思想及活动也受到了限制。邰爽秋的民生教育思想，在一些问题上考虑过于简单，要求过于完满，脱离了社会实际，具有一定的理想主义色彩。

姓名：李涛

论文题目：民国时期国立大学招生研究

指导教师：廖其发教授

毕业单位：西南大学

毕业时间：2014 年

论文摘要：大学招生制度是国家基本教育制度，是人才培养的枢纽环节，关系国家发展大计，涉及每个家庭的切身利益，关乎千万学生的前途命运。1912 年到 1949 年的民国时期，国立大学代表我国高等教育的最高水平，其招生制度与实践在国立大学的发展历史中异常重要，其招生形式多样，内容复杂，影响深远，其经验教训值得总结。虽然民国时期国立大学招生已受到学界的关注，但是，由于原始资料发掘不足，研究视角狭窄，对民国时期国立大学招生的运行机制和实际情况的挖掘很不深入，其观点多有可商榷之处。因此，本文力图深入研究民国时期国立大学招生制度与实践的发展历史及其启示。具体地说，本文除通过原始资料的梳理理清国立大学招生发展的一般过程外，将视野聚焦于国立大学招生的组织主体、选拔途径、招生考试、录取、照顾政策、对招生考试问题的争鸣等重要方面的发展变化情况的梳理。在此基础上，探讨国立大学招生变迁的动因、问题、影响与结果，总结经验教训及其启示。

除绪论外，正文分为八章。

绪论主要介绍本文选题的理由、研究目的、内容、研究意义及文献综述、研究思路与方法、相关问题。

第一章论述民国时期国立大学及其招生概况。分析国立大学概况是探讨国立大学招生的必要前提。国立大学主要分布在华北、华东地区的沿海、沿江大城市。国立大学数量从少到多，地域分布从偏于东部到相对均衡，学生数量波动上升，学科发展由文法科泛滥到文实科均衡。在北洋政府时期，教育考试权下放到学校。在南京国民政府时期，随着政权趋于稳定，自由招生显现出一定的缺陷，教育部开始控制招生的数量、科类，直到抗战时期全面接管招生事务。而后，战争环境恶化，以及控制招生带来的弊病，促使政府与大学分享招考权。招考权是招生的关键特征，它掌握在不同的主体手上，对招生制度的所有方面均有重大影响。因此，根据国立大学招考权的变化，结合时代的演进，本文将国立大学的招生发展变化的历程分为三个时期：大学自由招生阶段（1912—1932），政府严格控制招生阶段（1933—1940），政府宏观调控招生阶段（1941—1949）。

第二章论述民国时期国立大学招生的组织主体和选拔途径。招生的组织主体是指招生由谁来组织，是中央政府、地方政府还是大学；选拔途径是指考试还是保送、推荐。民国时期大学招生的组织主体经历了从大学到政府，再到二者分担的发展过程。选拔途径以考试为主导方式，推荐、保送等是重要的补充形式。招考权和文化传统对组织主体、选拔途径的影响最大，进而影响了国立大学招生的概貌。

第三章论述民国时期国立大学招生中的考试。考试是招生的内核，尤其是在我国这种特别重视考试的国度里，考试科目与内容设置的合理性、科学性直接决定了招生的成效。本章主要论述当时的考试科目、考试内容、考试方式、考试舞弊等。考试科目变迁的趋势是由合科、分科并行，发展到合科、分科融合。当时考试的命题立意、试题编制、题型及题量等都有较大的合理因素，但也有明显的弱点。民国时期大学招生的考试方式有统一考试、联合考试、单独考试等多种形式，但是单独考试是主流，多次数、多层次、多类型考试是其显著的特点。入学考试中新旧舞弊方式并存，媒体抨击之，大学和政府打压之，考生以上书、罢考、闹风潮等方式应对之，甚至发展到追究刑事责任，这反映了舞弊背后的教育和社会问题。

第四章论述民国时期国立大学招生中的录取。民国时期招生录取标准以考试成绩为主，兼顾其他因素。国立大学的入学机会是一个关系重大的问题，本文通过分析国立大学在校生的区域分布、阶层分布，探讨了国立大学入学机会的公平性问题。通过对学生籍贯的分析，发现国立大学招生有本地化倾向，东西部省份入学机会差异极大。通过对学生家庭出身的分析，发现各阶层入学机会极端不平等。学、商、政、军界等优势阶层子弟在国立大学中占据支配地位，农工阶层子弟所占比例较小，与其庞大的人口数量不成正比。国民政府已经认识到并试图解决这些问题，但收效甚微。国立大学破格录取早已传为佳话，本文对其进行了深入分析，以探明偏才怪才的入学机会。

第五章论述了民国时期国立大学招生中的照顾政策。民国时期大学招生的照顾政策基本形成了四大体系：侨生升学照顾体系，边疆少数民族升学照顾体系，国民党员、军人升学照顾体系，教职员子弟及公务员（包括官员）子弟升学照顾体系。这些照顾政策对于政权的稳定，国家统一和领土完整，起到了相当重要的作用，但对国民党员、公务员特别是官员的照顾政策的实施也损害了国民政府的信誉，破坏了教育公平。

第六章论述了民国时期国立大学招生中的失调与整顿。在民国时期，大学单独招生占主导地位，由此造成了严重的“市场失灵”问题。招生“市场失灵”表现为：招生标准混乱，与中学教学相脱节，入学资格模糊，文实科失衡。政府对其进行了“宏观调控”，健全招生规则，严厉打击违规行为，净化招生环境。这些整顿措施有利于整齐新生程度，提高录取标准，规范入学资格，加强中高等教育的联系，平衡文实科的发展，有效地保障了单独招生制度公平、有序、高效的运行。民国时期大学单独招生并未发生大面积的腐败，值得深思。政府对大学招生的整顿导致了一些风波，如因整顿国立劳动大学的招生而发生纠纷，这一事件不仅是教育问题，也反映了党派斗争、政治控制、青年失业、无政府主义泛滥等问题。

第七章论述了民国时期国立大学招生考试问题的争鸣。民国时期发生了三次大规模的有关大学招生考试的论争：“废考运动”是对传统考试制度的批判；“新法考试运动”主要致力于引进西方的测验理论；“大学入学考试改进运动”则是探索本土化的大学招生考试度。三次论争推动了我国考试制度的现代化，促进了考试文化的更新。

第八章论述了民国时期国立大学招生的特点、经验与启示。通过对民国时期国立大学招生发展的梳理，本文认为国立大学招生的发展历史有以下主要特点：招生的演进过程就是招考权的博弈过程；招生的发展过程中面临着诸多两难问题；招生改革具有过渡性，即从受科举影响的传统考试到受西方测验理论影响的现代考试的过渡。国立大学招生的发展历史有以下基本经验：招生标准强调全面性、学术性；招生的考试追求科学化，考试具有多样性、选择性；招生的录取侧重于“考试公平”；招生的照顾政策以补偿性为主。国立大学招生发展具有以下启示：政府宏观管理，大学依法自主招生；坚持以考试为主，考试多样化；高考在文理分科基础上融合合科因素较为合理；增加弱势群体升入重点大学的机会；消除“升学主义”是一个长期的过程；外语考试具有不可替代的作用；破格录取偏才怪才；以制度、文化变革消弭单独招生中的腐败。

姓名：张寅

论文题目：民国时期省级教育行政研究（1912—1937）

指导教师：田正平教授

毕业单位：浙江大学

毕业时间：2014 年

论文摘要：省级教育行政作为中国近代教育行政体系的重要组成部分，自清末创立以来，虽然深受机构立废反复、人事频繁变动的干扰和政治、经济、文化、社会等领域急剧变革的影响，但总体来看，组织不断完善、职能不断强化、权责不断明晰、队伍不断稳定是其基本走向。省级教育行政承上启下，对上反馈本省教育发展状况及存在问题，对下贯彻中央政府的教育方针政策及管理一省各项教育事业，为推进地方教育早期现代化及教育行政早期现代化做出了重要的历史贡献。本文主要围绕省级教育行政自身发展演变、省级教育行政与地方教育事业的关系两个维度展开，探讨民国时期（1912—1937）的省级教育行政。具体内容分为以下几个部分。

第一部分"导论"主要阐述论文的选题缘由及意义，对相关概念进行了界定，对已有研究成果做了整体评述，并提出本文的研究思路与方法。

第二部分以省级教育行政自身发展演变为线索，集中考察机构变迁、人事演变、省级教育财政、省级教育视导等方面。其内容共分四章："省级教育行政机构变迁"章梳理了省级教育行政机构在 1912 年至 1937 年间的变迁轨迹，试图揭示省级教育行政机构变迁的原因、特点、困境等；"省级教育行政人员"章分析了省级教育行政人员名称及编制的变化情况，重点考察了不同时期教育厅长、省教育视导人员、教育厅其他职员等群体的构成状况；"省级教育行政与省级教育财政"章分北京政府时期和南京国民政府初期两大时段，梳理了省级教育行政机构筹措、保管、分配省教育经费，以及推进省教育经费独立的种种举措，分析了省级教育行政机构在此过程中取得的成效和遭遇的困境；"省级教育行政与省级教育视导"章考察了省级教育视导制度的演变历程，在此基础上探讨了省级教育视导活动及其困境。

第三部分主要从省级教育行政与地方教育事业的关系这一角度出发，考察了省级教育行政在义务教育、中学教育、社会教育等地方教育事业中所发挥的作用。其内容共分三章："义务教育"章以山西和安徽两省为个案，考察了两省省级教育行政机构与地方义务教育的关系，分析了两省省级教育行政机构推进义务教育的措施、成效，以及共同点与不同点；"中学教育”章选取浙江和四川两省为个案，梳理了两省省级教育行政机构推进中学教育的努力过程，然后从施政环境、施政方式、施政效果等三方面探讨了两省省级教育行政机构推进中学教育的异同点；“社会教育”章以江苏和甘肃两省为例，分析了两省省级教育行政机构在推动社会教育转型中的实际作用，考察了两省省级教育行政机构不同的施政环境和施政方式对社会教育事业开展所产生的影响。

第四部分“结语”从中国教育行政早期现代化和中国地方教育早期现代化的视角，评价民国时期省级教育行政的历史地位及影响。

姓名：范哗

论文题目：《钦定科场条例》研究

指导教师：刘海峰教授

毕业单位：厦门大学

毕业时间：2014 年

论文摘要：《钦定科场条例》作为科举文献，全面记录了科举考试的程序、形式、方法、规则、处罚等事项，为清代科举制度研究提供了宝贵的原始资料。在一定意义上，对《钦定科场条例》规制内容的研究，不仅是对清代科场法制及其基本精神的客观分析与评价，亦是对清代科举制度基本特征及体系的梳理与考证。基于此，本论文以《钦定科场条例》规制为研究对象，以科场法制内涵与精神为视角，旨在挖掘《钦定科场条例》本身的学术价值。

本论文除参考文献与后记外，共分为九章。

第一章，绪论部分。旨在对《钦定科场条例》进行概述，并对已有《钦定科场条例》研究做详细论述。

第二章，场期的“情理”与“律法”。从乡试、会试期及加科，以及起送会试、解卷等四方面内容，对科举制度的场期管理进行丰富翔实的阐释，分析场期制定的“情理”性，并对严密的规制设计与惩罚做详细考证，体现“律法”的严肃性。

第三章，入彀的“世俗”与“多样”。分别对生员、贡监、杂项人员、宗室人员、八旗人员应考科举的规制情形进行考辨，并对翻译童试、翻译乡会试、驻防翻译等考试的形式特征做详细论述，阐述清代正途科举、异途科举及满、蒙科举的不同特性。

第四章，试官的“伦理”与“公理”。对乡会试典试官，以及执事官员、外帘官员的委派、管理做细致的史料分析，阐述科举考官秉公阅卷的制度设计，以及内、外帘执事各官的防弊举措。

第五章，闱墨的“择术”与“辨志”。对三场试题、制艺考试、试卷的置备与分发、内帘阅卷，以及硃、墨卷违式进行详细阐述，阐明科举取才与制度设计之间密切的相互关系。可以说，科举取士离不开试卷的合理设计与批阅，不仅需要具备选才的标准，更有具备严防滥取的功用。

第六章，中额的“仕进”与“黜落”。清代科举取士变得更加广泛，录取额数相对较高，从乡会试中额、广额，以及官卷限制的政策制定与实施过程中，不难看出清政府在科举“仕进”与“黜落”制度设计中的内涵与用意。

第七章，棘闱的“公正”与“严密”。作为最号“至公”的科举制度，清代科举回避、关防、禁令、坐号、磨勘、供具等方面已发展到了滴水不漏的程度，尤其对科场冒籍的管理与惩罚，更加有效地保障了科举的公正性与严密性。

第八章，折桂的“礼法”与“荣耀”。对于士子来说，金榜题名是最为荣耀的事情，但从闱榜的揭晓到朝考，仍旧需要遵守严密的科场规制，复试、殿试便是士子折桂后需要参加的考试程序，旨在保障题名的公正性与权威性。当然，恩荣宴筵、试录登科录、金榜题名录都是唯有科举制度能够赏赐给读书人的特殊荣耀，折射出了科举及第的特殊文化与程式。

第九章，落第的“补偿”与“恩遇”。士子的落第虽然痛苦心酸，但并非因常年应考而失去仕进的机会，对于年老士子，也可以通过参加选取誊录、举人大挑等方式获得一定的恩遇。另外，年老举子亦赏给一定的职衔，或赏给准应会试、殿试的资格与机会，对下第举人回籍亦常给了物质上的资助。显然，以上的科举规制，其创设意义深远、特殊。

本论文旨在对《钦定科场条例》各项规制做全面、深入的分析与研究，从而挖掘科举制度设计的深层内涵与意义，并力求能够弥补清代科举制度研究的不足与遗漏，以便能够全面、细致地认识《钦定科场条例》的学术价值与意义，并更有效地利用这一宝贵的科举文献。

姓名：党亭君

论文题目：中国近代大学本科毕业论文制度研究

指导教师：张亚群教授

毕业单位：厦门大学

毕业时间：2014 年

论文摘要：大学本科毕业论文作为一项科研训练活动和重要环节，在培养专门人才过程中发挥不可替代的作用。本文以中国近代大学本科毕业论文制度为研究对象，考察其缘起、变迁、实施环节及教育功能，剖析其影响因素、实施问题和对策，反思本科毕业论文的性质和特点，探讨其历史作用，为当今本科毕业论文制度改革提供有益借鉴。

通过对中国近代大学本科毕业论文制度的历史考察与理论分析，本文得出以下结论。

第一，从历史视角看，中国近代大学本科毕业论文制度经历了一个引入、实施及变迁的过程。它起源于清末大学的“自著论说”，正式建立于1929 年，此后经历了抗日战争中制度强化和战后制度调整的两个历史阶段。

第二，从制度层面分析，中国近代大学本科毕业论文包括论文选题与导师确定、写作过程及论文评价三个环节，其管理体现严格和规范的特点，保障了各环节的有效运行。此外，中国近代大学不断推进本科毕业论文制度的改革，确保其科研训练功能的充分发挥，为中国近代社会学术型人才的培养起到了积极作用。

第三，运用高等教育理论分析，中国近代大学本科毕业论文具有学术研究能力训练的本质属性，具有促进专业发展和学术训练的功能。同时，基于教育内外部关系的规律，本科毕业论文符合学术人才成长的需要，是专业课程教学中的一个重要环节，具有不可或缺的历史地位。

第四，中国近代大学本科毕业论文制度在实践中积累了宝贵的经验。譬如，论文取材范围的拓展，适应了不同学生的需要，为学生分流培养提供了理论基础；论文选题时间提前至第三学年，有效解决了论文和教育实习以及就业或升学之间的冲突；论文指导报告制度的创设，促进了指导过程的规范化；等等。这些均为当前大学本科毕业论文制度改革提供有益的借鉴。

姓名：勒培培

论文题目：中国近代教会大学学生学业评价研究

指导教师：郑若玲教授

毕业单位：厦门大学

毕业时间：2014 年

论文摘要：大学是培养高层次专业人才的高等教育机构。学生的学业水平是体现大学人才培养质量的主要指标。学生学业水平的提高需要科学、完善的学生学业评价制度作为支撑和保障。学生学业评价是大学进行人才培养的重要环节和教育教学制度的重要组成部分。对评定学生学业状况、提高学生学业水平、促进学生学业发展、提高学校人才培育质量，都具有重要的积极作用。中国近代教会大学在七十余年的办学历程中，借鉴西方大学的教育理念和学生学业评价制度，同时受到中国近代高等教育发展、社会变革等多重因素的影响，在学业评价理念、评价标准、评价内容和评价方式等方面形成了其独有的特征，对保障教会大学高质量的人才培养功不可没。本文以中国近代教会大学学生学业评价为研究对象，在已有研究成果的基础上，系统研究与重点研究、整体研究与微观研究相结合，系统梳理教会大学学生学业评价的历史演变过程，探究其阶段发展特点，总结其总体基本特征，最终回归现实，探讨教会大学学生学业评价对当前我国大学学生学业评价制度改革的启示。

本文共分为五章内容。第一章“绪论”。主要包括选题缘起和研究意义、核心概念的界定、对已有研究成果的文献综述，并简要叙述了本文的研究思路和研究方法。第二章“中国近代教会大学学生学业评价的历史演变”，从教会大学学生学业评价早期的完全西方化移植、向中国政府注册立案前后的本土化变通、抗日战争时期及战后的调整与新中国成立初期的短暂变革与彻底消亡几个阶段，梳理了教会大学学生学业评价的改革与发展历程，并探究和总结其阶段性特点。第三章“对燕京大学学生学业评价进行个案研究”，从微观层面探析其学生学业评价的制度规定和具体实施过程，以及学生学业评价的特点。第四章“教会大学学生学业评价的基本特征”，在前文研究教会大学学生学业评价的历史演变过程及个案研究的基础上，以学生学业评价理念、评价内容、评价方式等方面为切入点，从整体上探究和总结教会大学学生学业评价的基本特征。第五章“教会大学学生学业评价的反思与启示”，对教会大学学生学业评价的影响因素和历史作用进行了探讨，并针对当前我国大学学生学业评价存在的问题，提出了一些借鉴和启示。

本文通过对教会大学学生学业评价的考察和探究，得出以下结论。

第一，中国近代教会大学学生学业评价以西方大学学生学业评价理念和制度为范本加以构建和实施，带有显著的西方化特征，同时在中国特有的社会环境下进行变革、调整和发展，经历着本土化的演变过程。

第二，中国近代教会大学学生学业评价的历史演变受到多种因素的影响，主要包括西方大学学生学业评价制度、教会大学的办学宗旨、教会大学校长的个人办学理念、中国政府的教育方针政策、大学自身的发展规律和中国社会的变革等。

第三，中国近代教会大学学生学业评价奉行“重质不重量”“以质取胜”的精英教育理念，构建了严格且人本化的学生学业评价制度，为教会大学提高学生整体学业水平、促进学生学业发展和实现卓越人才培养提供了重要保障。同时，教会大学作为中国最早的新式大学，其学生学业评价制度的构建与实施也为本土大学学生学业评价制度的确立和完善提供了一定的经验和借鉴。

第四，中国近代教会大学学生学业评价的制度建构与具体实施各有特色，但在总体上表现出几个方面的共同特征：“重质不重量”的学业评价理念和“宁缺毋滥”的淘汰制度，彰显了教会大学“以质量为中心”的学生学业评价原则；重视学生学业的过程评价，在学生修业的全过程进行学业质量管理，并注重学生学业评价的诊断功能，体现了教会大学“以评促学”的学生学业评价目的；“严进严出”且人本化的学业评价过程彰显了教会大学“宽严相济”的学生学业评价方式；注重学生知识应用能力、独创能力、社会实践与服务能力的培养与评价，体现了教会大学“知识与能力并重”的学生学业评价内容。

第五，中国近代教会大学学生学业评价在变革和发展过程中积累了丰富的经验，对当前我国大学学生学业评价的改革与完善具有重要启示作用。主要包括：学生学业评价的改革与完善以促进学生学业发展、提高教育教学质量为中心；正确的学业考试观念与科学的学业考试制度是提高人才培养质量的重要保障；科学的学生学业评价制度应该注重评价主体与评价方式的多元化；大学学生学业评价应该兼顾学生知识与能力，发挥学业评价的能力导向功能；重视对学生学业的过程性评价，保证学生学业评价的严格性，设置一定的淘汰率是激励学生学习，促进学生学业良好发挥发展，提高学生学业水平的重要保障要素；加强师生交流，提高教师对学生学业进行科学评价的责任意识、知识和能力；等等。

姓名：但柳松

论文题目：美国公共学校运动研究

指导教师：李素敏教授

毕业单位：天津师范大学

毕业时间：2014 年

论文摘要：公共学校运动是美国教育史上的关键事件，它上承殖民地以来新英格兰地区的教育传统，下启 19 世纪末之后的美国教育改革。如果进行深度追溯，当前美国教育的发展变化大多可以从公共学校运动中找到其源头。只有对公共学校运动有一定的了解，才能更好地理解当前美国的教育改革与发展。

新中国成立以来，我国多次进行教育改革，并取得了举世瞩目的成就。但在发展的过程中，我国教育也积累了一些问题，并随着形势的变化面临新的挑战和困难。了解美国公共学校运动的发展变化过程，有助于更好地借鉴美国公立学校发展的经验和教训，解决当前我国基础教育中存在的一些问题。

本研究主要包括以下几方面的内容。

“绪论”介绍选题缘由、文献综述、概念界定、研究内容与方法以及创新点和局限性。第一章“公共学校运动的背景”。社会背景包括政治、经济、人口、宗教等因素。教育背景主要是指殖民地时期教育对公共学校运动的影响，托马斯·杰斐逊、本杰明·拉什、诺亚·韦伯斯特等建国先贤普及教育的构想，导生制、星期日学校、免费学校等普及教育的先期实践。第二章“公共学校运动的勃兴”，介绍贺拉斯·曼、亨利·巴纳德等代表人物的教育思想、教育体制的创新、教育世俗化的演进、公共学校与教师队伍的变化。第三章“公共学校运动的延续”，主要分析美国内战至 19 世纪末的南北方公共学校的发展状况。第四章“公共学校运动的意义”，介绍公共学校运动与近代美国教育转型——公共学校运动奠定了美国现代学校教育制度的基础，促进了各级教育的发展，并指出公共学校运动的局限；公共学校运动与当代美国教育发展——公立学校与移民同化、教育机会均等、宗教之间的关系。“结语”探讨了社会共识对教育改革的重要性、学校社会功能的局限性及公共学校运动对我国基础教育改革的启示。

2014年全国教育史专业硕士学位论文目录

序号	姓名	硕士论文题目	指导教师（职称）	单位	授予学位时间
1	骆　成	吴承仕教育思想研究	孙德玉（教授）	安徽师范大学	2014年
2	汪晓红	胡晋接师范教育思想研究	李宜江（教授）	安徽师范大学	2014年
3	李晓文	大学的“文化”历程——以国立安徽大学为例	葛金国（教授）	安徽师范大学	2014年
4	张　静	新课改的困境溯源：从进步主义教育运动的曲折发展谈起	姚运标（教授）	安徽师范大学	2014年
5	胡笑玲	从明代官箴看地方官的教化职责	徐　勇（教授）	北京师范大学	2014年
6	李凯一	清末民初通俗教育的近代变迁(1901—1926)	施克灿（教授）	北京师范大学	2014年
7	李　鑫	儒者型现代教育家梁漱溟	于述胜（教授）	北京师范大学	2014年
8	王　浩	壬戌学制为何以美国为蓝本——以全国教育会联合会为中心	孙邦华（教授）	北京师范大学	2014年
9	王延柯	从《蓝田吕氏乡约》看宋代乡约的滋生与流布	乔卫平（副教授）	北京师范大学	2014年

续表

序号	姓名	硕士论文题目	指导教师（职称）	单位	授予学位时间
10	黄凤	学习之为自由——奥克肖特教育思想研究	王晨（副教授）	北京师范大学	2014年
11	万驰	限制差异与教育自由——塞拉诺诉普利斯特案的历史叙述	王晨（副教授）	北京师范大学	2014年
12	田佩	强制的平等？——20世纪70年代美国校车计划研究	郭法奇（教授）	北京师范大学	2014年
13	吴婵	专门化与统一化：美国综合中学计划的形成研究（1908—1922）	郭法奇（教授）	北京师范大学	2014年
14	杨会勤	美国公立大学种族优惠录取政策研究——以巴基案为例	李子江（教授）	北京师范大学	2014年
15	杨璐仪	从《格列佛游记》看斯威夫特的教育理想	孙益（副教授）	北京师范大学	2014年
16	王慧敏	以儿童之名：美国进步时代的儿童观念与教育革新	张斌贤（教授）	北京师范大学	2014年
17	郑菲遐	教育与社会秩序：美国社会改造主义的兴衰（1927—1943）	张斌贤（教授）	北京师范大学	2014年
18	崔红洁	改革开放以来我国教师教育政策研究——基于政策文本的分析	曲铁华（教授）	东北师范大学	2014年
19	王兵	晚清女子学校演变研究	曲铁华（教授）	东北师范大学	2014年
20	高海水	先秦儒家人格教育思想及现代价值	王凌皓（教授）	东北师范大学	2014年
21	盛晓文	宋代眉山苏氏家族家庭教育研究	王凌皓（教授）	东北师范大学	2014年
22	洪雪	孙敬修儿童故事教育研究	李娟（副教授）	东北师范大学	2014年
23	郭德昊	英国“公学革命”中的课程改革	侯素芳（副教授）	东北师范大学	2014年

续表

序号	姓名	硕士论文题目	指导教师（职称）	单位	授予学位时间
24	窦双双	麻省理工学院校长康普顿治校理念与实践研究	陈　坚（副教授）	东北师范大学	2014年
25	刘　赏	元代美术教育中的人格培养及当代启示	马艳芬（讲师）	东北师范大学	2014年
26	吴灵莉	美国威廉·杰斐逊·克林顿总统执政时期教育政策研究	洪　明（教授）	福建师范大学	2014年
27	黄梅蕾	美国林登·约翰逊总统执政时期教育政策研究	洪　明（教授）	福建师范大学	2014年
28	王　依	福建船政学堂“厂校合一”一体化办学模式研究	黄仁贤（教授）	福建师范大学	2014年
29	汪　莹	福建船政学堂洋教习的聘用与管理研究	黄仁贤（教授）	福建师范大学	2014年
30	彭依依	新中国初期农民业余文化学校教育活动研究（1949—1958）	涂怀京（副教授）	福建师范大学	2014年
31	朱　明	我国民办高校教学活动史研究（1978—2008）	涂怀京（副教授）	福建师范大学	2014年
32	梁香珠	王守仁儿童教育思想研究	陈伙平（教授）	福建师范大学	2014年
33	陈雄军	台湾地区普通高级中学军事教育探析（1950—2013）	陈名实（教授）	福建师范大学	2014年
34	王　珂	民国时期教会大学职业教育研究（1912—1949）	吴洪成（教授）	河北大学	2014年
35	张　钰	中国近代教会大学医学教育研究（1866—1936）	吴洪成（教授）	河北大学	2014年
36	刘长宽	古代冀中南民办书院的教育及其哲学	吴洪成（教授）	河北大学	2014年
37	李　杏	中西高等教育融合视野中的无锡国专	王喜旺（教授）	河北大学	2014年

续表

序号	姓名	硕士论文题目	指导教师（职称）	单位	授予学位时间
38	赵立英	陈垣高等教育思想研究	王喜旺（教授）	河北大学	2014 年
39	高　静	中西高等教育融合	王喜旺（教授）	河北大学	2014 年
40	郭丽遐	钱穆教育智慧新探	王喜旺（教授）	河北大学	2014 年
41	何艳芹	清华国学院研究——以中西教育融合为视角	王喜旺（教授）	河北大学	2014 年
42	杨志敏	改革开放以来我国小学数学教科书改革研究	朱文富（教授）	河北大学	2014 年
43	王　乐	民国早期职业教育思潮述评	何振海（副教授）	河北大学	2014 年
44	韩琳琳	普西在哈佛大学的治校实践述评	何振海（副教授）	河北大学	2014 年
45	高镜淳	美国教师专业发展学校的历史考察	何振海（副教授）	河北大学	2014 年
46	韩金丽	美国开端计划家长参与政策发展研究	荣艳红（副教授）	河北大学	2014 年
47	高雪飞	中世纪大学教师研究	贺国庆（教授） 何振海（副教授）	河北大学	2014 年
48	张红蕾	美国《不让一个孩子掉队法》实施状况研究	贺国庆（教授） 何振海（副教授）	河北大学	2014 年

续表

序号	姓名	硕士论文题目	指导教师（职称）	单位	授予学位时间
49	方艳蕊	圣德太子的教育思想与教育功绩	朱文富（教授）何振海（副教授）	河北大学	2014年
50	仇宏景	国风文化对日本平安时期教育的影响	朱文富（教授）何振海（副教授）	河北大学	2014年
51	黄艳娜	杨时教育思想研究	赵国权（教授）	河南大学	2014年
52	孙瑛皎	宋代地方官学教师研究	刘保兄（讲师）	河南大学	2014年
53	王春梅	陶行知与苏霍姆林斯基教育思想成因比较研究	李申申（教授）	河南大学	2014年
54	陈亚辉	美国早期教师及其培养研究	杨　捷（教授）	河南大学	2014年
55	张　丽	19世纪美国教师教育发展研究	杨　捷（教授）	河南大学	2014年
56	肖　娟	私立周南女校办学历史研究	姚少怀（副教授）	湖南师范大学	2014年
57	袁文芳	剑桥大学学院制研究	易红郡（教授）	湖南师范大学	2014年
58	廖雯娟	英国高等女子学院发展研究（1869年至今）	易红郡（教授）	湖南师范大学	2014年
59	雷方丽	乌申斯基教师教育思想研究	易红郡（教授）	湖南师范大学	2014年
60	史雪娇	培养“健全的人”——弗洛姆教育思想研究	龚　兵（副教授）	湖南师范大学	2014年

续表

序号	姓名	硕士论文题目	指导教师（职称）	单位	授予学位时间
61	黎　黎	卢梭的主体性教育思想研究	刘黎明（副教授）	湖南师范大学	2014年
62	刘汝萍	杜威兴趣教育思想研究	刘黎明（副教授）	湖南师范大学	2014年
63	莫利桃	西方自然主义教育家的游戏理论及其当代启示	刘黎明（副教授）	湖南师范大学	2014年
64	邹　琴	20世纪80年代以来美国“以学生为中心”本科教学改革研究	李政云（副教授）	湖南师范大学	2014年
65	温翠连	高校学分制的古今比较研究	张传燧（教授）	湖南师范大学	2014年
66	黄姝静	传统“致疑教学法”的多维分析	张传燧（教授）	湖南师范大学	2014年
67	何宏勇	建国以来教师隐喻的历史考察（1949—2013）	杜成宪（教授）	华东师范大学	2014年
68	章学培	中考与高中招生政策发展研究（1980—2013）——以安徽省为例	王伦信（教授）	华东师范大学	2014年
69	帅　男	改革开放以来我国高中会考制度发展研究	王伦信（教授）	华东师范大学	2014年
70	杨来恩	常道直师范教育思想研究	黄书光（教授）	华东师范大学	2014年
71	肖　鑫	李蒸教育思想与实践研究	金忠明（教授）	华东师范大学	2014年
72	孙玉洁	中国高中教育国际化研究（1983—2013年）——结合上海市为例	金忠明（教授）	华东师范大学	2014年
73	江　艳	举业金针——清代八股文读本研究	蒋纯焦（副教授）	华东师范大学	2014年
74	傅　晶	1945至1965年间美国高等教育史学研究——基于三部经典著作	王保星（教授）	华东师范大学	2014年

续表

序号	姓名	硕士论文题目	指导教师（职称）	单位	授予学位时间
75	曹　莹	论古希腊的形体教育	陈　锋（副教授）	华东师范大学	2014 年
76	张陈恋	从重文轻理到重理轻文——近代留学教育的一个重要影响	袁　征（教授）	华南师范大学	2014 年
77	赵天珩	梅贻琦“教授治校”思想与实践研究——从“清华大学”到“西南联大”	袁　征（教授）	华南师范大学	2014 年
78	唐异花	“沿海版”英语教材十一年：一次失败的探索（1988—1999 年）	袁　征（教授）	华南师范大学	2014 年
79	卢奕婷	袁世凯教育思想研究	袁　征（教授）	华南师范大学	2014 年
80	丁宣宁	论西方教育史中主体性意识的觉醒到确立——从夸美纽斯到卢梭	张俊洪（副教授）	华南师范大学	2014 年
81	陶永尚	中世纪教会教育与文艺复兴关系研究	张俊洪（副教授）	华南师范大学	2014 年
82	祝培培	论杜威的主体性教育思想	张俊洪（副教授）	华南师范大学	2014 年
83	陈　铿	芬兰教育公平与卓越的历史探源与现实考察	张俊洪（副教授）	华南师范大学	2014 年
84	于雪琪	卢梭与杜威儿童教育观的比较研究	张俊洪（副教授）	华南师范大学	2014 年
85	程功群	承古与创革：韩复榘与山东社会教育（1930—1937 年）	申国昌（教授）	华中师范大学	2014 年
86	王　佩	明代地方官学生员日常生活研究	申国昌（教授）	华中师范大学	2014 年
87	孙佳瑾	全国教育会联合会第五次年会及其影响	申国昌（教授）	华中师范大学	2014 年

续表

序号	姓名	硕士论文题目	指导教师（职称）	单位	授予学位时间
88	孙宾宾	当代美国幼儿教师在职培训制度初探	李先军（副教授）	华中师范大学	2014年
89	丁　毅	民国时期学生赴日考察研究——以1918年到1937年为重心	余子侠（教授）	华中师范大学	2014年
90	杜京容	清末留学生刊物《游学译编》研究——从教育交流视角	余子侠（教授）	华中师范大学	2014年
91	李金莲	南京国民政府初期（1927—1937年）的学生运动及教育应对	余子侠（教授）	华中师范大学	2014年
92	刘怀远	当代书院国学教育探析——以部分书院为例	胡　青（教授）	江西师范大学	2014年
93	曹立红	“三言二拍”中的教师形象探析	胡　青（教授）	江西师范大学	2014年
94	黄熙蓉	清代江西书院与禅宗寺院教学比较研究——基于学规与清规的视野	胡　青（教授）	江西师范大学	2014年
95	沈　琦	后金融危机时期美国联邦大学生资助政策研究	宋晓云（副教授）	江西师范大学	2014年
96	钱海中	宋代社会结构演变与书院兴盛关系研究	章小谦（副教授）	江西师范大学	2014年
97	张凤贤	改革开放后人教版高中语文教材文言文选文变动研究	章小谦（副教授）	江西师范大学	2014年
98	冯海阳	曾国藩家庭教育思想的历史演变	杨　晓（教授）	辽宁师范大学	2014年
99	黄　莹	中国近代女子教育权的产生	杨　晓（教授）	辽宁师范大学	2014年
100	谢龙妹	20世纪30年代中国儿童文学发展与小学语文教材的变革	杨　晓（教授）	辽宁师范大学	2014年
101	刘　爽	民国时期我国小学课程标准的历史演变	杨　晓（教授）	辽宁师范大学	2014年

续表

序号	姓名	硕士论文题目	指导教师（职称）	单位	授予学位时间
102	徐　旭	南京国民政府时期小学教师管理制度研究（1927—1949）	胡金平（教授）	南京师范大学	2014年
103	王　楠	国民政府时期教育辅导制度之研究	胡金平（教授）	南京师范大学	2014年
104	杨　芳	黑暗中的曙光：近代在华基督教会盲人教育发展历程探析	胡金平（教授）	南京师范大学	2014年
105	杨健美	20世纪上半叶中国高校家政系家政教育发展研究	胡金平（教授）	南京师范大学	2014年
106	李　进	美国联邦政府职业教育政策变迁研究	王　雯（副教授）	南京师范大学	2014年
107	任　寒	二战后美国联邦政府学前教育政策研究	王　雯（副教授）	南京师范大学	2014年
108	董婷婷	苏霍姆林斯基教师教育思想研究	王　雯（副教授）	南京师范大学	2014年
109	陈玲霖	日本职业教育政策研究	周　采（教授）	南京师范大学	2014年
110	王　洁	欧洲中世纪大学学位制度的研究	周　采（教授）	南京师范大学	2014年
111	刘倩倩	追求公平与卓越——二战后英国基础教育改革与政策研究	周　采（教授）	南京师范大学	2014年
112	张　蕾	中国古代教育家师道观研究	广少奎（教授）	曲阜师范大学	2014年
113	李　姗	我国中央教育督导制度研究（1949—1985）	广少奎（教授）	曲阜师范大学	2014年
114	陈　斐	《儒林外史》教育世界探析	广少奎（教授）	曲阜师范大学	2014年
115	高江雪	王阳明教育目的与方法新探	苏树华（副教授）	曲阜师范大学	2014年

续表

序号	姓名	硕士论文题目	指导教师（职称）	单位	授予学位时间
116	赵爽爽	民国时期劳工教育思潮研究	李 忠（教授）	山东师范大学	2014 年
117	许 静	陶行知学习观研究	李 忠（教授）	山东师范大学	2014 年
118	曹洪梅	胡适国学教育思想研究	李剑萍（教授）	山东师范大学	2014 年
119	杨立新	克里希那穆提教育思想研究	金传宝（教授）	山东师范大学	2014 年
120	张立萍	二战后美国教师教育课程改革：“学术性”与“师范性”之争	金传宝（教授）	山东师范大学	2014 年
121	张纪红	哥伦比亚大学办学理念发展研究——以校长的办学理念为例	金传宝（教授）	山东师范大学	2014 年
122	马 莉	《弟子规》的德育文化价值及特点	韩红升（教授）	山西师范大学	2014 年
123	王俊艳	礼仪教育与南朝社会风俗的变革	韩红升（教授）	山西师范大学	2014 年
124	李俊超	孟子生命教育观的文化解读	韩红升（教授）	山西师范大学	2014 年
125	贾海峰	古代蒙学教材中榜样教育的历史演变及其特征	韩红升（教授）	山西师范大学	2014 年
126	殷苗苗	汉代胎教思想的基本内容及特征	韩红升（教授）	山西师范大学	2014 年
127	石 玉	黄炎培职业道德教育观的成因及其特征	韩红升（教授）	山西师范大学	2014 年
128	安龙飞	瑞金与邹平教育模式之比较	韩红升（教授）	山西师范大学	2014 年
129	杨 曼	留守儿童教育二十年研究的回顾与展望	韩红升（教授）	山西师范大学	2014 年

续表

序号	姓名	硕士论文题目	指导教师（职称）	单位	授予学位时间
130	孙　征	曾国藩家庭伦理教育思想内在矛盾及其成因	韩红升（教授）	山西师范大学	2014年
131	王兴华	山西乔家大院德育文化研究	张迎春（副教授）	山西师范大学	2014年
132	魏　璇	陈廷敬德育思想研究	张迎春（副教授）	山西师范大学	2014年
133	郭鑫鑫	明清晋商常氏家族德育思想研究	张迎春（副教授）	山西师范大学	2014年
134	沙莉莉	T村学校教育及其功能的变迁：一项对受教育者的口述史研究	于　珍（副教授）	山西师范大学	2014年
135	李　振	小学德育教材变迁研究：1981—2013——以人教版小学一年级思想品德教材为例	于　珍（副教授）	山西师范大学	2014年
136	代抒娉	独立与纠缠：1949—1977年中国课程与教学论发展的研究	于　珍（副教授）	山西师范大学	2014年
137	华彦琼	陈景元道教教育思想研究	白娴棠（副教授）	山西师范大学	2014年
138	冯静一	清末民初基督教中学的自然科学课程建设研究	栗洪武（教授）	陕西师范大学	2014年
139	阮露婷	西南联大通才教育研究	栗洪武（教授）	陕西师范大学	2014年
140	张瑞杰	宋代学田制度综论	朱智斌（副教授）	陕西师范大学	2014年
141	白红梅	范仲淹教育改革思想与实践研究	朱智斌（副教授）	陕西师范大学	2014年
142	秦雅勤	农村教育的“半边天”——新中国民办女教师口述史研究	杨　洁（副教授）	陕西师范大学	2014年
143	董　慧	清代女教读物研究	杨　洁（副教授）	陕西师范大学	2014年

续表

序号	姓名	硕士论文题目	指导教师（职称）	单位	授予学位时间
144	李菲菲	1958—1968年美国高等教育课程改革的历史研究	陈建华（教授）	上海师范大学	2014年
145	夏梦梦	《莫雷尔法案》对于美国高等教育的影响研究	陈建华（教授）	上海师范大学	2014年
146	张　铎	伍德罗·威尔逊在普林斯顿大学的教育改革研究	陈建华（教授）	上海师范大学	2014年
147	孟祥忠	美国特殊教育回归主流运动及其启示	王维臣（副教授）	上海师范大学	2014年
148	李文文	美国“六三三学制”研究（1888—1918）	王维臣（副教授）	上海师范大学	2014年
149	李欣倩	民国时期小学语文教科书《共和国教科书新国文》之分析	钟文芳（副教授）	上海师范大学	2014年
150	辛田静	民国“奇女子”吕碧城及其女子教育思想——基于心理史学范式的研究	岳　龙（副教授）	上海师范大学	2014年
151	黄小敏	美国教育史中的清教徒家庭教育——以劳拉·英格斯·怀德的《草原小屋》系列为例	方明生（教授）	上海师范大学	2014年
152	付园园	美国私立高等学校社会捐赠历史研究	关松林（教授）	沈阳师范大学	2014年
153	李金元	二战后美国小学阶段课程设置演变及其特点研究	关松林（教授）	沈阳师范大学	2014年
154	张　婷	清代塾师教学技能研究——以唐彪《家塾教学法》为例	王　雷（教授）	沈阳师范大学	2014年
155	付　艳	民国时期北京大学传承与创新中国传统文化研究（1922—1927）	王　雷（教授）	沈阳师范大学	2014年
156	关业萍	美国高校多元评价招生制度的研究	王凤玉（教授）	沈阳师范大学	2014年

续表

序号	姓名	硕士论文题目	指导教师（职称）	单位	授予学位时间
157	樊亚明	英国华威大学走向卓越的内因分析	王凤玉（教授）	沈阳师范大学	2014年
158	王　鹰	民国时期教育经费独立运动研究（1912—1937）	杨云兰（副教授）	沈阳师范大学	2014年
159	徐巧云	江西共产主义劳动大学研究	楼世洲（教授）	浙江师范大学	2014年
160	谷俊松	近代国立大学图书馆功能演变研究（1898—1949）	吴民祥（教授）	浙江师范大学	2014年
161	李　杰	近代教会大学图书馆功能之演变	吴民祥（教授）	浙江师范大学	2014年
162	周路宽	北宋太学教育改革研究	杨天平（教授）	浙江师范大学	2014年
163	姜　洋	摩洛哥高等教育发展研究	於　荣（教授）	浙江师范大学	2014年
164	黄丹华	摩洛哥语言政策与教育的研究（1912—2012年）	於　荣（教授）	浙江师范大学	2014年
165	刘华帅	丹尼尔·贝尔通识教育思想研究	於　荣（教授）	浙江师范大学	2014年
166	杜　莹	外国来华教育学者与中国教育学术发展研究	项建英（教授）	浙江师范大学	2014年
167	杜晓娟	美国芝加哥大学教育系百年变迁研究（1894—2001）	傅　林（教授）	四川师范大学	2014年
168	范雪银	汉代巴蜀地区私学教育研究	刘远碧（教授）	四川师范大学	2014年
169	刘毅缓	近现代美国职前教师教育实习历史研究	刘世民（教授）	四川师范大学	2014年
170	刘　楠	民国时期燕京大学社会学系的社会服务与改造	张学强（教授）	西北师范大学	2014年

续表

序号	姓名	硕士论文题目	指导教师（职称）	单位	授予学位时间
171	张瀚文	南京国民政府时期（1927—1949）西北边疆地区社会教育研究	张学强（教授）	西北师范大学	2014年
172	白　婷	南京国民政府时期（1927—1949）西北高等学校与边疆社会关系研究	张学强（教授）	西北师范大学	2014年
173	刘　丹	认同视角下的澳大利亚民族教育政策变迁研究	王兆璟（教授）	西北师范大学	2014年
174	尹海燕	加拿大民族教育政策变迁研究	王兆璟（教授）	西北师范大学	2014年
175	任蔷蔷	新加坡国家认同教育研究	王兆璟（教授）	西北师范大学	2014年
176	李金玉	德国教师教育发展历程研究	刘丽平（副教授）	西北师范大学	2014年
177	雒力蓉	加拿大高等教育国际化发展历程研究	刘丽平（副教授）	西北师范大学	2014年
178	薛芳霞	美国社区学院发展历程研究	刘丽平（副教授）	西北师范大学	2014年
179	李艳飞	论民国时期学校教科书的编审	李纯蛟（教授）	西华师范大学	2014年
180	任军鹏	改革开放以来我国教育研究范式思想发展研究	廖其发（教授）	西南大学	2014年
181	王　冰	改革开放以来我国义务教育课程实施研究的嬗变与反思	廖其发（教授）	西南大学	2014年
182	段润涵	抗战时期重庆市民众教育研究	彭泽平（教授）	西南大学	2014年
183	胡志艳	抗战时期重庆市大学社会服务研究	彭泽平（教授）	西南大学	2014年

续表

序号	姓名	硕士论文题目	指导教师（职称）	单位	授予学位时间
184	李梦琪	1912—1937年间民国私立大学教育捐赠研究	任一明（教授）	西南大学	2014年
185	贾留谦	民国时期的家庭教育思想研究	任一明（教授）	西南大学	2014年
186	张改娜	高阳民众教育思想研究	谢长法（教授）	西南大学	2014年
187	于　强	杨昌济德育思想研究	谢长法（教授）	西南大学	2014年
188	韩树双	抗战时期国立大学招生考试研究	谢长法（教授）	西南大学	2014年
189	李　静	陈东原教育史研究之研究	刘　茜（教授）	西南大学	2014年
190	孙　焦	民国时期普通中学职业指导思想研究	张正江（教授）	西南大学	2014年
191	沈丽媛	郑晓沧教育思想研究	肖　朗（教授）	浙江大学	2014年
192	诸葛翀	《高等教育季刊》与民国高等教育研究	肖　朗（教授）	浙江大学	2014年
193	张海月	中国中小学教师工资制度改革的发展研究（1949—2012）	商丽浩（教授）	浙江大学	2014年
194	陈　茹	近代英国功利主义教育思想研究	赵卫平（副教授）	浙江大学	2014年
195	宋妙君	厦门毓德女中办学实践研究（1921—1951）	赵叶珠（教授）	厦门大学	2014年
196	银丽丽	高等教育中外合作办学历史研究	林金辉（教授）	厦门大学	2014年
197	王　羽	近代天津师范教育研究（1903—1949）	王　慧（教授）	天津师范大学	2014年

续表

序号	姓名	硕士论文题目	指导教师（职称）	单位	授予学位时间
198	周菲菲	美国城市化进程中的学校教育制度变革	郭志明（教授）	天津师范大学	2014年
199	常瑞琴	北师大天津附中劳动技术教育发展研究（1958—2014）	王毓珣（教授）	天津师范大学	2014年
200	赵　倩	清末天津实业教育主要代表人物的思想与实践研究	王惠来（教授）	天津师范大学	2014年

2014年中国教育史研究述评

屈 博 董 洪 宋 爽 刘秀春
（华东师范大学 教育学部，上海 200062）

【摘要】2014年的中国教育史研究取得了丰硕成果。以师范大学学报为主的各类期刊刊载有数量众多的中国教育史研究论文，图书出版物的数量和种类也较为丰富。通过对这些研究成果的统计分析发现，2014年的中国教育史研究，研究时段集中于近现代，尤其是民国教育史的研究成果显著；涉及地域比较全面，跨国别、跨区域的研究受到了较多的关注；研究主题丰富多元，教育人物与教育思想是研究的重点领域；研究方法多样，社会学、人类学等相关学科的研究方法被广泛地借鉴和运用。

【关键词】中国教育史；2014；年度述评；主题；方法

【作者简介】屈博，华东师范大学教育学部2012级博士研究生，主要从事中国教育史研究；董洪，华东师范大学教育学部2013级硕士研究生，主要从事中国教育史研究；宋爽，华东师范大学教育学部2014级硕士研究生，主要从事中国教育史研究；刘秀春，华东师范大学教育学部2014级硕士研究生，主要从事中国教育史研究。

2014年，通过努力，中国教育史研究者在广泛吸收和充分利用国内外教育科学及其他人文社会科学研究成果的基础上，开展了全方位、多层次的深入研究，取得了丰硕的成果，进一步推动了中国教育史学科的建设以及学术的交流。本文从2014年的各类期刊中，选出中国教育史研究方面的论文，以及选取2014年出版的中国教育史类著作，通过对这些论文、著作的统计，从总体数量、研究时段、关注地域、研究主题等几个方面进行分析，以客观地展现2014年中国教育史研究的基本情况，梳理当前中国教育史研究的焦点和热点问题，把握中国教育史学科发展的基本动向。

一、总体数量

（一）期刊论文

据统计，2014年发表的与中国教育史研究相关的期刊论文共有778篇，发表在249种刊物中①。从刊物的类型来看，主要有高校学报、教育类、社会科学类、历史类及其他类别的期刊。

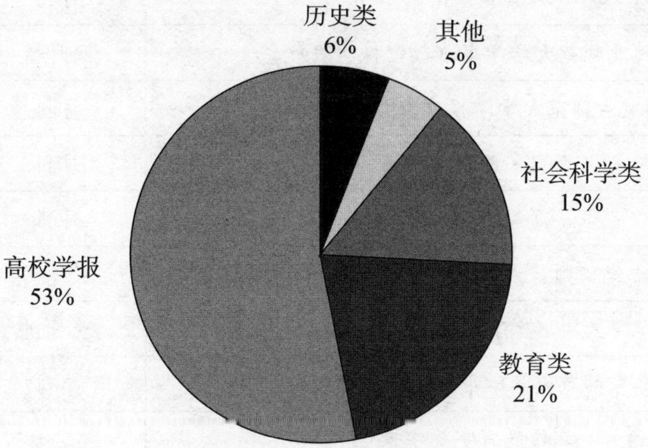

图1　期刊类型分布

从上图可知，在各类期刊中，高校学报所占比例最大，其中又以师范大学学报为主，如《华东师范大学学报（教育科学版）》《湖南师范大学教育科学学报》《河北师范大学学报（教育科学版）》《北京师范大学学报（社

① 对论文、刊物数量的统计，是以"中国期刊全文数据库"为基础，并结合"维普中文科技期刊数据库"、"万方学术期刊"等相关数据库，通过相互比对、补充、筛选而得出统计数据。

会科学版）》《南京师大学报（社会科学版）》《陕西师范大学学报（哲学社会科学版）》《福建师范大学学报（哲学社会科学版）》等。教育类期刊占21%，重要期刊如《教育研究》《教育学报》《高等教育研究》《现代大学教育》《教育理论与实践》《教师教育学报》等。社会科学类、历史类期刊也刊载有相当数量的中国教育史类论文，如《重庆社会科学》《广西社会科学》《湖北社会科学》《江汉论坛》《学术研究》《历史教学问题》《历史教学》《安徽史学》等。

从各类期刊发表中国教育史类论文的数量来看，主要集中于师范大学学报和教育类期刊。

表1 2014年刊载中国教育史类论文的主要期刊（刊载量≥10）

单位：篇

刊名	发行周期	数量
教育史研究	季刊	52
教育评论	月刊	41
河北师范大学学报（教育科学版）	双月刊	29
内蒙古师范大学学报（教育科学版）	月刊	22
课程·教材·教法	月刊	17
高等教育研究	月刊	16
湖南师范大学教育科学学报	双月刊	15
教育与考试	双月刊	15
华东师范大学学报（教育科学版）	季刊	14
江西教育学院学报 （2014年第3期起更名为《南昌师范学院学报》）	双月刊	14
大学教育科学	双月刊	13
江苏教育研究（理论版）	月刊	12
现代大学教育	双月刊	12
教育学报	双月刊	11
课程教学研究	月刊	11
宁波大学学报（教育科学版）	双月刊	10

统计显示，《教育史研究》刊载的中国教育史类论文最多。《教育史研究》作为该领域内的重要刊物，对促进教育史的学术交流和学科发展起到了重要的作用，其刊登的研究成果数量众多、种类丰富，包括传播古今中外教育理论和实践经验等，其中每期刊发10篇以上中国教育史研究的论文。

《教育评论》设有“教育史苑”专栏，因此刊载论文量也较多。而《河北师范大学学报（教育科学版）》设有“教育史专栏”，并入选教育部“名栏建设工程”；《华东师范大学学报（教育科学版）》《湖南师范大学教育科学学报》《大学教育科学》等常设有教育史的专栏，因此每期刊载文章数量也相对稳定。《课程·教材·教法》设有“百年教科书梳理”“百年教学法回顾”等栏目，《高等教育研究》设有“高等教育史”，《现代大学教育》设有“史海钩沉”，《大学教育科学》设有“教育史苑”等栏目，因此每期也都会刊发数量相当的中国教育史类论文。

（二）著作

2014年所见中国教育史类著作共81种，包括专著、史料汇编、文集、文选、教材等。

表2　2014年中国教育史类著作统计

出版形式	专著	史料	文集、文选	教材	总计
数量	58	7	10	6	81
所占比例	72%	9%	12%	7%	100%

从数量来看，专著所占比例最大。专著主要集中于教育人物及其思想、课程教材教法、地方教育等方面的研究。其中，教育人物及其思想方面的著作14种，如《郭秉文教育思想研究》（耿有权主编，东南大学出版社）、《梁启超教育思想研究》（安尊华著，知识产权出版社）、《陶行知与上海教育》（屠棠编，上海教育出版社）等。课程、教材、教法方面的著作12种，如《近代教学论学术思想的中国气派研究》（李乾明著，中国社会科学出版社）、《中国复式教学史》（李光伯编，南京师范大学出版社）、《中国语文教育发展史论》（靳健著，高等教育出版社）等。另有大学教育（8种）、地方教育（8种）、家庭教育（3种）、教育制度（3种）、中外教育交流（3种）等若干专题的著作。

史料共出版8种，其中5种为民国时期的教育史料，如《民国大学校史资料汇编》（王强主编，凤凰出版社）、《民国时期高等教育史料汇编》（李森编，国家图书馆出版社)、《民国职业教育史料汇编》(王强主编，凤凰出版社)、《民国乡村教育史料丛刊》(杜成宪主编，国家图书馆出版社)、《民国贵州方志教育史料辑录》(魏郭辉著，西南交通大学出版社）等；古代教育史料出版1种，即《新编太学文献大成》(刘乃英主编，学苑出版社)。另有地方志1种，即《吴江教育志》(王剑荣主编，上海社会科学院出版社)。

文集、文选主要涉及陶行知、叶圣陶等近代教育人物的论著，其中陶行知文集、文选有2种，如《陶行知教育箴言》(福建教育出版社)、《陶行知教育文选》(陈波主编，浙江大学出版社）等；叶圣陶文集、文选2种，如《叶圣陶教育演讲》(教育科学出版社)、《叶圣陶教育名篇选》(朱永新编，人民教育出版社）等。另有汇集一系列教育人物论著的文集、文选，如《教育在民国》(智效民著，广东人民出版社)、《湖湘文化名著读本·教育卷》(殷慧编，湖南大学出版社）等。

教材共6种，其中5种为幼儿教育史方面的教材，如《中外学前教育史》(粟高燕著，天津大学出版社)、《中外学前教育史》(田景正等编，北京师范大学出版社)、《中外学前教育简史》(崔聚兴编，南开大学出版社)、《中外学前教育史》(商玉兰编，辽宁大学出版社)、《简明中国学前教育史》(何晓夏编，北京师范大学出版社）等。另外有1种通史类教材，即《中国教育史新编》(王建军著，广东高等教育出版社)。

二、研究时段

法国年鉴学派代表人物布罗代尔曾说：“任何历史都把过去的时间分解成不同的时段，并根据各自的偏爱选择其中的一个时段进行研究。”从2014年中国教育研究时段的分布上，可以看出中国教育史研究者们所“偏爱”的时段。本文对中国教育史的分期建立在中国历史发展的线索之上，以年代分期为标准，划分为：先秦、秦汉、魏晋南北朝、隋唐、两宋、元、明、清、民国、中华人民共和国，其中清代因社会形态的变化，又以1840年为界，分为清前期和清后期。具体分布如图2、图3（教育史学理论方面的文章与著作不计入时段统计)。

第一，从图2、图3可知，2014年中国教育史的研究时段，不论是期刊论文还是著作，所关注的时段都集中于近现代，尤其是民国时期成为研究的重点时段，在期刊论文中有297篇涉及民国时期的教育史研究，著作则有

18种，可以说对民国教育的研究成为2014年中国教育史研究的热点领域。究其原因，主要是近年来随着中国国际化程度的提高，以及近现代史研究资料的丰富，尤其是民国史料的开放，大量民国史料汇编成册，使得民国时期教育成为新时期中国教育史研究的重点，并且在理论与方法上都有了很大的突破。

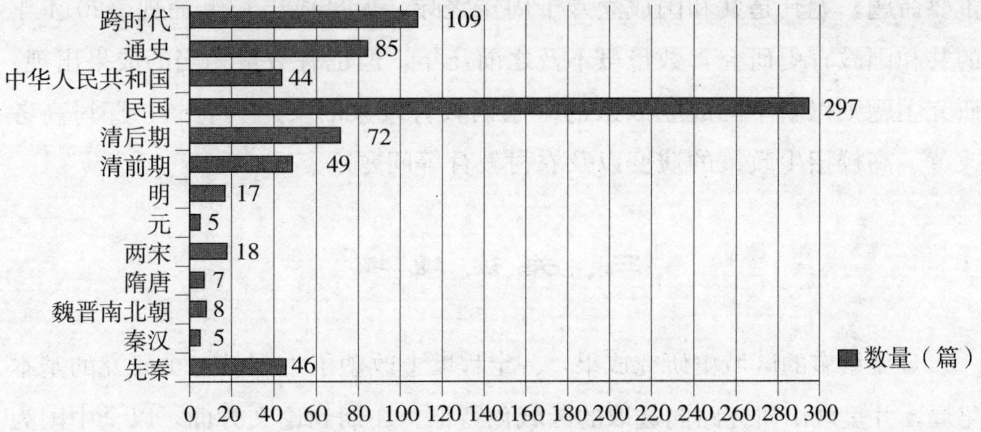

图2　2014年中国教育史类论文关注时段统计

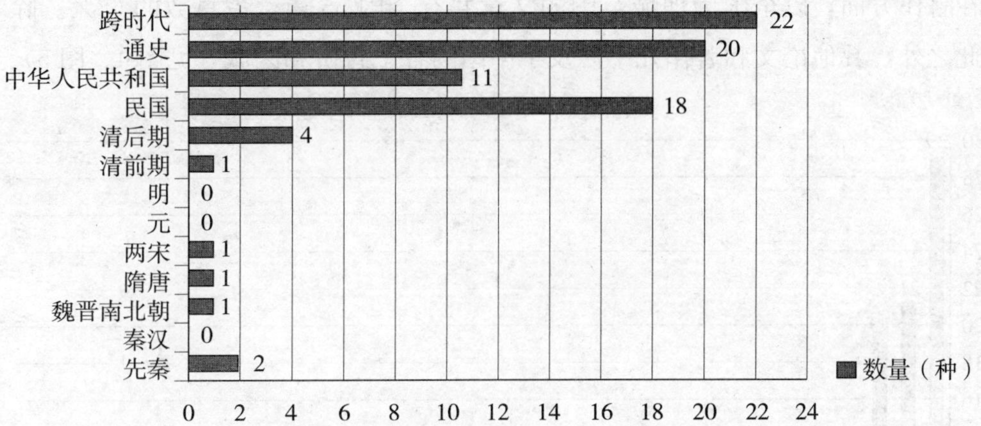

图3　2014年中国教育史类著作关注时段统计

第二，通史类研究与跨时代研究成果显著。通史类研究的特点主要体现在通过较长的历史时间段来考察一个教育问题，比如教师形象的演变、书院的发展、儒家教育思想的传承等。跨时代研究则以明、清和清末、民国等时代的交叉为主，其主题涉及明清时期的科举考试、家训、地区教育，清末民国时期的教育制度变革、课程、教材、教法等方面。

第三，在古代教育方面，对先秦时期的研究成果较多，并且主要集中于先秦教育家思想的研究，比如老子、孔子、墨子、孟子、荀子等。同时还包括先秦重要典籍如《荀子》《学记》《中庸》等的研究。其次，两宋时期的研究成果也较多，主要以理学教育思想为主，如张载、周敦颐、朱熹等人物思想的研究，另外宋代科举考试等方面的研究也有所体现。

第四，共和国教育方面，共和国教育史是近几年来中国教育史研究的重要命题，尤其是共和国成立六十周年之际，大量成果相继涌现。2014 年的共和国教育史研究，数量虽不及之前几年，但也有数量相当的成果出现。研究主题则以新中国成立以来的一系列教育政策的实施为背景，探讨高考改革、高校招生政策的演变以及农村教育等问题。

三、关注地域

日见繁多的区域史研究成果，一定程度上改塑了中国教育史研究的基本格局，并呈现出研究路向选取的区域化特征。在期刊论文方面，以全中国为地域范围的文章共有 588 篇（不计教育史学理论的文章），占总数的 76%；在著作方面，以全国为地域范围的文章共有全国 55 篇，占总数的 68%。除此之外，其他论文和著作几乎涉及了中国的各个省份和区域（见图 4、图 5）。

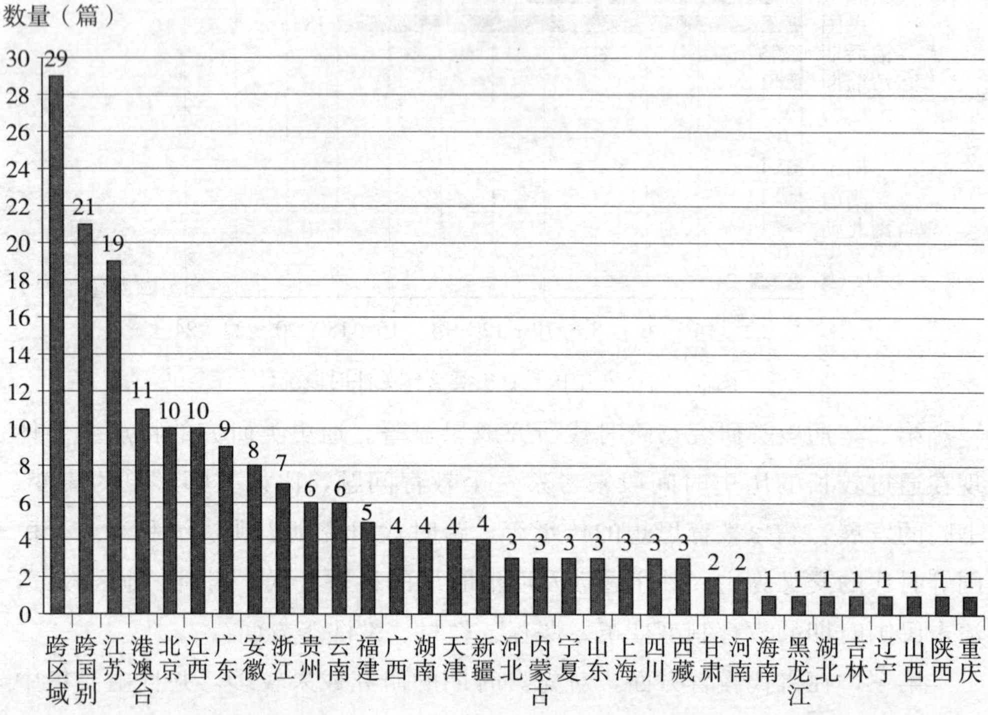

图 4　2014 年中国教育史类论文关注地域统计

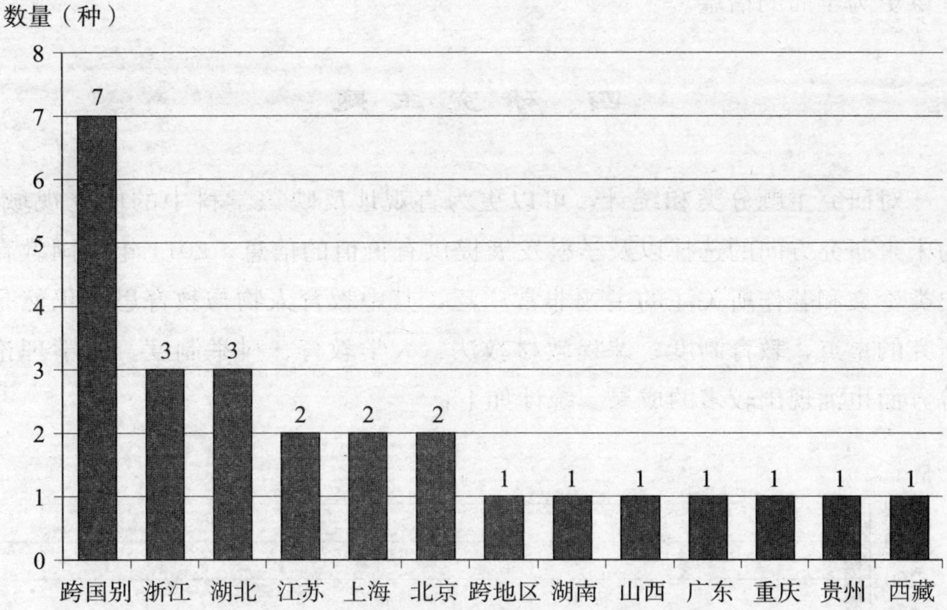

图 5　2014 年中国教育史类著作关注地域统计

从图 4、图 5 中不难发现，学者们对中国教育史研究的视角进一步扩大，从各省教育史、少数民族地区的教育史，到跨地区、跨国别的教育史，研究成果都很丰富。比如，在期刊论文中，跨国别研究成果最多，主要是以中西方人物思想的比较为切入点，如孔子与苏格拉底、席勒等的比较，老子与柏拉图的比较。此外，清末、民国时期中西方教育思想的交汇也是重要的研究领域。而跨区域的研究主要西北、西南、东北地区为主，内容以乡村教育运动所涉及的区域比较、日据时期的东北教育以及民国时期大学区域设置等为研究内容。

在各省教育史的研究中，江苏、广东、江西、浙江、安徽等涉及较多，其中江苏省最为突出，研究主题从明清时期的科举考试、家族教育、书院教育，到近代中小学教育、民众教育等，都体现出江苏教育的特色。“地方教育史的研究价值最根本的应该体现在它所展示的一地区教育发展与全国教育发展，乃至其他地区教育发展的差异性。”（王建军：《对地方教育史研究的思考》）因此，对地方教育史的研究也成为中国教育史研究者们关注的重点。

总之，从单个地区、国家或地区比较、国别比较等方面进行研究，能够帮助研究者们整体和系统地来考察教育历史，并为我国教育改革与发展提供更为全面的借鉴。

四、研究主题

对研究主题分类和统计，可以更为直观地反映该学科中的研究视域，为未来研究方向的选择以及学科发展提供有价值的信息。2014 年中国教育史类论文和著作所关注的主题非常广泛，其中教育人物与教育思想仍然是研究的重点，教育制度、课程教材教法、大学教育、科举制度、史学理论等方面也涌现出较多的成果。统计如下：

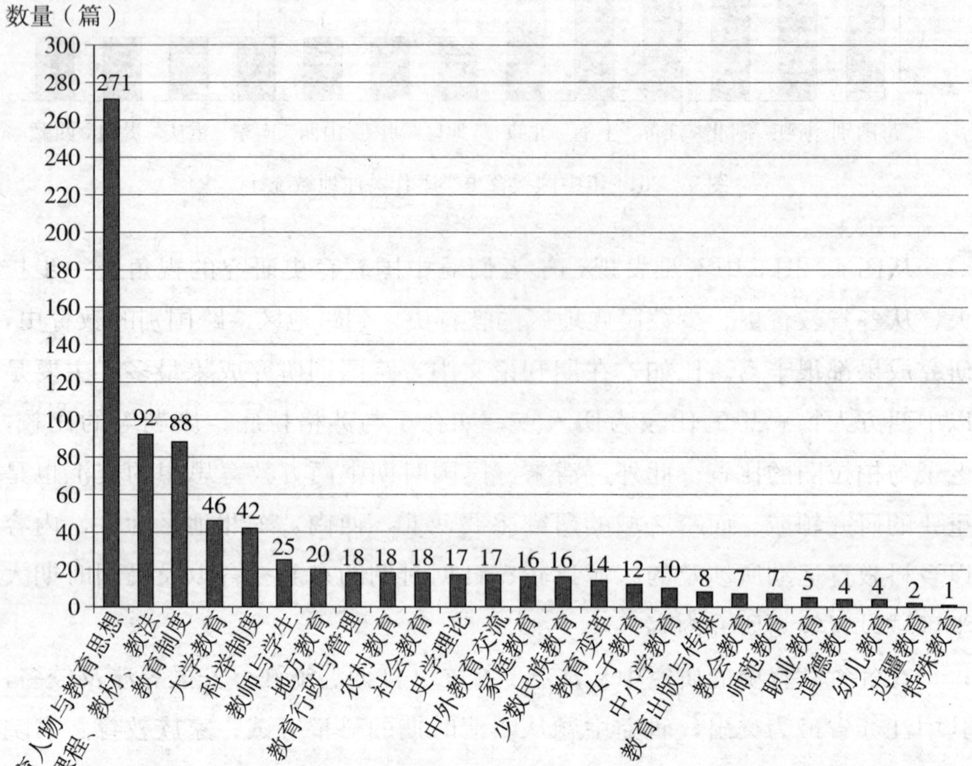

图 6　2014 年中国教育史类论文关注主题统计

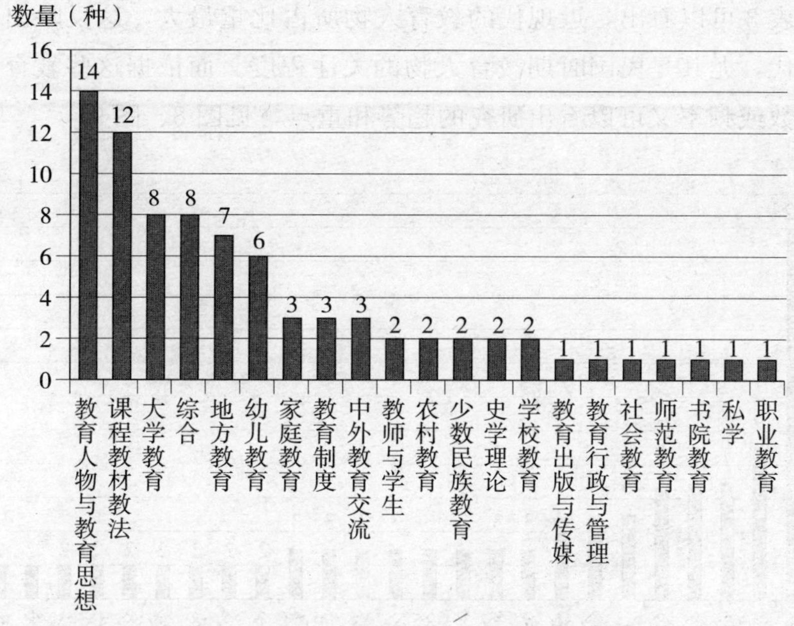

图 7　2014 年中国教育史类著作关注主题统计

（一）教育人物与教育思想

从图 6、图 7 的统计来看，教育人物与教育思想是中国教育史研究最为重要的主题，历史上的教育人物与教育思想，具有重要的历史意义和现实价值，因此成为中国教育史研究的恒常主题。

从 2014 年所刊载的论文来看，涉及的教育人物共有 126 人，其中古代教育人物共 35 人，占总数的 28%；近现代人物一共 91 人，占总数的 72%。著作共有 14 种，涉及人物 7 人，且都为近现代人物。

表 3　2014 年中国教育史论文、著作关注人物统计

类型	时期		人数	总计
论文	古代	先秦	7	126
		两汉	2	
		魏晋南北朝	2	
		隋唐	1	
		两宋	7	
		明	5	
		清（前期）	11	
	近现代		91	
著作	近现代		7	7

从表 3 可以看出，近现代的教育人物所占比重最大，这反映出研究者对近现代，尤其是民国时期教育人物的关注程度。而依据这些教育人物出现的次数或频率又可以看出研究的趋势和重点，见图 8、图 9。

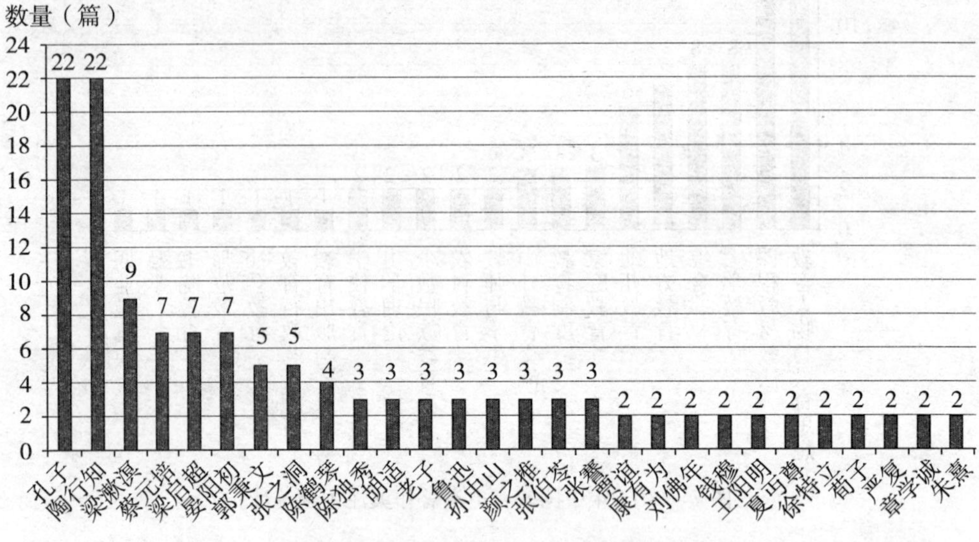

图 8　中国教育史类论文所涉及教育人物统计（篇数≥2）

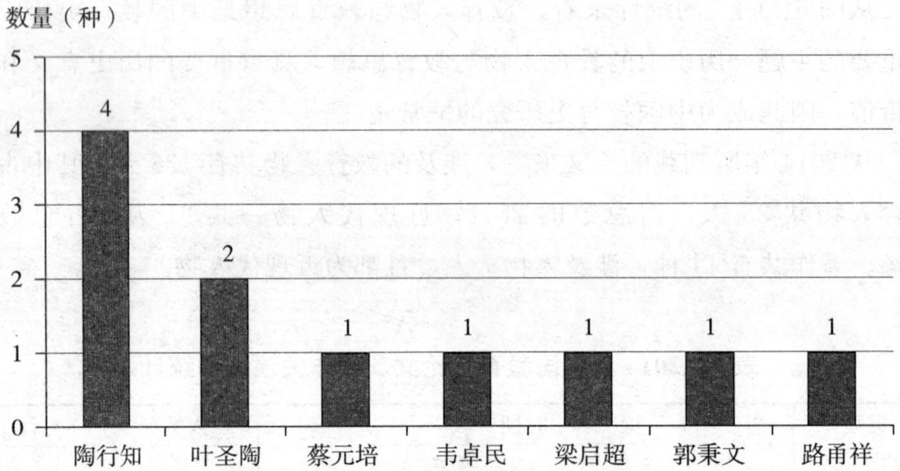

图 9　中国教育史类著作所涉及教育人物统计

依据图 8、图 9 的统计可以看出教育人物与教育思想研究呈现出以下特点。

第一，对孔子和陶行知的研究是教育人物与教育思想研究的重点。孔子为中国传统教育研究中的核心人物，对孔子的研究始终是中国教育史研究的重要主题。在 2014 年，共有 22 篇关于孔子教育思想方面的文章，主要从几个角度进行研究：一是从当代教育的角度出发，探讨孔子教育思想的现代价值，如《从孔子自叙年谱探源终身教育的阶段性目标与基本路径》（栗洪武，陈磊），通过《论语·为政》中的“吾十有五”章来展现终身学习的阶段性目标和基本路径。《孔子：创新中国教育第一人》（韩萌），则指出孔子在教育大众化、教育社会化、教育私立化、教育系统化、教育去宗教化等方面做出的贡献。其他还有《孔子教育理念中的人文意蕴》（张宏海，朱小明）、《孔子教育思想探析——以“四教”为中心》（刘光洁）等。二是比较的视角，探讨孔子与其他人物教育思想上的异同，如《优入圣域：王阳明、孔子教育方法之比较》（王胜军），从“优入圣域”的角度出发，对王阳明与孔子在教授生徒过程中所用的方法进行比较。《孔子和席勒美育思想比较研究：兼论蔡元培对二者的继承》（彭韬），对比孔子和席勒在人文思想基础、美育的内容、地位、本质和目的等方面都有异同，进而归结出蔡元培对二者的继承与发展。

对陶行知的研究，论文方面主要集中在探讨陶行知的生活教育理论和乡村教育思想。比如生活教育理论，有《陶行知生活教育理论研究和实践的几个问题》（王文玲）、《陶行知生活教育理论：教育进化、知识进化的根本方法》（梁晓燕）、《析陶行知“生活教育”学说目的论》（涂怀京）等。乡村教育思想，有《陶行知乡村教育思想的现代化意义》（徐莹晖）、《陶行知乡村教育思想的形成与发展》（吴擎华）等。著作方面，屠棠编著的《陶行知与上海教育》（上海教育出版社），以翔实的史料叙述陶行知在上海所从事的教育活动，并选取典型案例，来说明陶行知教育思想与上海教育相结合而创造出的教育教学改革新局面。张新平、陈学军著的《陶行知的教育管理思想与实践》（上海教育出版社），则从“教育领导”“学校管理”“领域教育管理”三个层面，系统阐述陶行知的教育管理思想。

第二，对乡村教育的代表人物梁漱溟与晏阳初的研究也相对较多，如《城乡教育一体化视域下梁漱溟乡村建设理论及本土启示》（慈玲玲，曲铁华）、《梁漱溟教育功能论研究》（张素雅，吴洪成）、《困顿中的教育的执着：探析梁漱溟在广东的教育思想与实践活动》（吴洪成，王彤）等文，探讨梁漱溟的乡村建设理论与当时中国的政治、经济等问题的密切相关，具有重要的启示意义。而《晏阳初教育哲学思想探讨》（田联进）、《论晏阳初与中国平民教育运动：中美教育交流的视角》（王小丁，单增淳）等文，从教育哲学以及中外交流的视角来探讨晏阳初的教育思想。

第三，对郭秉文的研究成果显著。2014 年是郭秉文获得美国哥伦比亚大学师范学院哲学博士学位（教育学）100 周年，因此《教育学报》在 2014 年第 5 期设有“郭秉文研究”专栏，刊发多篇关于郭秉文研究的文章。如《哥伦比亚大学师范学院时期的郭秉文——社会生活史的视角》（周慧梅）、《郭秉文与现代中国实用主义教育学术范式的建立——基于〈中国教育制度沿革史〉及相关论著的研究》（周洪宇，李艳莉）、《郭秉文与民国教育界》（许小青）、《郭秉文与华美协进社》（郑砚秋）。著作方面，耿有权主编的《郭秉文教育思想研究》，2014 年 9 月由东南大学出版社出版。该书以“郭秉文教育思想研究”为主题，汇集了数十篇研究论文，从不同角度、不同层面、不同方面研究探讨了郭秉文的教育思想、教育理念、教育实践、教育特色、管理之道和学术贡献。

第四，一些以前没有或较少被研究的人物也逐渐进入了教育史研究者的视线。比如论文方面，《“立人”之路的两种风景：试比较鲁迅与周作人的儿童教育思想》（蒋彩燕），从理论基础、家庭教育主体、儿童教育的目标、儿童读物以及影响因素等几个方面来比较分析鲁迅与周作人的儿童教育思想。《岑春煊与清末新式教育》（谭群玉，曹天忠），指出岑春煊在近代高等、师范、留学、军事、法政、实业、农林、女子等教育方面的重要贡献。《曾宝荪教育思想溯源》（成赛军，石潇纯），则梳理了近代著名女教育家曾宝荪的教育思想，指出其思想为倡导女性解放等做出了重要贡献。《满族形成和发展过程中的皇太极教育思想研究》（戴猛强，吴明海），探讨作为帝王的皇太极的教育思想，指出其在继承后金汗位后采取了一系列“文治”措施强化其统治，为满洲共同体的形成和发展奠定了坚实基础。其他教育人物如古代的贾谊、马融、苏轼、苏辙、全祖望、李光地等，近现代的孙诒让、王树楠、夏丏尊、夏同龢、张雪门、钟荣光、朱经农、庄泽宣、江隆基、何炳松、徐炳昶、李安宅、李应林等人物的教育思想，也受到不同程度的关注。

著作方面，丰春光著的《韦卓民教育思想与实践》（华中师范大学出版社），梳理了韦卓民先生的治学方法、教育理念、教书育人历程、宗教信仰经历、生活轶事等方面的情况，并分析了其教育思想形成的原因。冯时林主编的《路甬祥教育思想研究》（浙江大学出版社），以路甬祥的教育思想为主题，分教育理念、教改研究、人才培养、师资建设、管理创新等五个方面，来反映路甬祥在教育方面所做的贡献。

第五，教育思潮与流派。教育流派主要是对儒家教育思想的研究。比如《“学—教”之道以感应（通）为根本机制——儒家教育观的义理阐释》（于述胜），“学—教”反义共字和以学论教，是儒家教育观的重要特点，凸显着修身乃意义传达之根的深邃思想。其他还有《圣王之治的理想追求与儒家“大教育”制度建构的文化反思》（黄书光）、《论儒家自然人性论与礼乐教育的关系》（张斯珉，乔清举）、《儒家道德思想对社会主义市场经济条件下道德建设的启示》（张静）、《儒家德育方法的当代价值》（杨晗，刘伟）、《清代台湾儒学教育的思想演变与融合研究》（康海琴，曲如杰）等。

教育思潮研究主要集中于近代，尤其是20世纪西方教育思潮，对东西方国家的教育理论与实践均产生了深刻的影响。如《试论新中学会的教育救国思想及实践》（谢建美）、《“教育救国论”的历史发展》（黄克利）、《教育统制思想论述：以〈大上海教育月刊教育统制专号〉为中心的考察》（童亮）、《“学衡派”教育思想述评》（何娟）等。

（二）教育制度研究

《中国教育制度通史》（第1卷）“前言”指出，教育制度是研究各级各类学校的产生、发展和衰亡的规律，探讨各种类型学校的特点和经验，包括被制度化之前的教育实践活动或观念、理论、理念；制度化之后形成的教育制度本身；教育制度的实施过程，即受制度支配的教育实践活动；与制度实施过程并存的其他教育实践活动或观念、理念、理论等。因此，教育制度是一个包含范围比较广泛的领域。从2014年中国教育史类论文与著作所关注的主题来看，涉及教育制度方面的研究主要有以下几个方面。

第一，书院研究不断深化。论文方面，共有20篇探讨书院的文章，比如《中国古代书院教育的特点及其影响》（曹磊），从整体出发，指出中国古代书院的讲学、质疑、辩难学风，使书院成为创新时代学术思潮、引领学术进步的场所，形成了中国古代独立于官方学术的私学传统。

探讨书院教育的具体形式和内容，则以宋、清两代为主。比如，宋代书院研究有《宋代书院与历史教育》（吴桂翎）、《科举应试：北宋前期书院教学的主要指向》（李兵，黄艳）、《南宋白鹿洞书院对先秦儒家德育思想的践行》（李宁宁）等。清代书院研究有《清代苏州紫阳书院教育实践述论》（蔡怡）、《清代苏州书院发展繁荣与科甲鼎盛》（陶莉）、《论清代江苏书院的育人之道：以省会书院山长为中心的考察》（姚在先，黄鸿山）、《清代书院儒学传播途径探微》（于祥成）等。其他还有对明代书院的研究，如《明成化十六年前后白鹿洞书院的兴复及其影响》（张劲松）；对元代书院的研究，如《元初江南宋遗民书院及其文化特色》（朱汉民，唐云）等。

著作方面，唐亚阳、吴增礼著的《中国书院德育研究》（人民出版社），从书院的发展历程、办学宗旨、人才培养、德育课程设置等方面，系统地考察了中国书院德育的全过程。蔡志荣著的《书院与地方社会——以明清湖北书院为中心考察》（中国社会科学出版社），以明清时期的湖北书院为例，系统考察其地方社会各方面的关系，全面深入地展现明清时期区域发展的状态及湖北书院的发展历程。

第二，学制研究。从近代学制入手，探讨学制形成背后的深层次原因及影响。比如，《1922年“壬戌学制”仿效美国学制的原因探析：兼论晚清民国时期中国学制的演变》（周宇清），以壬戌学制为切入点，系统探讨了近代学制从奉日本学制为圭臬，到效法美国学制的发展过程。《壬戌学制与近代中国人才培养》（韩立云），指出壬戌学制学习和借鉴了美国学制的某些做法，紧紧与中国的教育发展实际相结合，对日后的人才培养起到了重要的作用。其他如张洪萍的《试论壬寅学制的实施》、王希明的《癸卯学制与古代文学教育的转型》等。

著作方面，陈宝泉的《中国近代学制变迁史》（山西人民出版社），论述了无系统的教育时期、钦定学堂章程时期、奏定学堂章程时期、民国“新学制”颁布时期、学校系统改革案颁布时期的具体学制情况。

第三，教育行政与管理。古代方面，主要涉及太学、国子监等中央官学在教育管理方面的贡献。如《宋朝太学教育管理研究》（段勇）、《论唐代中央学官的官职迁转》（董坤玉）、《明清国子监教官聘任与考核活动》（申国昌，史降云）、《明清国子监的教育管理活动》（申国昌，史降云）等。近代方面，则涉及一系列教育行政管理体系的变革。如《清末及民国地方教育行政体制的历史审思：1906—1949》（刘建）、《南京国民政府初期省级教育行政与省教育经费独立》（田正平，张寅）、《民国前期（1912—1937年）省级教育视导活动及其困境》（田正平，张寅）、《国民政府时期的学术评议机制：在政治与学术独立之间》（黄昊，魏光奇）等。

第四，教育变革研究。以晚清一系列的教育改革为出发点，分析教育变革所带来的实际效果。如《近代中国教育变革的深度思考——以戊戌维新与清末“新政”时期严复的贡献为考察对象》（黄仁贤），探讨严复提出的一系列教育救国的主张与中国教育近代化发展之间的关系。《晚清“新政”的再思考：以教育改革为中心的探讨》（郁汉友），则通过教育数据的呈现，指明清末“新政”的教育改革的实际效果。其他相关论文还有《“教育输入”与“教育自觉”：兼论近现代教育“中国梦”的萌发》（陆道坤）、《试论清末的教育转型》（白移，王亮）、《中国近现代教育制度变革对山西商学的影响》（马彦奇）等。

（三）课程、教材、教法

课程、教材、教法作为教育研究领域中的重要问题，越来越受到教育史研究者们的关注，从 2014 年中国教育史研究论文与著作的主题分布来看，关于课程、教材、教法所占比重较大，研究成果也很突出。

1. 课程研究

古代课程方面，主要集中于对儒家课程思想的探讨，比如《自觉与自由——儒家私学课程思想及现实意义》（吴刚平，余闻婧），指出以孔子为代表的我国古代儒家私学课程呈现出促进个人自发性和判断力发展的自觉特征。其他还有《儒家伦理课程对现代文化价值观的形塑：新加坡的经验与启示》（杨明全）等。近代课程方面，主要探讨清末、民国时期各类课程的设置，比如《论清末的中学、中学生与中学课程》（蒋纯焦），系统论述了清末中学的变革与中学课程设置的变化。《整合：未来初中课程编制的一种思维范式——基于朱经农初中课程编制原则思想的启示》（张传燧，李卯），以中国近代著名教育家的朱经农为例，对其提出的初中课程编制原则进行深入的探讨。其他还有《中国百年初中语文课程标准变迁的考察》（欧治华）等。

著作方面，靳健著的《中国语文教育发展史论——中西文化对话视野的国学学习哲学》（高等教育出版社），以先秦诗教、老庄道学、魏晋玄学、禅宗佛学、古文运动、宋明文教、西学东渐、百年回眸为线索，在与西方哲学文化的对话视野中，论述了孔子等几十位著名人物的教育思想。

2. 教材研究

论文方面，《课程·教材·教法》设有“百年教科书梳理”专栏，2014 年刊发的文章相对集中地探讨了近代以来各类教科书的发展情况，如《近代中国化学教科书的出版与内容特点分析》（郭震）、《20 世纪前期高中物理教科书中近代物理内容介绍与评析》（仲扣庄，郭玉英，彭征）、《推动国语传播的民国白话文教科书》（李娜）等。《湖南师范大学教育科学学报》在 2014 年第 2、4 期设有“教科书研究”栏目，发表如《民国时期的一次高强度教科书控制》（石鸥，李水平）、《刘师培编撰的国学教科书及其文化意蕴》（吴小鸥，吴甜甜）、《清末民初女子教科书之"贤母良妻"观的现代性启示》（徐芳）等近代教科书研究方面的论文。《河北师范大学学报（教育科学版）》也刊发了数篇教材方面的文章，主要以民国时期的教科书研究为主。如《何谓名正，如何言顺——百年中国中小学政治教科书名称的演变》（石鸥，刘毕燕）、《再论新中国第一套教科书》（石鸥，廖巍）、《民初教科书审定制度考察》（朱文镇，岳爱武）等。

此外，《近十年与20世纪前期语文教材高频选文的比较》（王明建）、《国学保存会与清末乡土教科书之编撰》（李新）、《"批判地继承"的历史逻辑——以20世纪60年代初北师大编写〈中国古代教育史〉为例》（王俊明）等论文，则从不同的角度来说明不同时期各类教材的编纂情况。

著作方面，张仲民、章可编的《近代中国的知识生产与文化政治：以教科书为中心》（复旦大学出版社），辑录12篇文章，以近代中国教科书和知识生产两个议题为主，内容涉及历史、地理、生活、语言、医学、社会等方面。

3. 教法研究

论文方面，《课程·教材·教法》设有"百年教学法回顾"专栏，从2014年发表的相关论文来看，主要集中探讨了近百年来各类教学法在中国的发展与演进，如《"做中学"教学法之百年演进述评》（屠锦红，李如密），以"做中学"教学法为范例，窥见中国教学理论与实践发展进程中的价值与困境。《20世纪初期教育期刊与西方教学法在中国的传播》（杨建华），以教育期刊为传播途径，探讨了20世纪初中国对西方教学法的引进与吸收。其他还有《蒙台梭利教学法及其在中国的传播》（田景正，万鑫觖，邓艳华）、《民国初期"理科"教学的研究及启示——以"江苏省教育会"的教研活动为考察对象》（杨卫明）等。

此外，《"读者"与"讲者"：〈学令〉先读经文条与古代讲学》（井上亘），依据《学令》先读经文条，来窥测古代中国讲学的过程。《清末民初赫尔巴特"五段形式教学阶段"的导入及推广：以汤本武比古的〈教授学〉为考察中心》（肖菊梅），对《教授学》进行文本分析，以便了解赫尔巴特"五段形式教学阶段"的传入及发展概况。《我国学科教学论的百年演变与未来发展》（张晓凤），系统论说了中国的学科教学论经历了由学科教授法、学科教学法、学科教学论到学科教育学的转换过程。

著作方面，李光波编著的《中国复式教学史》（南京师范大学出版社），分上、下两编，上编为古代复式教学史，下编为近现代复式教学史，系统阐述了复式教学在中国的“前世今身”。李乾明著的《近代教学论学术思想的中国气派研究》（中国社会科学出版社），内容涉及近代教学论学术思想的中国气氛、近代教学论学术思想的中国气质、近代教学论学术思想的中国气度、近代教学论学术思想的中国气魄、近代教学论学术思想的中国气息、近代教育家群体与中国气派的教学论等方面。

（四）科举制度

2014年涉及科举制度研究的论文有42篇，其中27篇与明清时期的科举考试相关，研究视角也较为多元。

比如，探讨考场活动的《考试公平与区域公平的博弈：洪武丁丑会试南北榜案重新解读》（王元林，梁珊姗）、《明代武举未设殿试考》（刘小龙，郭培贵）、《遵从“实录”，还原真相：明代弘治己未科场案再考》（阳正伟）、《明清士子的科举考试活动》（王永颜，申国昌）；从其他视角来看科举考试的《明清时期西方人士对科举制度的认识》（吴四伍）、《明清苏南女性有关科举制认知之变化：以家族文献资料为中心》（蒋明宏）等；从考试细节来看科举的《清代科举辅助性助考设施刍议》（毛晓阳，金甦）、《清代科举考试的题目成式》（范哗）、《清代院试的准考证和补考证》（彭雄）等；从科举立法的角度看科举考试，比如《河北师范大学学报（教育科学学报）》在2014年第3期设“科举立法专题”，刊发三篇相关文章：《我国历史上各代科举立法的特点》（夏柯）、《清代科举考试立法的概况》（胡平）、《〈科场条例〉对完善现代考试立法的启示》（贾滕）等。另外，王立刚的《清代童试录取率研究》和《清代我国西南地区的卷田制度与童试资助体系》两文，则从童试的角度来看清代的科举考试。

对贡院的研究则有《江南贡院的命运》（刘海峰），该文指出清代江南贡院是一座“庞然伟大之建筑物”，其命运历经兴衰起伏，是中国各省贡院的一个缩影，具有特别的代表性。《科举文化盛衰与贡院的命运》（张亚群），指出贡院不仅见证科举考试史，传递科举文化精神，也展现出独特的建筑艺术魅力，发挥着重要的历史教育功能。其他相关论文还有《千年科举考试终结地的考察与沉思》（李申申，黄思记）、《科举废止后江南贡院处置过程钩沉》（刘希伟）等。

（五）各级各类教育

基础教育、中等教育和高等教育大致可统称为“各级教育”，而普通教育、成人教育或职业教育等又可统称为“各类教育”。实际上各级各类教育所包含的领域非常广泛，其研究成果涉及了诸多的主题，依据对2014年中国教育史研究论文与著作的统计，大致分为如下主题。

1. 幼儿教育

论文方面，《论传统启蒙思想教育中“先难后获”的义利观》（班高杰），在儒家传统义利观的认知基础上，启蒙教育要求童蒙遵循“先难后获”的行为原则，同时遵守“取与”的基本行为规范，从而培养儿童良好的道德品质。《中国农村学前教育发展百年回眸与启示》（王小英，张鸿宇，孙贺群），回眸近百年发展历程，探究民国时期、新中国成立至改革开放前、改革开放至今中国农村学前教育的发展变革。

著作方面，粟高燕著的《中国百年幼儿师范教育发展史研究（1904—2004）》（天津古籍出版社），从思想观念、培养目标、课程内容、教材教法等方面探讨幼儿师范教育的变化特点，并揭示其发展规律。

2. 中小学教育

对中小学教育探讨的论文相对较少，代表性的论文有《民国时期江苏中小学教育发展的历史经验与反思》（胡金平）、《民族主义与文化运动：清末简易识字学塾的兴办》（蔡禹龙）、《建国初贵阳市私立学校接办述评》（张大伟）、《抗战时期贵州高中毕业与升学联考制度改革》（刘树芳）等。

3. 大学教育

大学教育是各级各类教育研究中的一个热点，宏观研究较多，微观研究相对较少。期刊主要以《高等教育研究》、《大学教育科学》、《现代大学教育》、《河北师范大学学报（教育科学版）》等常设有高等教育史方面的刊物为主。论文主题主要涉及大学管理、大学精神、招生、就业、考试、高校设置等方面。

（1）大学管理。关于大学管理，主要集中在大学制度方面，如《中国大学章程内容的缘法与求新》（湛中乐，赵玄）、《近十年国内大学章程研究的热点——知识图谱的新视角》（易高峰）、《中国大学章程百年——兼论章程对落实高校办学自主权的作用与措施》（杨学义，李茂林）、《中国近代大学“教授治校”制度的演进及其评价》（周川）、《民国大学学术评价制度研究》（徐斯雄，顾海良，崔延强）。其他如《从理想主义到现实激荡——中基会与“北大合作特款”下的学人分歧》（张睦楚，孙邦华）、《独立评论派与20世纪30年代的中国大学合理化之争》（曹金祥）、《学术研究·社会服务·文艺娱乐——抗战前民国大学生社团之形态与功能研究》（李力）等，则从社会组织与学生社团的视角来探讨大学管理问题。

（2）大学精神。从宏观视角来看大学精神与大学教育的关系，比如《中国近代大学文化的嬗变及其启示》（戴军，雷鸣强，娄小平）、《大学校史与现代大学精神》（高天明）、《从私学到书院：探寻大学精神的中国策源地》（赵国权，闫慈）、《中国现代大学精神起源的历史探究》（王杰，侯娟）、《民国大学校长所传承的大学精神——〈忠信笃敬声教四海——暨南大学校长何炳松〉述评》（刘思亮）等。

（3）招生、考试、就业。招生、考试方面，主要探讨民国时期大学的招生政策。比如《南京国民政府时期（1927—1949）大学面向边疆招生模式的变革及其影响》（张学强）、《民国时期关于大学招生考试的三次论争》（李涛）、《抗战背景下的公立高校生源省籍分布特征研究——基于1938—1943年相关数据的分析》（刘希伟）、《建国以来高校大规模扩招的历史制度主义分析》（刘海兰，姚荣，周光礼）、《论教考关系与高考恢复》（吴四伍）等。就业方面，则主要是探讨特殊时期大学就业政策及管理，如《抗战时期高校就业政策及其管理》（谢长法，王延强）等。

（4）高校设置。主要涉及师范大学、教育研究所、联合大学等设置。如《重温师范大学制的“孟胡之争”——孟宪承与胡先骕关于师范大学制的论争之探析（1925）》（张礼永）、《民国时期中央研究院设立教育研究所的动议、结果及其原因探析》（王有春）、《华南联合大学述论》（王鸿英）、《论西南联大的联合及其对当今联合办学的启示——基于学校内外部矛盾的视角》（刘京京）等。学校设置方面有《民国时期国立大学的设立与分布》（李木洲，刘海峰）、《近代大学设置分区布局的历史变迁》（黄启兵）、《民国时期国立大学数量及区域分布变迁》（李涛）等。

著作方面，涂又光著的《中国高等教育史论》（华中科技大学出版社），主要阐述了中国高等教育发端缘起、孔子与私学、董仲舒与太学、朱熹与书院、蔡元培与大学、中国高等教育总规律等内容。李均著的《中国高等教育政策史》（广东高等教育出版社），探讨高等教育政策的发展历程：高等教育政策的初步奠基（1949—1956）、高等教育政策的艰难探索（1956—1966）和高等教育政策的严重破坏（1966—1976）等。

4. 师范教育

师范学校是教育学科建立与发展的中心，师范教育的发展必然会影响教育学科的发展。《嬗越与创新：中国百年师范教育传统及其现代意蕴——基于江苏百年师范发展史的思考》（方健华），以江苏师范为例，指出中国师范教育的发展线索经历了“超越传统教育—师范教育西化—师范教育中国化—师范教育现代化”的演进。《百年中国师范教育课程改革的文化路向》（曾毅），考察近现代中国师范教育课程改革历程，及其所表现出的课程改革自觉的文化意识。其他还有《改造社会：晓庄试验乡村师范根本旨归》（蒋超群）、《晚清日本教习与中国师范教育近代化的起步》（舒习龙，黄洁玲）、《试论台湾师范教育转型的历史经验及其启示——以〈师资培育法〉的颁布为考察中心》（吴巍巍，王晓）等。

从小平著的《师范学校与中国的现代化：民族国家的形成与社会转型（1897—1937）》（商务印书馆），探讨1897年至1937年师范学校变迁、教育改革与社会现代化转型的复杂互动，为认识和评价中国现代化历程提供了一个新的视角。

5. 社会教育

社会教育是指学校教育以外的各种教育活动的，它对学校教育起着重要的补充作用。在古代社会教育方面，主要以地区社会教化为讨论对象，如《明清时期粤西地区的社会教化》（魏珂，王列盈）、《明清时期汉文化教育与黔南民族文化教育融合摭考》（周崇启）、《论清末社会教育方法对当代的启示》（赵婧怡）等。

近代社会教育主要集中在公民教育方面，如《20世纪上半叶的中国公民教育及其启示》（林晖）、《如何改造中国人的国民性：兼论近代中国教育现代性遗存的问题》（马和民）、《社会教育与教会学校的本土化》（孙秀玲）、《国民教育与乡村社会变迁：以20世纪40年代龙泉县为中心》（钟健，肖如平）、《内迁留学生与抗战时期民众教育的“中国化”》（刘鹤）、《民国时期贵州社会教育探析》（杜景）、《近代科学技术的传播与社会教育功能的发挥》（张雪蓉）等。

著作方面，《上海老年教育史稿（1985—2012）》（上海教育出版社），记述了上海老年教育发展概况、老年学校教育的发展、老年远程教育的发展、老年教育协会、上海老年教育的重大事件和重要人物、上海老年教育名师等内容。

6. 家庭教育

随着中国教育史研究的视野从狭义的教育概念移至广义的教育概念，

将研究的领域扩大到社会教育的范围；在关注重大教育事件、重要人物研究的同时，也重视把眼光更多地移向过去很少涉及的基层及一般民众的日常教育生活，力求使逝去的教育历史变得生动、丰满、鲜活而更接近真实。家族教育研究就是这方面的代表。如《论中国传统家庭家族学校的兴衰、特点与启示》（廖其发），认为家庭家族所开展的系列教育活动，对于当时教育的普及、人口素质的提高、杰出人才的培养、学术文化的传承发挥了巨大作用。其他相关的有《传统家训的演进及其对现代家教的启发》（刘颖）、《〈周易·家人〉中的家教思想》（邹太龙，李希）、《古代家庭教育的内容、方式及影响》（唐燕飞）、《明清闽北家训的教育思想及现代启示》（胥文玲）、《清代无锡钱氏家族教育及其转型述论：以堠山派城中支、湖头派七房桥支为例》（蒋明宇）等。

而《近代苏南实业与文化家族蒙学课程变迁比较》（蒋明宏，张雁），从家族教育的视角出发，以近代苏南实业型与文化型家族蒙学课程变迁之比较为视角，深入分析其异同，为现今课程改革提供经验与启示。相关论文还有《宗族塾学与闽北家族教育考略》（胥文玲）、《家族成员教化地位的近代变迁》（吕雯慧）等。

7. 农村教育

论文方面，主要以近代以来乡村教育运动为考察的视角，如《20 世纪 30 年代开封教育实验区的乡土教育——平民教育家李廉方的乡土教育实践》（冯留建，班红娟）、《清末民国中国乡村义务教育供给制度分析与启示》（杨卫安，邬志辉）、《清末民初直隶农业教育的兴起与发展》（夏志学）、《清末山东农业教育的兴办及其影响》（苑朋欣）、《国家意志与我国乡土教育的三次勃兴》（胡金平）、《辛亥革命时期农村教育问题考察：以四大杂志为视角》（曲铁华，李彩玉）、《民国四川农村合作教育的推行方式及其缺失》（成功伟）等。

著作方面，王慧著的《中国当代农村教育史论》（光明日报出版社），通过大量数据客观地展现了 1949—2009 年农村教育的历史全貌，以及各个时期农村教育的发展状况和存在的问题。

此外，其他主题的研究，虽然成果数量较少，但也能在一定程度上反映该主题的研究情况。比如少数民族教育方面，有《元上都的多元教育及其意义：从元上都扈从诗为主要材料的分析》（杨富有）、《论近代宁夏回族经堂教育的演变及特点》（文斐，高石钢）、《新疆锡伯族的文化传承与教育考察》

（崔英锦）等；女子教育方面，有《解读金陵女大：文化冲突的视角》（胡钦晓，徐婷婷）、《新文化运动历史记忆的省思——以直隶第一女子师范学校为中心》（李净昉）、《民国女子平民教育研究》（张丽）等；特殊教育方面，有《从体系之外到体系之内：我国特殊教育的百年嬗变》（李拉）等；职业教育方面，有《抗战时期成都职业教育的发展》（付文武）等。

（六）中外教育交流

教育交流是人类文化交流的重要组成部分，历史上的中国与世界各国之间的交流体现在各个方面，其中教会教育与留学教育在近代中外教育交流中的地位与作用体现得尤为明显，这在2014年的中国教育史研究中也有所体现。比如论文方面，有关教会教育研究的有《澳门中华教育会及其20世纪40年代的文教活动》（郑振伟），反映了澳门中华教育会在国语运动、筹办民众学校及侨立图书馆、推动澳门的师范教育等方面做出了特殊贡献。《中华基督教教育会与*The Educational Review*》（张龙平），指出*The Educational Review*这一刊物，对在推动西方教育在中国传播、中国教育实践的西传以及各方对基督教教育事业的理解上都有重要价值。其他还有《中国近代教会大学女子高等教育的缘起及其特征》（岳爱武，何亚群）等。留学教育则有《让历史启迪启发高等教育学的想象力——以哥伦比亚大学的中国留学生为中心》（刘晖，钟斌）、《留学教育与民国大学研究院所的发展》（陈元）、《试论北洋政府时期云南省费留美教育》（刘豪）等。

著作方面，张士伟著的《近代中法教育交流史》（南开大学出版社），以近代中国与法国的教育交流为研究对象，分析近代中法教育交流对于中国教育走向现代化所起的作用。淳于森泠、潘丽霞著的《重庆留学史研究》（中国社会科学出版社），则较为全面地展现了重庆地区的留学发展过程。

（七）教师与学生

对教师、学生及师生关系的研究在2014年的中国教育史研究中也较为突出，主要探讨中国传统教师形象、师生关系以及近现代教师教育等问题。

论文方面，《基于中华民族文化的师德观》（林崇德），强调师德的培养要以中华民族传统师德观为基础，同时要符合社会发展的需求。《中国传统社会的教师形象、角色和责任》（南钢），论述在中国传统社会，教师形象、角色的转变，教师的责任也随之发生变化。其他还有如《孔子与苏格拉底教师形象的比较研究》（乔羽娇）、《先秦儒家师道观及其现实意义探究：以孔子、孟子、荀子为例》（朱乐平）、《师道立则善人多：论清代乡村塾师的教化实践》（蒋威）、《大学之师与启蒙之师谁可谢：1933 年上海文坛关于师道问题论证的回顾与探析》（张礼永）、《南京国民政府时期中小学教师培训研究》（曾煜）、《我国教师权利研究百年回顾》（汪明帅）等文，从不同的层面探讨各时期教师的形象、职责、权利等内容。而《魏晋儿童观及当代启示：以〈世说新语〉为例》（黄沁茗）、《〈聊斋志异〉中的塾师形象和师生关系摭谈》（杨玉军）、《明清国子监生日常生活与学习活动》（申国昌）、《论中国古代教育家眼中的师生关系》（王丹）等，则从不同的角度来探讨各时期的师生关系。

著作方面，张学强的《明清教师研究》（中国社会科学出版社），对“明清官学教师”“明清书院教师”“明清职业教育机构中的教师”“明清塾师”“明清文学作品中的教师”“清末民初（1862—1918 年）教师群体近代化历史演进考略”等问题进行了具体探讨。林崇德著的《师魂——教师大计师德为本》（高等教育出版社），从比较中外教育史中师德观的视角，阐述了教师爱岗敬业、关爱学生、严谨治学、为人师表的师德内容，同时还分析了基础教育教师与高校教师师德的异同点。

（八）教育出版与传媒

教育出版与传媒是教育发展的重要载体之一，而近代教育期刊同中国近代教育改革与发展有着紧密的联系，因此对近代教育期刊的研究就显得尤为重要。相关论文主要有喻永庆的《近代教育期刊研究的回顾与展望》《近代教育期刊主编与近代教育的发展：以〈中华教育界〉主编陈启天为例》《近代教育期刊的双子星座——〈教育杂志〉与〈中华教育界〉》等，其他还有《抗战时期〈高等教育季刊〉简析》（郭景川，谢长法）、《〈新青年〉与最早两套中学白话国文教科书》（李斌）等。

著作方面，喻永庆著的《大众传媒与教育转型：〈中华教育界〉与民国时期教育改革》（华中科技大学出版社），以《中华教育界》为研究对象，通过其发展的轨迹，生动再现了中国近代办刊人的生存状况与教育活动场景，并对其在教育思想、教育内容、教育方法与教育技术方面的贡献进行了深入的探讨。

（九）教育史学理论与方法

对教育史研究基本问题的探讨历来是教育史研究者重点关注的话题，在 2014 年的中国教育史研究当中，涉及此类研究的论文有 17 篇、专著 1 种，主要从教育史研究的发展走向、教育人物研究、教育活动史研究、相关研究方法的借鉴等几个方面来探讨。

第一，关于教育史研究的发展与走向。《教育史研究：应当增强一定的解释力——基于教育史研究一些基本问题的思考》（郭法奇），指出教育史研究应当在叙事研究的基础上加强问题研究，在宏观研究的同时加强微观研究，在寻求真相的基础上坚持客观性原则，在坚持“本土化”研究的同时加强“国际化”研究。教育史研究是否具有较强的解释力，应该是判断什么是“好的教育史研究”的重要标准之一。《论教育研究中的“史论结合”》（廖其发），教育研究中实行“史论结合”不仅是可能的，而且它能够极大地提高教育研究的水平，从而有助于教育事业更加健康地发展。其他相关的论文还有《教育史研究的问题意识与当代视野》（金忠明，王元义）、《历史感与教育史研究的价值指向》（刘训华）等。

第二，教育人物研究。《教育史人物研究中不在场的“人文精神”及回归》（张廷艳，伍叶琴），指出“人文精神”是教育史人物研究不可或缺的内在要素，教育史人物的研究和评价应该通过正确地定义研究概念、运用“视阈融合”的方法以及加强对现实教育问题的关照等来获得“人文精神”的回归。《教育家历史评价问题浅论》（魏晨明），强调要增加教育家历史贡献在评价中的比重，注重以后世和他人评价为主的评价体制，参考全面考察与正反观照相结合的评价方法，从而对教育家做出更加合理的评价。

第三，教育活动史研究。《论教育活动史多维视野的实现途径》（周洪宇，李艳莉），指出教育活动史多维视野是教育活动史未来的发展目标，并通过借鉴母体学科史学的分支学科的理论和方法予以实现，并最终促成教育活动史研究茁壮成长。《教育生活史：教育历史的生动展现——从法国年鉴学派得到的启示》（申国昌，刘京京），教育史研究应借鉴法国年鉴学派的研究范式，强调学术视野的下移，研究重心移向日常生活，研究对象下移民间，研究方法转向多元。其他还有如《身体：重构教育活动的另一种可能：身体史视域下的教育活动史研究》（李艳莉）等。

著作方面，周洪宇、刘训华著的《多样的世界：教育生活史研究引论》（福建教育出版社），在参照国内外生活史理论研究的基础上，形成具有中国教育史学新特点的教育生活史理论创建，同时为近现代和当代的校长、教师、学生的生活史研究提供具体范式。

第四，相关方法的借鉴。教育史与研究方法的多元化是近年来中国教育史研究的重要特征。历史学、社会学、人类学等学科的研究方法，备受教育史研究者的青睐。在 2014 年的研究中，有多篇论文涉及教育史研究方法的问题，比如《连接学生与历史实践：公众史学在中国的教育体系建构》（李娜），借鉴公众史学在美国的教育理念和教学模式，并结合中国的历史与文化传统，来建立中国公众史学的教育体系。《丁钢教授叙事史范式的教育史学实践》（刘来兵），以丁钢教授为例，探讨叙事史学法的发展历程及其基本观点对教育史学科的发展提供的借鉴，同时也给予了当代教育史学科在学科自身、学科意义和学科方向三个方面的启示。《论现代化范式的教育史学实践》（刘来兵），论述了 20 世纪 80 年代以后，中国教育史研究逐渐形成现代化范式的教育史学实践的过程及其影响。其他相关论文还有《当代叙述史学法对教育史学科发展的启示》（李先军，程世新）等。

五、总 结

从上述统计来看，2014 年的中国教育史研究在各方面都取得了重要的进展。

首先，研究主题丰富多彩。教育思想史方面，除对典型教育家教育思想进行传统框架研究外，教育思想流派、教育思潮等综合宏观的研究，也成为关注的重点。同时，在教育思想研究中，进行多层次、多维度、多视角的分析和评价。教育制度史方面，对整个教育体制的建立和演变，尤其是近代教育体制，包括指导思想和方针政策、行政领导制度和管理体系等也成为重点研究内容。而专题研究涉及的领域更加广泛，包括留学教育、教会教育、女子教育、民族教育、职业教育、高等教育、科举考试等。同时专题研究向教育分支学科方向扩展，如课程、教材、教法、考试以及学科教育史都有大量的论著出现。

其次，在继承传统的同时，这一时期中国教育史的研究视角也发生了显著的变化。目前中国教育史研究的视角开始下移，“从更多的关注教育制度、教育思想等宏观层面，转而关注教育的具体实施层面”（杜成宪：《中国教育史研究中的三次视角下移》）。具体表现为将研究的领域扩大到社会教育的范围；在关注重大教育事件、重要人物研究的同时，也重视把眼光更多地移向过去很少涉及的基层及一般民众的日常教育生活，力求使逝去的教育历史变得生动、丰满、鲜活而更接近真实，这种趋势在 2014 年中国教育史研究论著方面已有较多的体现。

最后，研究方法上的创新。主要是借鉴其他社会科学的研究方法，如历史学、社会学、人类学、考古学、语言学等方法，并与其他学科交叉进行研究，增强了教育史研究的科学性。中国教育史的研究应该以问题为导向，以“历史上真实的教育问题”为中心，“人口学、经济学、地理学、心理学、统计学、人种学、人类学、社会学等各学科的途径与方法，对于史学家来说均是有用的、可行的，其衡量标准就是看这些途径与方法是否为解决史学家的问题提供帮助”（何兆武等：《当代西方史学理论》）。对不同研究方法的介入与对不同学科提出问题的思考都将会促进教育史学科的全面发展。

总之，2014年的中国教育史研究，继续坚持为教育改革服务的发展方向，总结中国教育发展的经验教训，既关注现实教育改革，又为现实改革提供历史借鉴和启示，同时加强对自身学科的建设和反思，使得中国教育史研究水平得到进一步的提高。

参考文献：

[1] 栗洪武，陈磊. 从孔子自叙年谱探源终身教育的阶段性目标与基本路径 [J]. 陕西师范大学学报：哲学社会科学版，2014 (6)：161-164.

[2] 韩萌. 孔子：创新中国教育第一人 [J]. 大学教育科学，2014 (6)：100-104.

[3] 王胜军. 优入圣域：王阳明、孔子教育方法之比较 [J]. 贵州师范大学学报：社会科学版，2014 (6)：24-29.

[4] 彭韬. 孔子和席勒美育思想比较研究：兼论蔡元培对二者的继承 [J]. 基础教育，2014 (1)：5-13.

[5] 王文玲. 陶行知生活教育理论研究和实践的几个问题 [J]. 南京晓庄学院学报，2014 (3)：1-3.

[6] 梁晓燕. 陶行知生活教育理论：教育进化、知识进化的根本方法 [J]. 内蒙古师范大学学报：教育科学版，2014 (9)：23-26.

[7] 涂怀京. 析陶行知“生活教育”学说目的论 [J]. 教育史研究，2014 (1)：38-41.

[8] 徐莹晖. 陶行知乡村教育思想的现代化意义 [J]. 南京晓庄学院学报，2014 (4)：1-3.

[9] 吴擎华. 陶行知乡村教育思想的形成与发展 [J]. 中华文化论坛，2014 (11)：51-55.

[10] 慈玲玲，曲铁华. 城乡教育一体化视域下梁漱溟乡村建设理论及本土启示 [J]. 广西社会科学，2014 (2)：190-195.

[11] 张素雅，吴洪成. 梁漱溟教育功能论研究 [J]. 河北大学成人教育学院学报，2014 (4)：111-115.

[12] 田联进. 晏阳初教育哲学思想探讨 [J]. 教育与教学研究，2014 (6)：1-4.
[13] 周慧梅. 哥伦比亚大学师范学院时期的郭秉文——社会生活史的视角 [J]. 教育学报，2014 (5)：44-53.
[14] 周洪宇，李艳莉. 郭秉文与现代中国实用主义教育学术范式的建立——基于《中国教育制度沿革史》及相关论著的研究 [J]. 教育学报，2014 (5)：54-66.
[15] 许小青. 郭秉文与民国教育界 [J]. 教育学报，2014 (5)：67-79.
[16] 郑砚秋. 郭秉文与华美协进社 [J]. 教育学报，2014 (5)：80-84.
[17] 田正平. 读书·修身·治家——《曾国藩日记》阅读札记 [J]. 教育研究，2014 (12)：115-125.
[18] 蒋彩燕. “立人”之路的两种风景：试比较鲁迅与周作人的儿童教育思想 [J]. 西北大学学报：哲学社会科学版，2014 (4)：91-97.
[19] 谭群玉，曹天忠. 岑春煊与清末新式教育 [J]. 学术研究，2014 (10)：110-115.
[20] 成赛军，石潇纯. 曾宝荪教育思想溯源 [J]. 湖南社会科学，2014 (1)：245-247.
[21] 戴猛强，吴明海. 满族形成和发展过程中的皇太极教育思想研究 [J]. 民族教育研究，2014 (4)：64-72.
[22] 于述胜. “学—教”之道以感应（通）为根本机制——儒家教育观的义理阐释 [J]. 教育学报，2014 (5)：3-11.
[23] 黄书光. 圣王之治的理想追求与儒家“大教育”制度建构的文化反思 [J]. 四川师范大学学报：社会科学版，2014 (3)：83-87.
[24] 张斯珉，乔清举. 论儒家自然人性论与礼乐教育的关系 [J]. 东北师大学报：哲学社会科学版，2014 (1)：141-145.
[25] 张静. 儒家道德思想对社会主义市场经济条件下道德建设的启示 [J]. 湖南大学学报：社会科学版，2014 (2)：123-126.
[26] 谢建美. 试论新中学会的教育救国思想及实践 [J]. 重庆第二师范学院学报，2014 (5)：122-124.
[27] 黄克利. “教育救国论”的历史发展 [J]. 教育评论，2014 (1)：141-143.
[28] 杨悦. 教育为国家建设服务——1950 年高教界关于“理论与实际一致”的争论 [J]. 清华大学教育研究，2014 (2)：76-82.
[29] 童亮. 教育统制思想论述：以《大上海教育月刊教育统制专号》为中心的考察 [J]. 集美大学学报，2014 (3)：56-60.
[30] 何娟. “学衡派”教育思想述评 [J]. 重庆第二师范学院学报，2014 (1)：120-122.
[31] 曹磊. 中国古代书院教育的特点及其影响 [J]. 河北大学学报：哲学社会科学版，2014 (6)：80-84.
[32] 车今花. 山长的出身与岳麓书院的千年发展 [J]. 湖南大学学报：社会科学版，2014 (2)：127-130.

[33] 朱汉民，唐云. 元初江南宋遗民书院及其文化特色 [J]. 大学教育科学，2014 (5)：88-92.

[34] 吴桂翎. 宋代书院与历史教育 [J]. 史学史研究，2014 (4)：94-102.

[35] 李兵，黄艳. 科举应试：北宋前期书院教学的主要指向 [J]. 大学教育科学，2014 (5)：97-102.

[36] 李宁宁. 南宋白鹿洞书院对先秦儒家德育思想的践行 [J]. 郑州航空工业管理学院学报：社会科学版，2014 (3)：27-32.

[37] 蔡怡. 清代苏州紫阳书院教育实践述论 [J]. 苏州教育学院学报，2014 (5)：24-26.

[38] 陶莉. 清代苏州书院发展繁荣与科甲鼎盛 [J]. 苏州教育学院学报，2014 (5)：31-33.

[39] 姚在先，黄鸿山. 论清代江苏书院的育人之道：以省会书院山长为中心的考察 [J]. 苏州教育学院学报，2014 (5)：27-30.

[40] 张劲松. 明成化十六年前后白鹿洞书院的兴复及其影响 [J]. 江西教育学院学报，2014 (1)：174-177.

[41] 于祥成，清代书院儒学传播途径探微 [J]. 湖南大学学报：社会科学版，2014 (3)：120-123.

[42] 周宇清. 1922 年“壬戌学制”仿效美国学制的原因论析——兼论晚清民国时期中国学制的演变 [J]. 苏州大学学报：哲学社会科学版，2014 (2)：186-190.

[43] 韩立云. 壬戌学制与近代中国人才培养 [J]. 云南社会科学，2014 (3)：166-170.

[44] 董坤玉. 论唐代中央官学的官职迁转 [J]. 华东师范大学学报：教育科学版，2014 (3)：105-111.

[45] 申国昌，史降云. 明清国子监教官聘任与考核活动 [J]. 河北师范大学学报：教育科学版，2014 (1)：40-43.

[46] 申国昌，史降云. 明清国子监的教育管理活动 [J]. 武汉科技大学学报：社会科学版，2014 (4)：434-437.

[47] 黄仁贤. 近代中国教育变革的深度思考——以戊戌维新与清末“新政”时期严复的贡献为考察对象 [J]. 教育评论，2014 (2)：138-140.

[48] 郁汉友. 晚清“新政”的再思考：以教育改革为中心的探讨 [J]. 北京大学学报：哲学社会科学版，2014 (1)：126-136.

[49] 刘建. 清末及民国地方教育行政体制的历史审思：1906—1949 [J]. 南京师大学报：社会科学版，2014 (5)：88-94.

[50] 田正平，张寅. 南京国民政府初期省级教育行政与省教育经费独立 [J]. 高等教育研究，2014 (4)：86-93.

[51] 田正平，张寅. 南京国民政府初期教育厅长群体研究 [J]. 高等教育研究，2014 (9)：74-83.

[52] 黄昊，魏光奇. 国民政府时期的学术评议机制：在政治与学术独立之间 [J]. 现代大学教育，2014 (4)：47-53.
[53] 陆道坤. “教育输入”与“教育自觉”：兼论近现代教育“中国梦”的萌发 [J]. 江苏高教，2014 (5)：18-21.
[54] 白移，王亮. 试论清末的教育转型 [J]. 中南大学学报：社会科学版，2014 (3)：252-257.
[55] 吴刚平，余闻婧. 自觉与自由——儒家私学课程思想及现实意义 [J]. 华东师范大学学报：教育科学版，2014 (2)：38-43.
[56] 蒋纯焦. 论清末的中学、中学生与中学课程 [J]. 河北师范大学学报：教育科学版，2014 (6)：21-25.
[57] 张传燧，李卯. 整合：未来初中课程编制的一种思维范式——基于朱经农初中课程编制原则思想的启示 [J]. 河北师范大学学报：教育科学版，2014 (6)：32-36.
[58] 欧治华. 中国百年初中语文课程标准变迁的考察 [J]. 华南师范大学学报：社会科学版，2014 (3)：55-62.
[59] 郭震. 近代中国化学教科书的出版与内容特点分析 [J]. 课程·教材·教法，2014 (2)：99-105.
[60] 仲扣庄，郭玉英，彭征. 20世纪前期高中物理教科书中近代物理内容介绍与评析 [J]. 课程·教材·教法，2014 (5)：98-104.
[61] 李娜. 推动国语传播的民国白话文教科书 [J]. 课程·教材·教法，2014 (8)：116-120.
[62] 石鸥，李水平. 民国时期的一次高强度教科书控制 [J]. 湖南师范大学教育科学学报，2014 (2)：50-56.
[63] 吴小鸥，吴甜甜. 刘师培编撰的国学教科书及其文化意蕴 [J]. 湖南师范大学教育科学学报，2014 (2)：57-62.
[64] 徐芳. 清末民初女子教科书之“贤母良妻”观的现代性启示 [J]. 湖南师范大学教育科学学报，2014 (4)：23-27.
[65] 石鸥，刘毕燕. 何谓名正，如何言顺——百年中国中小学政治教科书名称的演变 [J]. 河北师范大学学报：教育科学版，2014 (6)：14-20.
[66] 石鸥，廖巍. 再论新中国第一套教科书 [J]. 河北师范大学学报：教育科学版，2014 (3)：33-37.
[67] 朱文镇，岳爱武. 民初教科书审定制度考察 [J]. 河北师范大学学报：教育科学版，2014 (6)：26-31.
[68] 肖朗，吴涛. 中国大学初创时期的教材建设（1895—1912）[J]. 天津师范大学学报：社会科学版，2014 (2)：53-60.
[69] 王明建. 近十年与二十世纪前期语文教材高频选文的比较 [J]. 教育史研究，

2014 (1): 52-54.
[70] 李新. 国学保存会与清末乡土教科书之编撰 [J]. 课程·教材·教法, 2014 (5): 105-110.
[71] 王俊明. “批判地继承”的历史逻辑——以 20 世纪 60 年代初北师大编写《中国古代教育史》为例 [J]. 教育学报, 2014 (3): 112-119.
[72] 屠锦红, 李如密. “做中学”教学法之百年演进述评 [J]. 课程·教材·教法, 2014 (4): 95-102.
[73] 杨建华. 20 世纪初期教育期刊与西方教学法在中国的传播 [J]. 课程·教材·教法, 2014 (4): 89-94.
[74] 田景正, 万鑫觖, 邓艳华. 蒙台梭利教学法及其在中国的传播 [J]. 课程·教材·教法, 2014 (6): 91-96.
[75] 杨卫明. 民国初期“理科”教学的研究及启示——以“江苏省教育会”的教研活动为考察对象 [J]. 课程·教材·教法, 2014 (7): 121-125.
[76] 井上亘. “读者”与“讲者”:《学令》先读经文条与古代讲学 [J]. 学术月刊, 2014 (1): 147-153.
[77] 肖菊梅. 清末民初赫尔巴特“五段形式教学阶段”的导入及推广: 以汤本武比古的《教授学》为考察中心 [J]. 教师教育学报, 2014 (6): 62-67.
[78] 张晓凤. 我国学科教学论的百年演变与未来发展 [J]. 当代教育科学, 2014 (23): 19-21.
[79] 王元林, 梁珊姗. 考试公平与区域公平的博弈: 洪武丁丑会试南北榜案重新解读 [J]. 求索, 2014 (9): 151-155.
[80] 刘小龙, 郭培贵. 明代武举未设殿试考 [J]. 教育与考试, 2014 (1): 44-47.
[81] 阳正伟. 遵从“实录”, 还原真相: 明代弘治己未科场案再考 [J]. 中国考试, 2014 (12): 61-64.
[82] 王永颜, 申国昌. 明清士子的科举考试活动 [J]. 广西社会科学, 2014 (6): 122-126.
[83] 吴四伍. 明清时期西方人士对科举制度的认识 [J]. 中国考试, 2014 (5): 57-64.
[84] 蒋明宏. 明清苏南女性有关科举制认知之变化: 以家族文献资料为中心 [J]. 考试研究, 2014 (3): 66-70.
[85] 毛晓阳, 金甦. 清代科举辅助性助考设施刍议 [J]. 福州大学学报: 哲学社会科学版, 2014 (4): 89-94.
[86] 范晔. 清代科举考试的题目成式 [J]. 考试研究, 2014 (6): 90-94.
[87] 彭雄. 清代院试的准考证和补考证 [J]. 巴蜀史志, 2014 (2): 43-44.
[88] 夏柯. 我国历史上各代科举立法的特点 [J]. 河北师范大学学报: 教育科学版, 2014 (3): 23-27.
[89] 胡平. 清代科举考试立法的概况 [J]. 河北师范大学学报: 教育科学版, 2014

(3)：16-22.
[90] 贾滕.《科场条例》对完善现代考试立法的启示 [J]. 河北师范大学学报：教育科学版，2014 (3)：28-32.
[91] 王立刚. 清代童试录取率研究 [J]. 社会科学论坛，2014 (3)：67-76.
[92] 王立刚. 清代我国西南地区的卷田制度与童试资助体系 [J]. 贵州师范大学学报：社会科学版，2014 (4)：151-156.
[93] 宗韵. 恩科制、科举功能嬗变与清代教育危机 [J]. 华东师范大学学报：教育科学版，2014 (4)：105-111.
[94] 刘海峰. 江南贡院的命运 [J]. 社会科学战线，2014 (6)：79-85.
[95] 张亚群. 科举文化盛衰与贡院的命运 [J]. 社会科学战线，2014 (6)：86-92.
[96] 李申申，黄思记. 千年科举考试终结地的考察与沉思 [J]. 社会科学战线，2014 (6)：93-96.
[97] 刘希伟. 科举废止后江南贡院处置过程钩沉 [J]. 教育与考试，2014 (6)：50-57.
[98] 班高杰. 论传统启蒙思想教育中“先难后获”的义利观 [J]. 广西社会科学，2014 (5)：207-210.
[99] 王小英，张鸿宇，孙贺群. 中国农村学前教育发展百年回眸与启示 [J]. 东北师大学报：哲学社会科学版，2014 (4)：158-162.
[100] 胡金平. 民国时期江苏中小学教育发展的历史经验与反思 [J]. 江苏教育：教育管理，2014 (8)：9-13.
[101] 蔡禹龙. 民族主义与文化运动：清末简易识字学塾的兴办 [J]. 华南师范大学学报：社会科学版，2014 (1)：67-73.
[102] 张大伟. 建国初贵阳市私立学校接办述评 [J]. 教育史研究，2014 (1)：49-51.
[103] 刘树芳. 抗战时期贵州高中毕业与升学联考制度改革 [J]. 教育史研究，2014 (2)：53-61.
[104] 湛中乐，赵玄. 中国大学章程内容的缘法与求新 [J]. 陕西师范大学学报：哲学社会科学版，2014 (2)：33-41.
[105] 杨学义，李茂林. 中国大学章程百年——兼论章程对落实高校办学自主权的作用与措施 [J]. 北京教育：高教，2014 (11)：20-22.
[106] 周川. 中国近代大学“教授治校”制度的演进及其评价 [J]. 高等教育研究，2014 (3)：77-84.
[107] 徐斯雄，顾海良，崔延强. 民国大学学术评价制度研究 [J]. 高等教育研究，2014 (7)：85.
[108] 张睦楚，孙邦华. 从理想主义到现实激荡——中基会与“北大合作特款”下的学人分歧 [J]. 现代大学教育，2014 (5)：53-60.
[109] 曹金祥. 独立评论派与20世纪30年代的中国大学合理化之争 [J]. 现代大学教

育，2014（5）：44-52.

[110] 李力. 学术研究·社会服务·文艺娱乐——抗战前民国大学生社团之形态与功能研究 [J]. 现代大学教育，2014（4）：54-59.

[111] 戴军，雷鸣强，娄小平. 中国近代大学文化的嬗变及其启示 [J]. 大学教育科学，2014（1）：86-90.

[112] 高天明. 大学校史与现代大学精神 [J]. 河北师范大学学报：教育科学版，2014（5）：18-23.

[113] 赵国权，闫慈. 从私学到书院：探寻大学精神的中国策源地 [J]. 河北师范大学学报：教育科学版，2014（05）：13-17.

[114] 王杰，侯娟. 中国现代大学精神起源的历史探究 [J]. 教育史研究，2014（3）：6-9.

[115] 刘思亮. 民国大学校长所传承的大学精神——《忠信笃敬声教四海——暨南大学校长何炳松》述评 [J]. 教育史研究，2014（4）：84-87.

[116] 张学强. 南京国民政府时期（1927—1949）大学面向边疆招生模式的变革及其影响 [J]. 华东师范大学学报：教育科学版，2014（2）：7-12.

[117] 李涛. 民国时期关于大学招生考试的三次论争 [J]. 教育学报，2014（4）：117-127.

[118] 刘希伟. 抗战背景下的公立高校生源省籍分布特征研究——基于1938—1943年相关数据的分析 [J]. 河北师范大学学报：教育科学版，2014（4）：55-58.

[119] 刘海兰，姚荣，周光礼. 建国以来高校大规模扩招的历史制度主义分析 [J]. 现代大学教育，2014（5）：61-68.

[120] 吴四伍. 论教考关系与高考恢复 [J]. 河北师范大学学报：教育科学版，2014（3）：44-48.

[121] 谢长法，王延强. 抗战时期高校就业政策及其管理 [J]. 西南大学学报：社会科学版，2014（2）：94-99.

[122] 张礼永. 重温师范大学制的“孟胡之争”——孟宪承与胡先骕关于师范大学制的论争之探析（1925）[J]. 华东师范大学学报：教育科学版，2014（2）：97-103.

[123] 王有春. 民国时期中央研究院设立教育研究所的动议、结果及其原因探析 [J]. 高教探索，2014（3）：127-133.

[124] 王鸿英. 华南联合大学述论 [J]. 教育史研究，2014（3）：55-60.

[125] 刘京京. 论西南联大的联合及其对当今联合办学的启示——基于学校内外部矛盾的视角 [J]. 教育史研究，2014（3）：51-54.

[126] 李木洲，刘海峰. 民国时期国立大学的设立与分布 [J]. 高等教育研究，2014（4）：79-85.

[127] 黄启兵. 近代大学设置分区布局的历史变迁 [J]. 现代大学教育，2014（3）：50-56.

[128] 李涛. 民国时期国立大学数量及区域分布变迁 [J]. 华东师范大学学报：教育科

学版，2014（2）：104-110.
[129] 方健华. 嬗越与创新：中国百年师范教育传统及其现代意蕴——基于江苏百年师范发展史的思考 [J]. 教育发展研究，2014（6）：18-23.
[130] 曾毅. 百年中国师范教育课程改革的文化路向 [J]. 大学教育科学，2014（5）：76-81.
[131] 安尊华. 论梁启超师范教育思想 [J]. 贵州师范大学学报：社会科学版，2014（6）：137-141.
[132] 舒习龙，黄洁玲. 晚清日本教习与中国师范教育近代化的起步 [J]. 西华大学学报：哲学社会科学版，2014（5）：29-33.
[133] 吴巍巍，王晓. 试论台湾师范教育转型的历史经验及其启示——以《师资培育法》的颁布为考察中心 [J]. 教育史研究，2014（1）：58-62.
[134] 林晖. 20世纪上半叶的中国公民教育及其启示 [J]. 基础教育，2014（5）：99-104.
[135] 马和民. 如何改造中国人的国民性？——兼论近代中国教育现代性遗存的问题 [J]. 南京社会科学，2014（10）：119-127.
[136] 孙秀玲. 社会教育与教会学校的本土化 [J]. 山东师范大学学报：人文社会科学版，2014（1）：124-131.
[137] 钟健，肖如平. 国民教育与乡村社会变迁：以20世纪40年代龙泉县为中心 [J]. 历史教学：高校版，2014（6）：31-39.
[138] 刘鹤. 内迁留学生与抗战时期民众教育的“中国化” [J]. 教育评论，2014（9）：150-152.
[139] 杜景. 民国时期贵州社会教育探析 [J]. 贵州师范学院学报，2014（4）：7-10.
[140] 张雪蓉. 近代科学技术的传播与社会教育功能的发挥 [J]. 教育评论，2014（4）：145-148.
[141] 廖其发. 论中国传统家庭家族学校的兴衰、特点与启示 [J]. 河北师范大学学报：社会科学版，2014（4）：45-54.
[142] 刘颖. 传统家训的演进及其对现代家教的启发 [J]. 重庆社会科学，2014（1）：123-126.
[143] 邹太龙，李希.《周易·家人》中的家教思想 [J]. 成人教育，2014（9）：42-43.
[144] 唐燕飞. 古代家庭教育的内容、方式及影响 [J]. 教育评论，2014（3）：135-137.
[145] 蒋明宇. 清代无锡钱氏家族教育及其转型述论：以堠山派城中支、湖头派七房桥支为例 [J]. 历史教学问题，2014（5）：29-34.
[146] 蒋明宏，张雁. 近代苏南实业与文化家族蒙学课程变迁比较 [J]. 河北师范大学学报：教育科学版，2014（5）：24-29.
[147] 胥文玲. 宗族塾学与闽北家族教育考略 [J]. 教育评论，2014（10）：155-157.
[148] 吕雯慧. 家族成员教化地位的近代变迁 [J]. 教育评论，2014（11）：141-143.

[149] 胥文玲. 明清闽北家训的教育思想及现代启示 [J]. 东南学术，2014 (5)：240-245.
[150] 冯留建，班红娟. 20 世纪 30 年代开封教育实验区的乡土教育——平民教育家李廉方的乡土教育实践 [J]. 北京师范大学学报：社会科学版，2014 (3)：86-92.
[151] 杨卫安，邬志辉. 清末民国中国乡村义务教育供给制度分析与启示 [J]. 湖南师范大学教育科学学报，2014 (2)：100-106.
[152] 夏志学. 清末民初直隶农业教育的兴起与发展 [J]. 河北师范大学学报：教育科学版，2014 (6)：46-50.
[153] 苑朋欣. 清末山东农业教育的兴办及其影响 [J]. 山东农业大学学报：社会科学版，2014 (1)：1-4.
[154] 胡金平. 国家意志与我国乡土教育的三次勃兴 [J]. 南京师大学报：社会科学版，2014 (2)：94-100.
[155] 曲铁华，李彩玉. 辛亥革命时期农村教育问题考察：以四大杂志为视角 [J]. 沈阳师范大学学报：社会科学版，2014 (3)：1-6.
[156] 成功伟. 民国四川农村合作教育的推行方式及其缺失 [J]. 山西大学学报：哲学社会科学版，2014 (3)：39-43.
[157] 王小英，张鸿宇，孙贺群. 中国农村学前教育发展百年回眸与启示 [J]. 东北师大学报：哲学社会科学版，2014 (4)：158-162.
[158] 马云. 新中国成立初期农村扫盲教育的推行与实践——以速成识字法为中心的考察 [J]. 苏州大学学报：教育科学版，2014 (3)：96-103.
[159] 杨富有. 元上都的多元教育及其意义：从元上都扈从诗为主要材料的分析 [J]. 内蒙古师范大学学报：教育科学版，2014 (9)：19-22.
[160] 文斐，高石钢. 论近代宁夏回族经堂教育的演变及特点 [J]. 成都师范学院学报，2014 (10)：40-43.
[161] 崔英锦. 新疆锡伯族的文化传承与教育考察 [J]. 教育评论，2014 (5)：132-134.
[162] 赵桅. 改土归流后鄂西土家族地区官学教育的历史考察 [J]. 民族教育研究，2014 (6)：107-112.
[163] 胡钦晓，徐婷婷. 解读金陵女大：文化冲突的视角 [J]. 华东师范大学学报：教育科学版，2014 (4)：112-117.
[164] 李净昉. 新文化运动历史记忆的省思——以直隶第一女子师范学校为中心 [J]. 华南师范大学学报：社会科学版，2014 (1)：60-66.
[165] 张丽. 民国女子平民教育研究 [J]. 遵义师范学院学报，2014 (1)：12-17.
[166] 国晓华. 性别视角中的清末民初女子教育 [J]. 教育研究与实验，2014 (4)：55-58.
[167] 李拉. 从体系之外到体系之内：我国特殊教育的百年嬗变 [J]. 教育学术月刊，2014 (7)：9-15.
[168] 付文武. 抗战时期成都职业教育的发展 [J]. 教育评论，2014 (7)：138-140.

[169] 郑振伟. 澳门中华教育会及其20世纪40年代的文教活动 [J]. 教育学报，2014 (4)：107-116.
[170] 张龙平. 中华基督教教育会与 *The Educational Review* [J]. 教育史研究，2014 (3)：1-5.
[171] 岳爱武，何亚群. 中国近代教会大学女子高等教育的缘起及其特征 [J]. 现代教育科学：高教研究，2014 (1)：67-73.
[172] 刘晖，钟斌. 让历史启迪启发高等教育学的想象力——以哥伦比亚大学的中国留学生为中心 [J]. 高等教育研究，2014 (9)：84-91.
[173] 陈元. 留学教育与民国大学研究院所的发展 [J]. 教育评论，2014 (11)：144-146.
[174] 刘豪. 试论北洋政府时期云南省费留美教育 [J]. 教育史研究，2014 (4)：15-18.
[175] 林崇德. 基于中华民族文化的师德观 [J]. 西南大学学报：社会科学版，2014 (1)：43-52.
[176] 南钢. 中国传统社会的教师形象、角色和责任 [J]. 广西大学学报：哲学社会科学版，2014 (5)：120-124.
[177] 张礼永. 大学之师与启蒙之师谁可谢：1933年上海文坛关于师道问题论证的回顾与探析 [J]. 湖南师范大学教育科学学报，2014 (6)：84-88.
[178] 曾煜. 南京国民政府时期中小学教师培训研究 [J]. 教师教育研究，2014 (6)：75-79.
[179] 汪明帅. 我国教师权利研究百年回顾 [J]. 全球教育展望，2014 (10)：55-63.
[180] 乔羽娇. 孔子与苏格拉底教师形象的比较研究 [J]. 当代教育与文化，2014 (2)：85-88.
[181] 朱乐平. 先秦儒家师道观及其现实意义探究：以孔子、孟子、荀子为例 [J]. 集美大学学报：教育科学版，2014 (4)：15-19.
[182] 蒋威. 师道立则善人多：论清代乡村塾师的教化实践 [J]. 船山学刊，2014 (1)：148-153.
[183] 黄沁茗. 魏晋儿童观及当代启示：以《世说新语》为例 [J]. 湖北社会科学，2014 (4)：99-103.
[184] 杨玉军.《聊斋志异》中的塾师形象和师生关系摭谈 [J]. 教育评论，2014 (4)：153-156.
[185] 喻永庆. 近代教育期刊研究的回顾与展望 [J]. 河北师范大学学报：教育科学版，2014 (5)：34-40.
[186] 喻永庆. 近代教育期刊主编与近代教育的发展：以《中华教育界》主编陈启天为例 [J]. 教育文化论坛，2014 (3)：62-69.
[187] 喻永庆. 近代教育期刊的双子星座——《教育杂志》与《中华教育界》[J]. 山西师大学报：社会科学版，2014 (2)：148-152.

[188] 郭景川，谢长法. 抗战时期《高等教育季刊》简析 [J]. 教育史研究，2014 (2)：62-66.

[189] 李斌.《新青年》与最早两套中学白话国文教科书 [J]. 教育史研究，2014 (2)：30-35.

[190] 郭法奇. 教育史研究：应当增强一定的解释力——基于教育史研究一些基本问题的思考 [J]. 首都师范大学学报：社会科学版，2014 (1)：131-135.

[191] 金忠明，王元义. 教育史研究的问题意识与当代视野 [J]. 河北师范大学学报：教育科学版，2014 (1)：34-39.

[192] 刘训华. 历史感与教育史研究的价值指向 [J]. 河北师范大学学报：教育科学版，2014 (4)：59-62.

[193] 廖其发. 论教育研究中的"史论结合" [J]. 西南大学学报：社会科学版，2014 (2)：85-93.

[194] 张廷艳，伍叶琴. 教育史人物研究中不在场的"人文精神"及回归 [J]. 西南大学学报：社会科学版，2014 (2)：100-106.

[195] 魏晨明. 教育家历史评价问题浅论 [J]. 当代教育科学，2014 (15)：10-12.

[196] 周洪宇，李艳莉. 论教育活动史多维视野的实现途径 [J]. 湖北大学学报：哲学社会科学版，2014 (2)：76-81.

[197] 刘来兵. 丁钢教授叙事史范式的教育史学实践 [J]. 西部学刊，2014 (6)：64-67.

[198] 申国昌，刘京京. 教育生活史：教育历史的生动展现——从法国年鉴学派得到的启示 [J]. 湖北大学学报：哲学社会科学版，2014 (2)：82-86.

[199] 李娜. 连接学生与历史实践——公众史学在中国的教育体系建构 [J]. 学术研究，2014 (8)：95-101.

[200] 刘来兵. 论现代化范式的教育史学实践 [J]. 教育研究与实验，2014 (2)：31-35.

2014年外国教育史研究主题述评

朱治军

（华东师范大学　教育学部，上海　200062）

【摘要】2014年的外国教育史研究在领域拓展、主题更新、深度推进与学科探索等方面均有进展。在教育史学领域，对教育史学科基本理论、域外教育史学新动向及课程史研究予以了关注；在高等教育史领域，大学的起源与性质、组织与制度、学科与教学、大学与社会的关系及大学职能等成为研究重点；在初等和中等教育领域，近现代教育（学校）变革成为研究热点；教育人物研究受到重视，某些教育人物的教育思想得到重新解释。外国教育史研究基本呈现出古今并重、教育史学科基本理论和民族国家不同等级、不同类型教育研究共进的良好局面。

【关键词】外国教育史；研究主题；2014；年度述评

【作者简介】朱治军，华东师范大学教育学部博士研究生，主要从事外国教育史研究。

从2014年国内各大教育类期刊刊载的有关外国教育史研究主题的研究成果来看，在过去一年中，外国教育史研究在领域拓展、主题更新、深度推进与学科探索等方面均有长足进步。

一、教育史学研究

教育史学研究在一定程度上体现了研究者反思和探索本学科存在问题

与发展方向的自觉意识与学科使命感。2014年度，研究者对教育史学科的基本理论问题、域外教育史学发展新动向及课程史学等主题予以了关注。

（一）教育史学科基本理论问题研究

2014年，外国教育史学者对教育史学科的基本理论问题进行了探讨，就教育史学科的基本目的、研究工具、学科改革和功能定位等进行了有深度的思考。

北京师范大学郭法奇发表的《教育史研究：应当增强一定的解释力——基于教育史研究一些基本问题的思考》一文，主张教育史研究应"用一种新的解释超越以往或者现有的解释"，主张"教育史研究应当在叙事研究的基础上加强问题研究，在宏观研究的同时加强微观研究，在寻求真相的基础上坚持客观性原则，在坚持'本土化'研究的同时加强'国际化'研究"[1]。

华东师范大学的王保星在《知识变迁与我国外国教育史学科改革的新思维》一文中，梳理了人类知识变迁的历史过程，建议教育史研究应从知识变迁的维度解释或再现人类教育历史变迁的动因、形式、机制和模式，主张我国外国教育史学科在未来的发展中应"破除'依附论'，注重教育内容层面的知识变迁史研究，梳理外国教育史学科的自身逻辑"，"超越'碎片化'，开展基于知识演进与知识交流的外国教育史研究"，"扬弃'规律说'，重新定位外国教育史研究的功能定位，寻求知识转型与人类教育改革之间的历史性与逻辑性关联"[2]。

浙江大学的单中惠在《教育史是什么？——西方教育史学家观点述评》一文中将"教育史是什么?"这一问题归结为教育史研究价值（Why）、教育史研究范畴（What）、教育史研究方法（How）三个方面，并从此三个方面出发综述了西方教育史学家的观点[3]。

（二）域外教育史学新动向研究

域外教育史学的发展动向受到国内学人的密切关注，显示出国内学人日益成熟的国际视野和融入世界教育史研究的积极追求。

北京师范大学的孙益、柏林洪堡大学的张乐、罗小连在《20世纪90年代以来的德国教育史研究——以德国教育史学会和〈教育史年刊〉为核心的考察》一文中，通过对德国教育史年会主题和《教育史年刊》刊载文章的分析，认为"近二十年来德国教育史学科在受到新史学与现代社会科学强烈影响、有意识趋向跨学科研究的同时，依然保持着德国史学研究重视史料与反思史学理论等传统特色”[4]。

南京师范大学王堂堂、周采发表的《微观史学思想与美国新教育史学转向》一文，认为20世纪中期以后，受微观史学的启发，美国教育史学在三个维度上发生转向：在研究视野上“用社会群众置换了传统关键性单一个体”，在研究史料上“试图涵盖各种正规和非正规教育实践活动印记”，在研究方法上“演变为以叙述为基础的问题史趋向”[5]。

江苏大学的武翠红则在《全球化背景下英国教育史研究的转向》一文中提出，在全球化背景下，英国的教育史研究实现了从“学术取向”向“职业取向”、研究对象从“多元微观”向“民族国家”、研究模式从“主导模式”向“互动模式”的转向，从而在一定程度上摆脱了学科危机，赢得了学术地位[6]。

北京师范大学孙益和李曙光合作发表的《20世纪70年代以来的法国教育史研究——以法国教育史服务处、〈教育史〉杂志为核心的考察》一文，通过对“法国教育史服务处”自成立以来开展的研究、服务活动和《教育史》杂志刊发文章的分析，指出20世纪70年代以来法国教育史研究呈现出重视学科史研究、重视史料和档案建设、研究队伍多元化等特点[7]。

江苏第二师范学院的邬春芹在《美国城市教育史学发展历程初探》一文中认为，美国城市教育史学在20世纪70年代形成了三条研究路径：温和修正派的一致论、激进修正派的冲突论和“折中主义”，到80年代中期之后转向了“后修正主义”[8]。

北京大学沈文钦的《域外大学史研究：制度化历程与学术范式变迁》一文从制度化水平和学术范式两个方面考察了西方大学史研究的发展历程，认为西方大学史研究经历了思想史范式、社会史范式和文化史范式相继兴起的过程，随着全球化趋势的增强，全球史范式成为新的学术热点[9]。

（三）课程史研究

近几年来，课程史研究日益受到国内学者的关注。河南大学的刘志军、王洪席在《课程史研究：问题与展望》一文中指出了课程史研究的教育学意义和目前我国课程史研究中存在的问题，认为未来的课程史研究“应进一步彰显课程研究的历史意识、建构课程史研究的适切主题、开拓课程史研究的多元路径、合理运用课程史研究的学术成果和凝聚课程史研究的专业力量等”[10]。

浙江大学的何珊云在《文化的视角：美国课程史的转向及其意义》一文中论述了美国课程史研究从“社会”转向“文化”的过程，认为这一转向不仅促进了课程文化史的兴起，还具有重要的学术意义，“它不仅推进了美国课程研究的学术化进程，而且以福柯式的教育文化史研究证明，课程理论也可以成为有意义的‘文化批评’实践，因此能为学校实践空间日益萎缩的美国课程学者到更广域的文化社会领域开辟新的实践方式与空间，提供有益参照”[11]。

值得关注的是，美国著名课程理论与课程史学者托马斯·S. 波普克维茨的《课程史，学校教育及其现状》一文被国内研究者翻译刊出。关于课程史研究（包括教育史）的意义，波普克维茨认为，“赋予过去历史意义既不是重复和复制历史，也不是能简单称之为现代主义。探讨在过去的时间和空间里，思考和行为的目标如何聚集、联系和断开联系，这是理解变化的方法”[12]。

二、外国古代教育史研究

2014 年，研究者在外国古代教育史领域的主要学术兴趣聚焦于中世纪大学研究，分别就中世纪大学起源、性质、大学与政府关系等主题做了深入探索，同时将研究重点集中在中世纪大学的组织、制度领域，如中世纪大学的教师执教资格制度、教师收入、学费政策、经费来源、中世纪大学章程和学位制度等。

（一）中世纪大学起源、性质、大学与政府关系研究

清华大学张弢撰写的《大学之名的中世纪起源与考释》一文，通过对 13 世纪初大学史文献的梳理和解读，认为在中世纪大学的成型阶段和早期历史中，中世纪大学曾有过多个名称，其中最常见并得到当时社会普遍认可的是 universitas，studium 和 studium generale，此三者得以通行并非源自任何的规范或者规定，而是出于约定俗成。同时指出，尽管三者在出现时间上有先后顺序，但它们在中世纪时期并没有相互取代，“它们各自指向了中世纪大学的不同侧面，即学人共同体的组织形式、学校式的传统教学模式、被普遍承认的地位和特许权”[13]。

华南师范大学黄旭华发表的《中世纪大学是职业教育吗?》一文，认为“中世纪大学从其诞生就和职业教育没有瓜葛。中世纪社会对专门的职业需

求不大，这种职业性人才的培养往往通过师徒传承、家庭教育或行会学校进行；基督教的禁欲思想导致实用知识和职业性课程在大学中没什么地位，这使得中世纪大学的教育只能是人文教育和形式教育”[14]。

湖南师范大学贺修炎在《博弈型的中世纪大学与政府关系》一文中认为，“西欧中世纪时期特殊的政教二元体制，使大学自诞生起就成为各政府要素竞相争夺的对象。由于教会强盛时期中世纪大学之于各政府要素的重要作用，大学总是能以博弈的形式与各政府要素实现能量交换，从而维持自身系统的良性发展”，指出中世纪大学与政府的关系从本质上讲是一种博弈型的府学关系类型[15]。

南京大学的孙静怡将目光聚焦于中世纪晚期的大学教育。她在《论英国中世纪晚期大学教育的世俗化问题》一文中考察了英国中世纪晚期大学教育兴起的历程，分析了大学教育世俗化的呈现形式和形成原因，认为“英伦三岛在13—14世纪经历了古典知识复兴、意识形态的重建等多重洗礼，使得大学的职能开始向世俗化方面转变，世俗课程得以研习，世俗观念开始萌生，世俗力量逐步获得领导权”[16]。

（二）中世纪大学组织与制度研究

华南师范大学的黄旭华、李盛兵在《中世纪大学执教资格授予权博弈——基于分权制衡的视角》一文中，以巴黎大学为例，从分权制衡的视角考察了中世纪大学“执教授予权”的起源以及教师行会和教会为争夺“执教资格授予权”所展开的长期博弈和争夺的历程，认为职业团结和斗争精神是教师行会赢得执教资格话语权的重要保障，中世纪大学基于分权制衡基础上的“执教授予权”为我国现行的教师资格制度改革提供了有益参照[17]。

天津师范大学张晓晗撰写的《英国中世纪以来大学教师收入来源浅析》一文，运用较为详尽的史料，考察了英国中世纪大学普通教师的主要收入来源，包括教职收入、官方薪俸、政府补贴、学生缴纳费用、社会捐赠、地产经营收入及罚金、房租收入、课酬与售书、特权收入、职务报酬、提供咨询服务、实物收入及发放高利贷等，指出大学教师因职务、社会地位、教授课程等不同，其收入来源和生活待遇呈现出明显的差异[18]。华南师范大学的黄旭华、上饶师范学院的盛世明、江西医学高等专科学校的孙元在《中世纪欧洲大学学费政策》一文中，考察了西方古代社会对“知识是否可以牟利”的态度流变和中世纪大学的学费类别及实施政策，指出在如何保证教育公益性的同时又促进自身的发展，是大学自产生之日起便面临的棘手问题，中世纪大学在实践中所形成的“分期付款”和“差异化收费”等政策是市场经济和教育公益性有机结合的典范[19]。乐山师范学院的刘河燕在《欧洲中世纪大学的经费来源研究》中考察了中世纪大学的经费来源途径，包括城市对于大学教师薪水的支付、教会对大学师生的资助、学生所交的费用、王室、政府对大学师生的资助、私人捐赠等[20]。

济南大学张继明在《论中世纪大学章程的源起与生发逻辑》一文中，考察了中世纪大学章程从其原初形态到逐渐实现制度化的过程，认为“大学章程是大学维护自治地位、实现自身利益的重要手段”，“中世纪大学章程的生发逻辑反映了大学作为一个学术共同体的组织逻辑，即学术本位的逻辑”[21]。厦门大学的谢亚慧在《从学者行会与教会的博弈中管窥中世纪大学学位制度》一文指出，中世纪大学的学位制度是在学者行会与罗马教廷和世俗当局等势力博弈的夹缝中发展起来的，“学位制度的转移以及学位制度的确立，体现了中世纪大学为摆脱教会的控制和谋求自治权利方面所做出的成功尝试”[22]。

三、外国近现代教育史研究

2014年，外国近现代初等与中等教育（学校）变革成为研究热点；大学与社会关系、大学职能、近现代大学学科与教学、组织制度、学生等主题受到关注；卢梭、杜威、纽曼等教育人物的教育思想得到重新解释，某些误解被澄清。

（一）近现代初、中等教育（学校）变革研究

作为近代教育变革中一场重要的教育运动，进步主义教育得到较多的关注。北京师范大学张斌贤、王慧敏的《“儿童中心”论在美国的兴起》一文通过对历史文献的梳理，分析了19世纪末20世纪初“儿童中心”论在美国兴起的条件及其在早期阶段的主要含义，认为在19世纪末20世纪初美国公立学校课程改革的论争中，“帕克运用赫尔巴特学派‘集中’的概念较早明确提出了儿童是学校中心的观点，儿童研究运动的代表人物霍尔提出了‘儿童中心的’学校理想，而杜威则通过比较新旧教育的差异，将‘儿童中心’作为新教育的基本特征”[23]。

张斌贤的《话语的竞争：进步主义教育协会史》一文从教育思想原则

变化和冲突的角度将进步主义教育的历史分为三个主要阶段："1919—1929年以'儿童中心'论为指导的'和谐'时期，1930—1941年社会改造主义与儿童中心论的'冲突'时期，1945—1955年的'沉寂'时期"，认为"进步主义与社会改造主义内在的否定性倾向，造成了进步主义教育协会内部不可调和的思想冲突，正是这种话语的竞争，最终导致协会的分裂和解体"[24]。

肇庆学院原青林在《"进步教育"再解读：一种后现代的视角》一文中提出："进步教育作为教育科学的改革传统，始终是对公立学校体系的一种补充。它既可以上溯至宗教改革时期，又在某种意义上加入到了与现代公立教育体系的共生关系中去"，"任何时候，只要学校教育中存在缺乏人性和生命力、缺乏对儿童主动地位的应有尊重的问题，进步教育便永远具有重要的指导意义和现实意义"[25]。

北京师范大学张斌贤、高玲、李曙光合撰的《利益博弈与学校变革：1906—1917年美国工业教育运动》一文提出："工业教育运动既是美国公共教育回应工业化挑战的重大举措，更是工商业界与教育界和劳工界利益博弈的巨大胜利。通过推进工业教育在公共学校的实施，工商业界成功地使自身的价值观深深地嵌入到公共教育，极大地改变了美国公共学校的目标和职能，从根本上扭转了美国公共教育的发展方向。"[26]

北京师范大学王慧敏、张斌贤的《圣路易斯市公立学校变革：1865—1885年》一文认为，处于美国公立学校运动与进步主义教育运动之间的"镀金时代"的公立学校变革（1865—1885）是美国公立学校现代化进程的重要组成部分。这一时期美国圣路易斯城市学校管理的改革与学校系统的整合突出了对秩序、服从、文化融合等价值的追求，并将机构的顺畅运行放在了更为重要的位置，同时，"公立学校的管理者通过强调工业社会的道德教育，试图回应宗教力量的攻击并逐步澄清公立学校理念"[27]。

北京师范大学的郭法奇在《现代教育的演进与发展趋势——观念、技术及制度视角的考察》一文中，从观念、技术、制度的视角考察了现代教育的演进过程，认为"古代教育，教育观念高于教育技术，教育制度维护教育观念；近代教育，旧的教育观念遭遇挑战，新的教育观念促进技术和制度变化；现代教育，教育观念、技术发生变革，教育制度不断创新"，"现代教育发展的趋势是在促进儿童、教育自由发展、保持活力的同时，寻求教育秩序的稳定与平衡"[28]。

（二）近现代高等教育研究

1. 近现代大学与社会发展关系研究

北京师范大学孙益的《“赫斯伯格矛盾”解读——以大学与欧洲近代早期社会变革为视角》一文认为，“近代早期的大学在展现‘赫斯伯格矛盾’保守一面的同时，也以其独特的方式积极改造着欧洲的宗教和社会”，认为欧洲的大学在宗教改革运动开展的过程中扮演着重要角色，“欧洲的大学不但为近代早期宗教改革思想的出现提供了灵感，也为马丁·路德反抗天主教会的实践活动提供了支持。大学毕业生不仅成为宗教改革运动的领导者，也让更多受到天主教压迫的普通民众能够接触到宗教改革的新思想，从而激起了整个社会对天主教会的反抗行为”[29]。

北京师范大学的王慧敏、张斌贤、方娟娟在《对“达特茅斯学院案”的重新考察与评价》一文中重新梳理了“达特茅斯学院案”的历史过程，澄清了国内学者对该案认识和评价的某些误区，认为“该案的历史意义并非是对‘公立’和‘私立’高等教育机构的区分，而是为私人财产提供法律保护，由此促进了私立学院在一定时期的快速发展”[30]。

北京航空航天大学潘建军在《博弈与协调：国家主义和大学理想之间内在张力分析》一文中认为，尽管国家主义教育思潮在20世纪以后迅速获得了市场和国家的认同，并对源于中世纪的经典大学理想造成了强劲的挑战和冲击，但经典大学理想的核心精神并没有在国家主义面前完全让步，他指出，“博弈和协调作为一种沟通的途径和方法，有利于国家和大学在监管与自由之间寻求一种微妙的平衡”[31]。

北京师范大学的王慧敏在《美国建国初期国立大学的理念及其失败(1786—1796)》一文中，“梳理了美国从建国到18世纪末国立大学理念发展的历史，并围绕1796年联邦众议院对国立大学计划进行了第一次也是唯一一次的辩论来分析国立大学计划不被通过的原因，并探讨这一时期国立大学理念的发展以及最后失败在美国高等教育史上的意义”[32]。

2. 近现代大学的教学与学科研究

宁波大学的贺国庆在《西方大学教学方法变革考》一文中，梳理了西方大学教学方法从中世纪大学的讲授和辩论，到近代大学的研究班、实验法和导师制教学，再到高等教育大众化时期传统与现代教学方法并存的变革与演进过程，认为“西方大学教学方法的变革反映了时代的要求，其内涵日趋完善，其作用日益受到重视”，“西方大学教学方法的改革体现了大学传统与变革的辩证统一”[33]。

合肥师范学院的朱镜人在《大学通识教育应当关注学生的理性养成——美国〈耶鲁报告〉核心理念的分析》一文中，通过对美国《耶鲁报告》核心理念的产生背景、重要概念、理念内容、实现途径的分析，指出了通识教育和学生的“理性养成”对现代大学教育的重要意义[34]。

北京大学李春萍的《哲学院与现代大学的学科制度》一文考察了学科制度在哲学院中发展、成型及制度化的过程，认为“哲学院与哲学学科的发展带来了德国大学的崛起，在知识与制度两方面促进了新学科的形成，并通过讲座与研讨班制度塑造了现代大学的学术生活”[35]。

北京理工大学张金磊的《论大学学科组织的历史演变与发展趋势》一文从大学发展的历史出发，梳理了学科组织的发展源头、特点及轨迹，在此基础上展望了大学学科组织的现代发展趋势：“由内生取向转为外生取向的发展”，“由封闭向开放发展”，“由实体向虚体发展”，“由垂直向横向发展”[36]。

3. 近现代大学组织、制度研究

华中科技大学的余东升、崔乃文在《自由教育：学院组织的历史考察》一文中通过对学院组织制度历史演变的考察发现，“在组织结构上，对高等教育基本矛盾关系的不同处理方式构成了美国和欧陆两种不同的国家高等教育体系”，“从艺学院到哲学院，再到文理学院的历史演变表明，以理论学科为核心的自由教育思想是研究型大学的基因”[37]。

太原师范学院的杜智萍在《对学院制教育价值的反思——19世纪对牛津大学学院制传统的论争》一文中再现了19世纪牛津大学学院制传统面对新大学理念的冲击而做出的抗争和坚守，即“坚持以人才培养作为大学的主要任务，以导师制为学院教学的核心和基础，强调学院制在教育教学过程中的独特价值”[38]。

河北科技大学的刘赞英、郑浩在《理念与制度：大学学术自由的历史变迁》一文中论述了大学学术自由的内涵与维护方式的历史变迁过程，认为“从中世纪大学的习俗与信仰共铸的自由神话，到近代大学的理念与制度共生的自由梦想，再到现代大学理性与法律成就的自由权利，大学学术自由沿着理念与制度双重理性化的规律这条主线历经历史变迁”[39]。

4. 近现代大学学生研究

华中师范大学的余子侠、向华的《西方大学生自治历史考察与启示》

一文从历史、观念、体制、法律以及教育管理等方面分析了西方大学生自治的形成和发展过程，认为“学生与大学或学院的关系是学生能否进行自治与进行何种程度自治的基础”，“学生权利意识及其理性认知是学生自治得以健康发展的保障”，“从权威时代争取自治到民主时代实践自治，这条民主之路向人们昭示的是观念的力量，更是行动的力量”[40]。

首都师范大学林伟的《19 世纪美国的大学生联谊会与校园生活的转变》一文认为，19 世纪美国大学联谊会的兴起在塑造大学校园生活方式方面起到了重要作用，联谊会不仅满足了大学生群体基本的社交需求，还促进了他们适应美国社会的城市化与工业化，同时，其秘密性和欺辱等行为引起了校园内外的批评和压制[41]。

（三）近现代教育人物研究

近代教育人物一直是教育史界研究的重点。纵观 2014 年的研究成果，一方面，之前较少被关注到的教育人物如普罗泽、兰卡斯特、艾森豪威尔等进入研究者的视野；另一方面，对传统教育人物如卢梭、杜威、裴斯泰洛齐、纽曼等的研究由于研究视角的更新和深度的推进而取得了一定的突破，围绕这些教育人物的某些误解在一定程度上得到了澄清与重新评价。

1. 杜威研究

北京师范大学郭法奇的《杜威与现代教育：几个基本问题的探讨》一文探讨了现代教育的核心问题，如如何继承前现代教育遗产和培养现代社会新人的问题，如何正确对待“传统教育”和“教育传统”的问题；认为现代教育的逻辑是“在适应现代社会需求的基础上，处理好传统与现代、继承与创新的关系，坚持教育传统，使教育能够可持续和常态发展”；在此基础上，重新探讨了杜威与现代教育的关系，认为杜威的教育思想在很多方面是符合现代教育的逻辑的，但也存在着偏离现代教育的方面，如杜威实验学校设计上的不足、实验学校的乡村学校怀旧情结以及杜威教育研究过于倚重哲学方法的局限等[42]。

郭法奇的另一篇文章《美国学校改革与杜威的学校探索》论述了杜威对美国学校变革的探索：杜威实验学校的探索和杜威关于学校机构的设想，指出了杜威学校探索的意义，如使全社会开始关注学校改革与社会、儿童发展的关系问题，提出了现代学校改革的依据问题等等[43]。

中山大学的王天琪在《杜威“教育无目的论”的理论诠释与价值意蕴》一文中阐述了杜威教育目的观的内生性、过程性、经验性和个体情境性，指出“批判性地借鉴杜威关于‘教育无目的’的理论，将教育目的聚焦于人本身、指向人的发展，尊重教育过程师生的自主性，发掘师生真实情境中的具体教育目的”，是杜威教育理论对当代中国的价值意蕴[44]。

长春师范大学赵万祥的《公平与参与：杜威教育观分析》一文分析了杜威教育观的时代特质，即“对个人自由的价值维度、民主宪政的制度维度以及民主社会的理想性维度的阐释与彰显”，指出了杜威教育观对现代公民教育的启示[45]。

华南师范大学的涂诗万在《行行重行行：杜威教育思想研究在中国》一文中回顾了中国学界研究杜威教育思想的百年历程，认为“百年研究历程是一个从实验主义到绝对主义，再重回实验主义的历程”[46]。

北京大学的吴燕蕾在《美国近二十年来杜威民主教育思想研究综述》一文中，回顾了美国近二十年来不同研究视角对杜威民主教育思想的研究现状，分析了已有研究的主要特点及对未来研究的启发[47]。

2. 赫尔巴特研究

浙江大学的肖朗、叶志坚在《赫尔巴特实践哲学的教育学意蕴——以赫尔巴特与康德的思想关联为考察中心》一文中，考察和分析了赫尔巴特与康德的思想关联，认为“赫尔巴特在接受以康德为代表的德国古典哲学影响的同时，也吸收了以洛克为代表的英国经验主义哲学的观点，阐述了‘内心自由’‘完美性’‘友善’‘法’‘公正’五种道德观念，从而完成了其实践哲学的构造，重新在意志与经验、道德与认知之间建立起联系，并强调意志、情感、道德和认知一样是观念联合的产物，回归和坚持了道德的理性主义立场”[48]。

湖南师范大学的易红郡、缪学超在《论赫尔巴特的伦理学思想体系》一文中从善和意志、伦理品评、道德性格、五道念、训育等方面，勾勒了赫尔巴特的伦理学思想体系，为理解赫尔巴特的教育目的和道德教育提供了参照[49]。

3. 卢梭研究

北京师范大学的张斌贤、王慧敏在《从神话到历史：教育中未曾发生的“哥白尼革命”》一文对学界普遍认为的卢梭的教育思想引起了教育史上“哥白尼革命”的说法提出质疑，他们借鉴儿童史、社会史等学科的研究成果，从儿童服饰、儿童艺术、成年人对儿童的态度和对儿童教育的关注等多个方面，考察了14—18世纪欧洲社会在儿童观和儿童教育观念上发生的重大变化，认为欧洲近代儿童观的变迁具有深刻的历史基础，而并非是卢梭的先知先觉。“从卢梭教育思想对18—19世纪欧洲教育的影响来看，教育史上这一所谓的‘哥白尼革命’，不过是一场因崇拜卢梭而虚构的‘革命’。虽然卢梭曾对西方教育的历史变迁产生了重大影响，但人为夸大这种影响并无助于科学的历史认识”[50]。

4. 裴斯泰洛齐研究

华东师范大学的王保星在《穷人教育学：裴斯泰洛齐乡村教育思想诠释》一文中阐释了裴斯泰洛齐为改善乡村贫民生活状况和社会地位而建构的“穷人教育学”体系：“在确立基于乡村和服务乡村的乡村教育实施空间的基础上，将依据自然和遵循自然确定为乡村教育的基本原则；通过爱心和信仰的教育，培养乡村民众的自信和尊严；通过‘要素教育’简化教学方法，改革教学内容，提高乡村教育的实效性与针对性；通过劳动教育，提升乡村民众的劳动与就业技能，养成热爱劳动的品质。”[51]

5. 纽曼研究

北京大学的沈文钦在《〈大学的理念〉中的博雅教育学说——缘起、观点及其影响史》一文中分析了纽曼博雅教育学说的产生背景、核心要义、创新之处及历史影响，澄清了现代学者对纽曼思想的诸多误解或刻板印象，认为纽曼并不反对大学从事科学研究，也并不排斥在大学中实施专业教育，现代学者对此误解的原因在于对纽曼的办学实践关注不够，且忽略了纽曼《大学的理念》之外的其他教育论著的观点。作者认为纽曼的教育思想具有潜在的开放性，其强调心智训练的观点远远没有过时[52]。

6. 其他教育人物研究

北京师范大学张斌贤、高玲的《英雄与时势：普罗泽和美国职业教育制度的奠基》一文将目光对准国内教育学界较少关注的美国教育家普罗泽，在梳理历史文献和国外学者相关研究的基础上，系统探索了普罗泽的教育思想与实践，认为普罗泽的教育贡献不仅奠定了美国现代职业教育制度，更影响了美国公共学校的发展方向[53]。

合肥师范学院的朱镜人、万博科技职业学院的金仲夏在《兰卡斯特的导生制实践活动和民众教育思想研究》一文中考察了兰卡斯特民众教育实践活动实施的两个阶段，阐述了其民众教育思想的内容、特点及影响[54]。

北京师范大学的曹春平、张斌贤在《查尔斯·W. 埃利奥特教育思想的演变（1869—1909）》一文中叙述分析了1869—1909年间埃利奥特教育思想的演变历程，认为关于美国社会理想秩序的观点和关于美国公共教育应该如何符合民主原则从而真正促进美国民主的主张构成了埃利奥特教育思想的两个相互联系的方面[55]。

苏州大学张立娟的《弗莱克斯纳现代学院通识教育思想解析》一文通过对《现代学院与现代学校》一书的文本解读，从选修制、职业发展、课程的组织以及学生作为“人”和“公民”发展的独特视角，对弗莱克斯纳的现代学院通识教育思想进行了解析[56]。

浙江师范大学刘爱生在《艾森豪威尔在哥伦比亚大学的任职经历及其启示》一文中，探讨了艾森豪威尔担任哥伦比亚大学校长的缘由及其在任职期间的成就得失，认为艾森豪威尔在任职期间取得了不少成就，“但由于无法完全融入和尊重学术文化，逐渐失去教师的信任，与教师的隔阂越拉越大，最终没能成为一名伟大的校长”[57]。

四、外国当代教育史研究

（一）外国初等和中等教育发展史研究

福建师范大学洪明在《美国当代进步主义取向教育改革的坚守与变通——“要素学校联盟”研究》一文中，考察了美国当前进步主义教育取向学校改革组织——“要素学校联盟”的教育改革思想与实践，认为其在坚守传统进步主义教育思想和实践的同时，也为迎合美国当前主流改革的需要而做出多方面的调整和变通[58]。

中国人民大学陈露茜在《论20世纪四五十年代美国生活适应运动》一文中，认为美国二战后中等教育领域出现的生活适应运动“是进步主义运动中‘效率中心’在第二次世界大战之后的重要表现；最终实现了美国中学的大众化，完成了中学运动；是美国教育史上‘知识民主化’的一次重要尝试”[59]。

武汉工程大学黄艳、美国亚利桑那州立大学奥德丽·比尔兹利的《美国教育评估的起源与发展历史回顾》一文，将美国教育评估划分为萌芽期、孕育期、发展期、成熟期，回顾了美国教育评估起源与发展的近二百年历程[60]。

华东师范大学曹丽的《美国公立学校学生指导的专业化历程及经验启示》一文，回顾了半个多世纪以来美国公立学校学生指导的专业化历程，对我国学生指导制度的发展与完善提出了建议[61]。

南京师范大学张天明的《从“大传统”走向“新历史科”——20世纪英国历史教育百年嬗变述略》一文，梳理了20世纪英国历史教育从“大传统”到“新历史科”的百年嬗变历程，提出了英国历史教育对我国当前历史课程改革的借鉴与启示意义[62]。

（二）外国高等教育发展史研究

北京师范大学孙碧的《罗素案件与美国公立院校学术自由的危机与困境》一文，通过追踪20世纪40年代轰动美国学术界的“罗素事件”的来龙去脉，窥测美国公立院校学术自由的危机与困境，认为该事件所体现的“纳税者逻辑”对公立院校学术自由的损害是美国大学学术自由面临的重要挑战之一[63]。

中国人民大学陈露茜的《对美国研究生入学考试（GRE）的历史研究》一文，认为GRE考试发端于美国的实用主义思潮，经历了技术主义初创期、人本化尝试期、多元转型期三个历史时期，其考察的内容仅仅是影响研究生学习的一部分而非全部，应与其他材料共同作为录取决策的主要依据[64]。

北京大学许心的《变革与转型：“后罗宾斯时代”的英国大学拨款委员会》一文，认为英国大学拨款委员会在“后罗宾斯时代”的实际控制力和影响力大为减弱，其作为“缓冲器”的角色定位日渐模糊，从而降低了其在英国高等教育领域的权力地位，为其在20世纪80年代的最终衰落埋下伏笔[65]。

中国地质大学阮一帆、李战胜、傅安洲的《20世纪60年代末大学生运动与联邦德国政治教育的变革》一文，认为20世纪60年代末联邦德国发生的大学生运动“既对该国社会政治文化的变迁产生了深刻影响，又对其政治教育的价值取向、思想理论及实践策略具有重要的变革意义”，最终“推动了联邦德国从建国初期的传统保守型政治文化到70年代西方式民主参与型政治文化的转型”[66]。

（三）外国职业教育发展史研究

宁波大学贺国庆的《外国职业教育发展的历史经验》一文认为，“职业教育在发展过程中往往受到社会传统观念、政府支持力度、经济和科技发展水平等诸多外部因素的影响，在与上述外部力量的博弈中，职业教育借助持续的变革为自身发展赢得愈加广阔的生存空间”[67]。

河北大学荣艳红、李步冲和河北工业大学刘向荣的《美国社会效率职业教育观的兴衰》一文，通过描述近百年来指导美国职业教育发展的社会效率职业教育观从胜利走向衰微的历史过程，揭示了社会生产方式和国际竞争形式对美国职业教育观转型的巨大影响[68]。

（四）外国当代教育人物研究

北京师范大学的王晨在《大学共同体诸面向：学术、德性与政治——爱德华·希尔斯大学思想释读》一文中，从学术、道德、政治三个面向阐释了爱德华·希尔斯的大学共同体思想，认为“在对大学共同体秩序建构中，希尔斯一方面基于真理探究的理性主义内在要求，强调客观公正、不带感情的学术性判断；另一方面则注重共同体的道德和情感维度，强调面对面的关系及其蕴含的本性意志”，二者之间形成的张力能否和解，成为希尔斯所构想的大学共同体如何可能的关键问题[69]。

合肥师范学院朱镜人、合肥工业大学费建国在《赫斯特分析教育哲学理论研究》一文中，对赫斯特分析教育哲学语境中的“教育目的”“自由教育”“教”三个概念进行了分析，认为“‘教’的活动不同于其他活动，‘教’必须引发学习活动，学习活动不等于‘教’的活动，‘教’具有其独特的逻辑原理”[70]。

湖南师范大学罗辉的《重塑对教育的信仰：古德莱德的儿童教育观》从强调公平的受教育权、尊重儿童的个性差异、培养儿童的健全心智、为民主社会做准备四个方面论述了古德莱德的儿童教育观[71]。

四川师范大学傅林、高瑜的《静悄悄的革命——卡尔·罗杰斯自由学习观研究》通过对卡尔·罗杰斯《自由学习》一书的解读，从教学目标、学习本质、教学原则、学习方式、学习条件等方面阐述了罗杰斯的自由学习观[72]。

就研究主题而言，2014 年国内外国教育史研究基本实现了外国教育史研究古今并重，教育史学科基本理论研究和民族国家不同等级、不同类型教育研究共进的良好局面。中世纪大学研究继续受到关注，显示了国内学人希望通过探讨现代大学的原点——中世纪大学以为当下我国大学改革事业提供镜鉴的研究目的。中世纪大学的起源、性质、组织、制度及其与社会的关系受到持续关注和研究。外国近现代教育变革与学校改革相关问题成为国内学人研究的重点，在很大程度上源于传统单向度的教育变革和学校改革因素与模式研究已为全景式的多维度的研究范式所取代，在对进步教育运动、工业教育运动、工业学校变革以及现代教育演进的考察中，彰显了教育改革与学校变革的复杂性，启迪人们思考学校变革在社会发展中的深远意义、路径与策略选择。教育人物研究作为外国教育史研究的主要研究主题也取得突出成就，杜威、卢梭和裴斯泰洛齐等教育家的教育思想和影响得到新的诠释。需要提及的是，相对于教育思想而言，教育制度的研究，尤其是能够体现人类教育制度整体演进过程和主导性特征的教育制度史研究成果明显缺乏；相对于对部分发达国家教育改革与学校变革主题的研究而言，对于部分发展中国家教育历史演变及其教育经验探索的研究成果有待增强。

参考文献：

[1] 郭法奇. 教育史研究：应当增强一定的解释力——基于教育史研究一些基本问题的思考 [J]. 首都师范大学学报：社会科学版，2014（1）：131-135.

[2] 王保星. 知识变迁与我国外国教育史学科改革的新思维 [J]. 南京师范大学学报：哲学社会科学版，2014（2）：104-109.

[3] 单中惠. 教育史是什么？——西方教育史学家观点述评 [J]. 河北师范大学学报：教育科学版，2014（2）：25-31.

[4] 孙益，张乐，罗小连. 20 世纪 90 年代以来的德国教育史研究——以德国教育史学会和《教育史年刊》为核心的考察 [J]. 外国教育研究，2014（8）：11-26.

[5] 王堂堂，周采. 微观史学思想与美国新教育史学转向 [J]. 中国人民大学教育学刊，2014（2）：158-167.

[6] 武翠红. 全球化背景下英国教育史研究的转向 [J]. 学术论坛，2014（12）：172-176.

[7] 孙益，李曙光. 20 世纪 70 年代以来的法国教育史研究——以法国教育史服务处、《教育史》杂志为核心的考察 [J]. 清华大学教育研究，2014（2）：83-90.

[8] 邬春芹. 美国城市教育史学发展历程初探 [J]. 河北师范大学学报：教育科学版，2014（5）：30-33.

[9] 沈文钦. 域外大学史研究：制度化历程与学术范式变迁 [J]. 大学教育科学，2014（3）：79-88.

[10] 刘志军，王洪席. 课程史研究：问题与展望 [J]. 教育研究，2014（8）：93-98.

[11] 何珊云. 文化的视角：美国课程史的转向及其意义 [J]. 教育学报，2014（1）：44-49.

[12] 托马斯·S. 波普克维茨. 课程史，学校教育及其现状 [J]. 陈昊，译. 重庆与世界·学术版，2014（2）：65-73.

[13] 张弢. 大学之名的中世纪起源与考释 [J]. 清华大学学报：哲学社会科学版，

2014 (4): 86-98.
[14] 黄旭华. 中世纪大学是职业教育吗? [J]. 现代大学教育, 2014 (5): 15-21.
[15] 贺修炎. 博弈型的中世纪大学与政府关系 [J]. 教育研究与实验, 2014 (2): 69-72.
[16] 孙静怡. 论英国中世纪晚期大学教育的世俗化问题 [J]. 史学集刊, 2014 (5): 109-117.
[17] 黄旭华, 李盛兵. 中世纪大学执教资格授予权博弈——基于分权制衡的视角 [J]. 教师教育研究, 2014 (6): 80-85.
[18] 张晓晗. 英国中世纪以来大学教师收入来源浅析 [J]. 历史教学, 2014 (22): 57-63.
[19] 黄旭华, 盛世明, 孙元. 中世纪欧洲大学学费政策 [J]. 高教探索, 2014 (1): 140-145.
[20] 刘河燕. 欧洲中世纪大学的经费来源研究 [J]. 黑龙江高教研究, 2014 (3): 10-12.
[21] 张继明. 论中世纪大学章程的源起与生发逻辑 [J]. 高校教育管理, 2014 (3): 50-54.
[22] 谢亚慧. 从学者行会与教会的博弈中管窥中世纪大学学位制度 [J]. 教育学术月刊, 2014 (10): 25-28.
[23] 张斌贤, 王慧敏. "儿童中心"论在美国的兴起 [J]. 北京大学教育评论, 2014 (1): 108-122.
[24] 张斌贤. 话语的竞争: 进步主义教育协会史 [J]. 高等教育研究, 2014 (2): 70-83.
[25] 原青林. "进步教育"再解读: 一种后现代的视角 [J]. 华东师范大学学报: 教育科学版, 2014 (1): 111-116.
[26] 张斌贤, 高玲, 李曙光. 利益博弈与学校变革: 1906—1917 年美国工业教育运动 [J]. 清华大学教育研究, 2014 (2): 8-20.
[27] 王慧敏, 张斌贤. 圣路易斯市公立学校变革: 1865—1885 年 [J]. 河北师范大学学报: 教育科学版, 2014 (1): 54-62.
[28] 郭法奇. 现代教育的演进与发展趋势——观念、技术及制度视角的考察 [J]. 河北师范大学学报: 教育科学版, 2014 (2): 5-11.
[29] 孙益. "赫斯伯格矛盾"解读——以大学与欧洲近代早期社会变革为视角 [J]. 教育研究, 2014 (2): 129-136.
[30] 王慧敏, 张斌贤, 方娟娟. 对"达特茅斯学院案"的重新考察与评价 [J]. 教育研究, 2014 (10): 119-127.
[31] 潘建军. 博弈与协调: 国家主义和大学理想之间内在张力分析 [J]. 江苏高教, 2014 (2): 9-12.
[32] 王慧敏. 美国建国初期国立大学的理念及其失败 (1786—1796) [J]. 清华大学教育研究, 2014 (2): 91-99.
[33] 贺国庆. 西方大学教学方法变革考 [J]. 教育研究, 2014 (8): 125-134.

[34] 朱镜人. 大学通识教育应当关注学生的理性养成——美国《耶鲁报告》核心理念的分析 [J]. 合肥师范学院学报，2014 (5)：96-99.
[35] 李春萍. 哲学院与现代大学的学科制度 [J]. 高等教育研究，2014 (6)：91-99.
[36] 张金磊. 论大学学科组织的历史演变与发展趋势 [J]. 黑龙江高教研究，2014 (2)：19-21.
[37] 余东升，崔乃文. 自由教育：学院组织的历史考察 [J]. 高等教育研究，2014 (10)：96-102.
[38] 杜智萍. 对学院制教育价值的反思——19 世纪对牛津大学学院制传统的论争 [J]. 太原师范学院学报：社会科学版，2014 (2)：101-103.
[39] 刘赞英，郑浩. 理念与制度：大学学术自由的历史变迁 [J]. 大学教育科学，2014 (2)：82-88.
[40] 余子侠，向华. 西方大学生自治历史考察与启示 [J]. 华中师范大学学报：人文社会科学版，2014 (1)：162-168.
[41] 林伟. 19 世纪美国的大学生联谊会与校园生活的转变 [J]. 高等教育研究，2014 (10)：90-95.
[42] 郭法奇. 杜威与现代教育：几个基本问题的探讨 [J]. 教育研究，2014 (1)：117-123.
[43] 郭法奇. 美国学校改革与杜威的学校探索 [J]. 大学教育科学，2014 (3)：72-78.
[44] 王天琪. 杜威"教育无目的论"的理论诠释与价值意蕴 [J]. 国家教育行政学院学报，2014 (3)：53-57.
[45] 赵万祥. 公平与参与：杜威教育观分析 [J]. 国家教育行政学院学报，2014 (11)：42-46.
[46] 涂诗万. 行行重行行：杜威教育思想研究在中国 [J]. 华东师范大学学报：教育科学版，2014 (2)：116-124.
[47] 吴燕蕾. 美国近二十年来杜威民主教育思想研究综述 [J]. 教育学术月刊，2014 (7)：22-29.
[48] 肖朗，叶志坚. 赫尔巴特实践哲学的教育学意蕴——以赫尔巴特与康德的思想关联为考察中心 [J]. 中国教育科学，2014 (2)：127-143.
[49] 易红郡，缪学超. 论赫尔巴特的伦理学思想体系 [J]. 湖南师范大学社会科学学报，2014 (5)：71-77.
[50] 张斌贤，王慧敏. 从神话到历史：教育中未曾发生的"哥白尼革命" [J]. 教育学报，2014 (2)：102-111.
[51] 王保星. 穷人教育学：裴斯泰洛齐乡村教育思想诠释 [J]. 湖南师范大学教育科学学报，2014 (2)：111-115.
[52] 沈文钦.《大学的理念》中的博雅教育学说——缘起、观点及其影响史 [J]. 北京大学教育评论，2014 (3)：141-159.

[53] 张斌贤，高玲. 英雄与时势：普罗泽和美国职业教育制度的奠基 [J]. 西北师大学报：社会科学版，2014 (6)：5-14.
[54] 朱镜人，金仲夏. 兰卡斯特的导生制实践活动和民众教育思想研究 [J]. 河北师范大学学报：教育科学版，2014 (1)：50-53.
[55] 曹春平，张斌贤. 查尔斯·W. 埃利奥特教育思想的演变 (1869—1909) [J]. 大学教育科学，2014 (3)：89-96.
[56] 张立娟. 弗莱克斯纳现代学院通识教育思想解析 [J]. 大学教育科学，2014 (4)：81-85.
[57] 刘爱生. 艾森豪威尔在哥伦比亚大学的任职经历及其启示 [J]. 高等教育研究，2014 (9)：100-106.
[58] 洪明. 美国当代进步主义取向教育改革的坚守与变通——"要素学校联盟"研究 [J]. 教育研究，2014 (8)：149-155.
[59] 陈露茜. 论 20 世纪四五十年代美国生活适应运动 [J]. 教育学报，2014 (2)：120-128.
[60] 黄艳，奥德丽·比尔兹利. 美国教育评估的起源与发展历史回顾 [J]. 高教发展与评估，2014 (4)：84-92.
[61] 曹丽. 美国公立学校学生指导的专业化历程及经验启示 [J]. 外国中小学教育，2014 (2)：59-65.
[62] 张天明. 从"大传统"走向"新历史科"——20 世纪英国历史教育百年嬗变述略 [J]. 河北师范大学学报：教育科学版，2014 (2)：46-50.
[63] 孙碧. 罗素案件与美国公立院校学术自由的危机与困境 [J]. 大学教育科学，2014 (1)：78-85.
[64] 陈露茜. 对美国研究生入学考试 (GRE) 的历史研究 [J]. 清华大学教育研究，2014 (1)：102-110.
[65] 许心. 变革与转型："后罗宾斯时代"的英国大学拨款委员会 [J]. 大学教育科学，2014 (6)：94-99.
[66] 阮一帆，李战胜，傅安洲. 20 世纪 60 年代末大学生运动与联邦德国政治教育的变革 [J]. 高等教育研究，2014 (8)：99-104.
[67] 贺国庆. 外国职业教育发展的历史经验 [J]. 河北大学学报：哲学社会科学版，2014 (1)：1-6.
[68] 荣艳红，刘向荣，李步冲. 美国社会效率职业教育观的兴衰 [J]. 河北大学学报：哲学社会科学版，2014 (6)：56-61.
[69] 王晨. 大学共同体诸面向：学术、德性与政治——爱德华·希尔斯大学思想释读 [J]. 北京大学教育评论，2014 (2)：165-181.
[70] 朱镜人，费建国. 赫斯特分析教育哲学理论研究 [J]. 湖南师范大学教育科学学

报，2014（1）：115-120.

[71] 罗辉. 重塑对教育的信仰：古德莱德的儿童教育观 [J]. 湖南师范大学教育科学学报，2014（2）：122-125.

[72] 傅林，高瑜. 静悄悄的革命——卡尔·罗杰斯自由学习观研究 [J]. 湖南师范大学教育科学学报，2014（2）：116-121.

后　记

2014年12月，在金华浙江师范大学举行的中国教育学会教育史分会第十五届学术年会期间，教育史分会理事会将编辑《教育史研究与评论》第二辑的任务交给华东师范大学来完成。得到同人们的信任，我们感到十分荣幸！

要真正编好一本能够反映全国教育史学一年进展的专辑，其实并不容易。但好在已经有教育史分会秘书长徐勇教授带领的北京师范大学团队编的第一辑在前，给我们树立了一个典范，于是我们也就依样画葫芦，延续了第一辑的编辑宗旨和内容架构。如果说有什么区别的话，可能有两个。一是第一辑涵盖了2012年、2013年两年的学科发展情况，在编选方面难度更大，而本辑主要反映2014年一个年头的学科进展，论文的选编就更有利于展现一年的学术发展状况。二是我们尝试对2014年度中、外教育史研究进展分别做一个综述，由于水平和时间所限，可能做得比较粗疏，但大致反映出一年的学科面貌，也许差可交代。

本辑编选工作的完成，离不开教育史分会秘书长徐勇教授的指导。在编选过程中，我们深感上一年度他领导的团队在编选第一辑时所付出的艰辛，而这些，成为我们工作的宝贵借鉴。编辑工作的顺利完成，也离不开本届理事会全体理事和全国有关高校教育史学界同人的鼎力相助，感谢大家！也要感谢学会顾问、原理事长、华东师范大学教育学部孙培青教授，我们邀约他为特稿栏目赐稿，他的稿件已有安排，但得知是为了教育史分会的刊物，当即慨然应允。前辈学者对教育史分会、对后辈的关爱和扶持，令我们深深感动！名誉理事长田正平教授、理事长张斌贤教授都对第二辑选编工作由华东师大来承担，表达了他们的信任和关心。感谢人民教育出版社对本辑出版的大力支持！感谢刘立德编审、诸惠芳编审、刘捷编审、冯卫斌副编审为文稿的编辑加工所付出的辛苦和心血！

本辑编选工作的完成，靠的是集体的努力。从搜集、整理论文目录，到推选、确定编入论文篇目，到搜集年度硕士、博士学位论文信息，再到撰写年度学科发展综述，是杜成宪、王保星与研究生们共同努力的结果，这些同学是屈博、朱治军、董洪、宋爽、刘秀春。我们的愿望是编好第二辑，以不负同人的厚望，但因受限于眼界和见识，书中文章选择未必尽当，也会存在遗漏，恳请同人指正。另外，本来已经选定的一些论文，后出于篇幅的原因而只能割爱，给有关作者造成的冒犯和困惑，真诚地希望能给予谅解。

杜成宪　王保星

2015 年 9 月 10 日